BAND 24

Amerika und Ostasien
Vorbereitungen zum Krieg
Der Zweite Weltkrieg

WELTGESCHICHTE IN BILDERN

1 Von Sumer zu Hammurabi · Die ägyptische Kultur · Das Reich der Hethiter
2 Assyrien und Persien · Die Entstehung der griechischen Stadtstaaten
3 Die Aufeinanderfolge der Reiche: von Perikles bis Caesar
4 Das römische Imperium: Höhepunkt, Verfall und Untergang
5 Mohammed und der Islam · Karl der Große · Das Abendland und Asien
6 Die Kirche im Mittelalter · Die Kreuzzüge · Das mongolische Asien
7 Wilhelm der Eroberer · Die Staaten des Mittelalters · Der Hundertjährige Krieg
8 Stadt und Land im Mittelalter · Kirche und Reich · Die italienischen Städte
9 Die Reformation Der Frühkapitalismus · Die Renaissance
10 Christoph Kolumbus · Die Konquistadoren · Asien im 16. Jahrhundert
11 Die religiösen und geistigen Auseinandersetzungen im 16. Jahrhundert
12 Die politischen und religiösen Krisen des 17. Jahrhunderts
13 Der Absolutismus: Cromwell, Ludwig XIV. und Peter der Große
14 Die glanzvolle Epoche des »Grand Siècle« und die außereuropäische Welt
15 Die innere Entwicklung der europäischen Staaten im 18. Jahrhundert
16 Die Spannungen in Europa · Das Eindringen der Europäer in Afrika, Asien und Amerika
17 Die Geburtsstunde der USA · Lateinamerikas Erwachen · Die Französische Revolution
18 Napoleon Bonaparte · Zusammenbruch der Reiche · Der Wiener Kongreß
19 Europa nach 1815 · Die Heilige Allianz Erste liberale Bewegungen
20 Der Sezessionskrieg · Restauration der Bourbonen · Der Sieg des Nationalismus
21 Der Reichsgedanke Die großen Nationen von 1850 bis 1914
22 Die Epoche des weltweiten Imperialismus Der Erste Weltkrieg
23 Der Vertrag von Versailles Die Nachkriegszeit · Europäische Diktaturen
24 Amerika und Ostasien · Vorbereitungen zum Krieg · Der Zweite Weltkrieg

GONDROM

Amerika und Ostasien
Vorbereitungen zum Krieg
Der Zweite Weltkrieg

(Photo Archiv Rencontre)

Adolf Hitler, Führer der NSDAP, Reichskanzler und Staatsoberhaupt, nahm in einem Sonderzug an dem Vormarsch in Polen teil, überließ aber die Durchführung der eigentlichen militärischen Operation dem Oberkommando des Heeres. Während des Winters 1939/40 war er besonders an der Ausarbeitung des »Falls Gelb« und des Plans »Sichelschnitt« interessiert. Nach der erfolgreichen Verwirklichung seiner strategischen Gedanken im Sommer 1940 hielt er sich für einen großen Feldherrn und leitete tatsächlich bis zum April 1945 alle Streitkräfte auf dem Weg über das OKW, das in ein einfaches Generalstabsorgan umgewandelt worden war. Nationalbibliothek, Paris.

Herausgegeben unter der Leitung von Claude Schaeffner
Assistentin: Anke Hérubel
Graphische Gestaltung: Henri Frossard und Elisabeth Kozma
Redaktionsleitung: Professor Jacques-Francis Rolland
Der Anhang wurde zusammengestellt von B. Iselin
Für den Bildteil des Lexikons verantwortlich: Chantal de la Boullaye
Karten: Gilbert Martin
Deutsche Bearbeitung: Gerlind Eßer

ISBN 3-8112-0251-0
Schutzumschlag: Design Team, München
Printed in Italy

INHALTSVERZEICHNIS

(Photo USIS)

Franklin Delano Roosevelt
wurde insgesamt viermal in das höchste Amt der Vereinigten Staaten gewählt und führte von 1933 bis 1945 die Politik des Landes.

NORDAMERIKA

Der amerikanische Kontinent im 20. Jahrhundert

Im 20. Jahrhundert ist die Geschichte Lateinamerikas von derjenigen der Vereinigten Staaten nur schwer zu trennen. Nach der Eröffnung des Panamakanals schaltete sich die Regierung der USA immer häufiger in die panamerikanischen Belange ein, wobei ihr die wachsende wirtschaftliche Abhängigkeit der lateinamerikanischen Länder zustatten kam. Beweis dafür war der Börsenkrach in der Wall Street im Jahr 1929 mit seinen unmittelbaren dramatischen Auswirkungen auf Südamerika. Während für Europa das Jahr 1914 eine schicksalhafte Wende bezeichnete, so war für Amerika 1929 von ähnlicher Bedeutung. Einem Jahrzehnt des Wohlstandes, des wirtschaftlichen Aufschwungs und des allgemeinen Optimismus folgte ein schwerer Rückschlag. Die Weltwirtschaftskrise trug wesentlich dazu bei, die Unruhen in Lateinamerika zu schüren und die politische Unsicherheit durch zahlreiche Putsche und Diktaturen zu vermehren. In den Vereinigten Staaten hingegen sollte die Wahl Franklin D. Roosevelts* zum Präsidenten und der New Deal* zum Ausgangspunkt einer Zeit innerer Erneuerung werden.

Die Vereinigten Staaten von Wilson bis Roosevelt

Der Erste Weltkrieg zeigte noch weitreichendere und folgenschwerere Auswirkungen, als sie die umstrittenen, schlecht angewandten und neue Konflikte erzeugenden Bestimmungen des Versailler Vertrages darstellten. Europa war verwüstet und am Ende seiner Kraft. England hatte zwar keine Invasion erlebt, mußte aber seine überseeischen Kapitalien, auf die es seine koloniale Machtstellung begründete, ins Mutterland zurückführen, um den Krieg gegen Deutschland zu finanzieren. Die Vereinigten Staaten hingegen gingen mit verhältnismäßig geringen Verlusten aus dem Konflikt hervor. Sie hatten 125 000 Gefallene zu beklagen, aber ihre Wirtschaftsmacht hatte sich während des Krieges ungeheuer ausgedehnt. Die Schulden Europas gegenüber seinem Gläubiger Amerika gingen in die Milliarden Dollar. Zusammen mit der Revolution in Rußland erhielt dieser Umstand entscheidende Bedeutung.

Ein Sternchen nach einem Wort verweist jeweils auf eine Erklärung oder eine Notiz im Lexikon am Ende des Buches.

Sieg des Isolationismus

Die Vereinigten Staaten verfügten am Ende des Krieges über einen hochentwickelten Produktionsapparat. Während der Friedenskonferenz hatte Präsident Wilson nicht allein von seiten Europas, sondern auch im eigenen Land schwere Enttäuschungen hinnehmen müssen, lebten doch alte isolationistische Tendenzen, getragen von der Republikanischen Partei und einer starken demokratischen Minderheit, wieder auf. Die Vierzehn Punkte und die hohen Prinzipien des Völkerbundes waren eher Ausdruck von Wilsons persönlichem Idealismus und stießen in den USA auf eine starke Opposition: dem Völkerbund beitreten, das hieße, sich in das Räderwerk europäischer Konflikte hineinziehen lassen.

Wilson hatte gesagt: »Wir können uns nicht weiter zurückziehen«, aber der auf außenpolitischem Gebiet allmächtige Senat war keineswegs dieser Meinung. Einmal wurde er unterstützt durch den ehemaligen Präsidenten Theodore Roosevelt, dessen Meinung noch immer Gewicht hatte, zum anderen durch einige milliardenschwere Großkapitalisten, die gegen den Völkerbund, dieses »verhängnisvolle, mit einem Heiligenschein und einem erbaulichen Namen versehene Ding«, eine großangelegte Kampagne finanzierten. Deutsche, italienische und irische Minderheiten, die aus den verschiedensten Gründen den Versailler Vertrag für ungerecht hielten, wandten sich gegen dessen Ratifizierung durch die Vereinigten Staaten. Zu allem Überfluß wurde Wilson im September 1919 von einer halbseitigen Lähmung betroffen, so daß schließlich die Opposition im Senat ihren Willen durchsetzen konnte. Mit 55

Stimmen Mehrheit wurde die Unterzeichnung des Versailler Vertrages abgelehnt. Nachdem eine zweite Abstimmung die Entscheidung vom Mai 1920 bestätigt hatte, unterschrieben die Vereinigten Staaten einen Sonderfriedensvertrag mit Deutschland. Frankreich vor allem bedauerte diese Entscheidung, denn es verlor durch das Nichtzustandekommen des mit England und Amerika geplanten Vertrages sämtliche Garantien für die Sicherheit seiner Ostgrenze. Bereits dadurch erhielt der Völkerbund einen tödlichen Stoß. Die Vereinigten Staaten verzichteten bewußt auf eine Rolle, die bei der Neuordnung der Welt von entscheidender Bedeutung hätte sein können. Frankreich, Belgien und Italien fanden Argumente, ihre Kriegsschulden nicht zu bezahlen, ein Umstand, der den Isolationismus der Amerikaner gegenüber den »treulosen Ausländern« weiter verstärkte.

Die kurze Nachkriegskrise

Die Rückbesinnung auf die eigene Vergangenheit und Traditionen äußerte sich indessen nicht allein im Isolationismus. Im Verlauf des Krieges hatte der Staat seine Befugnisse erweitert und sich in erhöhtem Maße in die wirtschaftlichen Abläufe eingeschaltet: Koordination einzelner Industriezweige, Produktionssteuerung, Preisbindung für Rohstoffe und Bundeskontrolle für Eisenbahnen, für Kohle- und Benzinverbrauch. Die Einkommensteuer, die Abgaben, die auf das Kapital der Gesellschaften und auf außergewöhnliche Gewinne gelegt worden waren, leiteten eine »fortschrittliche« Wirtschaftsgesetzgebung ein. Der »National Labor Board« (nationaler Arbeitsrat) fungierte als Schiedsrichter zwischen den Arbeitgebern und den Gewerkschaften. So hatten schon viele der Maßnahmen, die später den New Deal kennzeichnen sollten, schärfere Konturen erhalten.

Doch die konservativen Elemente, die sich von überholten Vorstellungen leiten ließen, veranlaßten bald die Aufhebung der getroffenen progressiven Maßnahmen. Die Regierungsbüros wurden geschlossen,

(Photo Archiv Rencontre)

die Eisenbahnen den Gesellschaften zurückgegeben, die Preisbindung und die Lohnfestsetzungen für ungültig erklärt. Preissteigerungen waren die Folge. Im Jahr 1919 kam es besonders in der Stahlindustrie und im Bergbau zu zahlreichen Streiks. Als Wilson Truppen einsetzte, befahl John L. Lewis*, Führer der Bergbaugewerkschaft, die Wiederaufnahme der Arbeit und rief aus: »Wir sind Amerikaner; wir können nicht gegen die mächtigste Regierung der Welt ankämpfen.«

Die sozialen Unruhen und die feindliche Haltung der Linken wie der Sozialisten beim Kriegseintritt der Vereinigten Staaten lösten eine hitzige Kampagne gegen den »roten Schrecken« (»Red Scare«) aus. Der Führer der Sozialisten, Eugene Debs, wurde zu einer hohen Freiheitsstrafe verurteilt. Eine hysterische Verfolgung traf die aktiven radikalen Gewerkschaftler. Obwohl die Kommunistische Partei noch in den Kinderschuhen steckte, spukte das Schreckgespenst der russischen Revolution in den Köpfen der braven amerikanischen Bürger. Obwohl die sozialistischen Bewegungen Amerikas stets nur von Minderheiten getragen wurden, kann als sicher gelten, daß der meist von privaten Organisationen, wie den Veteranen der American Legion, geführte Kampf gegen den »roten Schrecken« in hohem Maße dazu beigetragen hat, jede Hoffnung auf einen baldigen sozialen Fortschritt zu begraben.

Die Zeit der Prohibition

Die Anpassungskrise, hervorgerufen durch die Umstellung von der Kriegs- auf die

Die berühmte Wohlstandsepoche Coolidges nach dem Ersten Weltkrieg hatte indessen mit dem Anwachsen des organisierten Verbrechens, das durch das unglückliche Prohibitionsgesetz–Verbot öffentlichen Verkaufs von alkoholischen Getränken–begünstigt wurde, auch seine Schattenseiten. Al Capone (links) war einer der gefährlichsten Gewaltverbrecher und Gangsterbosse dieser Jahre. Eine Zeitlang schien seine Stellung unangreifbar zu sein. Schließlich konnte er jedoch durch eine für ihn geradezu lächerliche Anklage wegen Steuerhinterziehung dingfest gemacht werden. Das Bild unten zeigt ihn in seiner Glanzzeit beim Angeln an Bord seiner Jacht.

Friedenswirtschaft, berührte jedoch nicht jeden einzelnen Bürger. Man exportierte weiter nach Europa, das sich langsam aus seinen Trümmern erhob und dessen Währungen ihre Kaufkraft wiedererlangten. Die während des Krieges gezahlten hohen Gehälter, die Demobilisierungsprämien und die staatlichen Subventionen riefen in der Textilbranche, in der Automobilindustrie und im Baugeschäft einen heißen Boom hervor. Die Entwicklung in Amerika verlief genau wie die im alten Europa. Die Soldaten brachten aus der Alten Welt freiere Umgangsformen mit; die jungen Mädchen mit ihren kurzen Röcken, die Männer mit langen Haaren lehnten sich gegen den hausbackenen Puritanismus ihrer Eltern auf. Die Bluessängerin Bessie Smith, der Trompeter Louis Armstrong und der Schriftsteller Scott Fitzgerald* begeisterten die »verlorene Generation«, die begierig war nach Vergnügen, Tanz und Alkohol, nach den heißen Rhythmen des Jazz, der seinen Siegeszug um die Welt anzutreten begann.

Die Prohibition, die 1917 auf Kriegszeit eingeführt worden war, gab dieser Epoche in Amerika ihre eigentümliche Note. Im Jahr 1919 wurde der »Volstead Act« verabschiedet, der die Herstellung, den Verkauf und Genuß aller alkoholischer Getränke in den Vereinigten Staaten untersagte; 1920 wurde dieses Gesetz durch einen Verfassungszusatz rechtsgültig. Die Trinkgelage der Soldaten, die zahlreichen Autounfälle wegen Trunkenheit am Steuer und die alte puritanische Einstellung lösten die Anti-Alkohol-Bewegung eines mächtigen amerikanischen Frauenvereins, der »Anti Saloon League« (Anti-Kneipen-Liga), aus. Die Südstaatler fürchteten, daß der »Bourbon« die Neger gewalttätig machen würde, die Industriellen schrieben dem Alkohol zahlreiche Arbeitsunfälle und die allgemeine soziale Unzufriedenheit zu und unterstützten die Bewegung. Aber eine solche Maßnahme mußte Betrügerei, Schmuggel und Illegalität geradezu herausfordern. An verborgenen Orten schossen unerlaubte Schnapsbars wie Pilze aus dem Boden. Das Land war von einem Netz von Alkoholschmugglern, Verkäufern und versteckten Brennereien überzogen. Man stellte kleine, flache Flaschen her, die

(Photo Keystone)

(Photo USIS)

leicht in einer Revolvertasche zu verstekken waren. Privatwohnungen wurden mit den erfindungsreichsten Einrichtungen versehen, um den Alkohol zu verstecken. Vor allem machte die amerikanische Unterwelt mit der Prohibition ihr großes Geschäft. Die Bootleggers, Alkoholschmuggler und Hersteller, hatten ihre Organisationen über das ganze Land ausgebreitet. Mit den maßlosen Gewinnen bestachen sie die Polizei oder finanzierten sogar die Wahl von Justizbeamten. Die örtliche Korruption war unvorstellbar und lieferte Stoff zu zahllosen Kriminalfilmen.

Das Intermezzo Harding
Der Prozeß gegen Sacco und Vanzetti

Von seiner Krankheit schwer gezeichnet, schleppte sich Wilson noch bis zu den Präsidentschaftswahlen von 1920 hin. Die Demokraten stellten den Gouverneur von Ohio, James Cox*, als Kandidaten auf und nominierten den jungen Franklin D. Roosevelt, der sich in der Regierung Wilson als Unterstaatssekretär im Marineministerium ausgezeichnet hatte, zum Vizepräsidenten. Aber es wurde der republikanische Kandidat W. G. Harding, Journalist und Senator

Mit der Entwicklung maschineller Fertigungsmethoden wuchs auch die Bedeutung gewerkschaftlicher Organisationen. Vor 1914 befand sich die Sozialgesetzgebung noch weitgehend in den Anfängen. Nebenstehend: Kinderarbeit in einer Weberei.

von Ohio, mit einer Mehrheit von 7 Millionen Stimmen gewählt. Mit dem Votum für die »Great Old Party« hatte Amerika den Wunsch einer Rückkehr zur alten Ordnung bekundet: Distanz zu Europa, Betonung der freien Marktwirtschaft und des Privatgeschäfts. Gequält vom Scheitern seiner idealistischen Pläne, starb Wilson vier Jahre später.

Harding unterschied sich in vielen Dingen von Wilson, dem Moralisten und Schulmeister der Nation. Er war ein blendend aussehender Lebemann, der das Golfspiel ebenso liebte wie den Alkohol, die Zigarren und das Pokern. Wenn der Präsident mit seinen alten Freunden aus Ohio beim Pokern saß, waren auf dem Spieltisch selbst auf dem Höhepunkt der Prohibition die Whiskygläser voll eingeschenkt. Harding war von einer ziemlich gewissenlosen Clique ehemaliger Freunde umgeben. Daß sie ihre Füße auf den Tisch zu legen pflegten, war nicht sonderlich schlimm, wohl aber, daß einige von ihnen ihren Einfluß auf den Präsidenten dazu benutzten, sich schamlos zu bereichern.

Kein Wunder, wenn die Amtszeit Hardings mit einer finanziellen und wirtschaftlichen Krise begann, auf die eine bis 1922 dauernde erste Welle der Arbeitslosigkeit folgte. Die »Red Scare«- und die antigewerkschaftliche Bewegung lähmten die Masse der Arbeiter, deren niedrige Löhne die Kaufkraft des Landes schwächten. Zwei Italiener mit anarchistischen Ideen, Niccolo Sacco* und Bartolomeo Vanzetti* wurden wegen eines angeblich von ihnen verübten Raubüberfalls und der Ermordung eines Kassierers in Massachusetts angeklagt. Das Gericht ersetzte die fehlenden Beweise durch die Überbetonung der politischen Ansichten der Angeklagten, die vergeblich ihre Unschuld beteuerten. Vom Beginn des ersten Prozesses 1921 an bewegte und entrüstete die Affäre Sacco und Vanzetti die ganze Welt, bis dann 1927 die zwei Männer auf den elektrischen Stuhl geführt wurden.

Es war die Stunde des Rassen- und des Fremdenhasses. Infolge der Arbeitslosigkeit wurde die Einwanderung ab 1921 durch die von den Rassentheorien des Rassenpolitikers Grant beeinflußten Gesetze stark beschränkt. Durch diese neuen Bestimmungen waren die von Anfang der Kolonisation an in großer Zahl eingewanderten Engländer, Deutsche und Skandinavier im Vorteil, während die Mittelmeer- und die osteuropäischen Länder, die vor allem die zweite Einwanderungswelle getragen hatten, stark ins Hintertreffen gerieten. Die Einwanderung der Japaner wurde ganz gesperrt. Schließlich gestattete man jährlich überhaupt nur 100 000 Personen die Einwanderung. Sie mußten strengste Formalitäten über sich ergehen lassen.

Im Jahr 1923 brachten Nachforschungen

Zur gleichen Zeit wie der Film nahm die Jazzmusik einen ungeahnten Aufschwung. Die Mehrzahl der Musiker kam aus New Orleans, wie King Oliver. Das Bild zeigt sein Orchester in San Francisco im Jahr 1921. Jazzmuseum von New Orleans.

über die Männer aus Hardings Umgebung verschiedene üble Skandale ans Tageslicht. Es gab sogar einige Selbstmorde. Mit dem zwielichtigen »Teapot-Dome«-Skandal befleckt, starb der Präsident während einer Reise plötzlich an Lungenentzündung. Vizepräsident Coolidge*, der bis 1928 im Amt blieb, übernahm die Präsidentschaft.

Calvin Coolidges Wohlstandspolitik

Calvin Coolidge war genau das Gegenteil seines Vorgängers. Puritaner aus Neuengland von untadeligem Lebenswandel, war er korrekt wie ein Beamter, wortkarg und von einfachen, klaren Grundsätzen: »Weniger Verwaltung im Business, mehr Business in der Verwaltung.« Er verringerte die Bundesausgaben, hob alles auf, was von der einstigen staatlichen Kontrolle noch übriggeblieben war, und unterstützte den Bau neuer Fabrikanlagen. Bieder wie er war, ging er regelmäßig zur Kirche, fest davon überzeugt, daß Wohlstand die Belohnung für Arbeit und Tugend sei. So konnte das Streben nach weltlichen Gütern Gott doch keineswegs mißfallen.

Bei den Präsidentschaftswahlen des Jahres 1924 schlug er seinen demokratischen Rivalen Davis* ohne Mühe. Der Wahlsieg bestärkte ihn in seinen Prinzipien: eine sparsame Staatsverwaltung und keinerlei Eingriffe in den Wirtschaftsmechanismus. Die Schwierigkeiten der Nachkriegszeit waren ohnehin überwunden, und der Präsident konnte sagen, das Land befinde sich in einem Zustand der Zufriedenheit, wie ihn die Menschheitsgeschichte selten gesehen hatte. Es begann das Goldene Zeitalter amerikanischer Geschäftemacherei, das an die letzten Jahrzehnte des vergangenen Jahrhunderts erinnerte. Aber diesmal waren nicht mehr nur die Magnaten der Großunternehmen Könige und Helden des Tages, sondern auch für die Kaufleute, Kleinbetriebe, leitende Angestellte großer Gesellschaften schien eine rosige Zukunft angebrochen zu sein. Durch Aktienspekulationen, Gewinnbeteiligung und günstige Kredite konnte sich auch die breite Masse Autos, Radios und Kühlschränke leisten. Der allgemeine Lebensstandard schien gleichmäßig anzusteigen. In einer optimistischen Atmosphäre der »Zusammenarbeit aller Klassen« einigten sich die Arbeitgeber mit den Gewerkschaften der Betriebe, zugunsten von »frei abgeschlossenen Verträgen«, deren Bedingungen für die Unternehmer übrigens niemals nachteilig waren, auf den Streik zu verzichten. Die Zusammenschlüsse ganzer Industriezweige erreichten trotz des Antitrustgesetzes ungeheure Ausmaße. Zweihundert gigantische Gesellschaften vereinigten 50% der Industrieproduktion in ihren Händen. Das Automobil erlebte seinen ersten großen Erfolg: Von 1919 bis 1929 stieg die Zahl der Autos von 7 auf 23 Millionen.

Aber es gab auch Schattenseiten auf diesem heiteren Bild der amerikanischen zwanziger Jahre. Durch die Nutzung neuer Energiequellen, wie Elektrizität, Benzin und Schweröl, sank die Nachfrage nach Kohle. Länder wie Frankreich und Belgien, die ihre im Krieg zerstörten Zechen wieder instand gesetzt hatten, konnten auf größere ausländische Einfuhren verzichten. Die Kohlereviere erlebten eine schwere Rezession, deren Folge eine steigende Arbeitslosigkeit war. Häufige Streiks konnten das Sinken der Löhne nicht aufhalten, und die Anhäger der radikalen Gewerkschaft des John L. Lewis wurden zahlreicher. Auch die Farmer blieben von dem wachsenden Wohlstand ausgeschlossen. Eine Überproduktion landwirtschaftlicher Erzeugnisse drückte die Preise. Während des Krieges hatten sich viele Farmer in Schulden gestürzt, um teure Landmaschinen zu kaufen, von deren Rentabilität sie überzeugt waren. Demgegenüber waren Industriegüter im Preis gestiegen. Die Landwirte schickten die Kandidaten des »Farm Bloc«, des Bauernverbandes, in den Kongreß, dessen Repräsentanten ein Gesetz über den staatlichen Ankauf der Überschüsse vorlegten. Das in Silos gespeicherte Getreide sollte je nach Weltbedarf ins Ausland verkauft werden. Als Präsident Coolidge sein Veto gegen dieses Gesetz einlegte, ging eine Welle der Unzufriedenheit durch den Mittelwesten. Trotz der bäuerlichen Opposition bedeutete die Amtsperiode Coolidges für die Amerikaner eine Zeit des Wohlstandes, des sogenannten »Coolidge-Wohlstandes«.

(Photo USIS)

In seiner Wirtschaftspolitik wurde der Präsident wesentlich von seinem Staatssekretär Kellogg unterstützt, der es bei wichtigen Entscheidungen verstand, die Stimmung der Geschäftswelt mit zu berücksichtigen.

Die »goldenen zwanziger Jahre«

Die »Roaring Twenties«, die tosenden zwanziger Jahre, blieben in der Erinnerung der Amerikaner stets eine Zeit mit einem besonderen Zauber. Es war die Zeit des Jazz, der Kinos, der Music Halls ... Jeder spekulierte an der Börse, kaufte Aktien, deren Kurse regelmäßig stiegen, und man behauptete, daß 15 Dollar pro Woche angelegt, am Ende eines Jahrzehnts ein Monatseinkommen von 400 Dollar, das heißt ein Vermögen von 80 000 Dollar, garantieren würden.

Die Immobilienhändler rafften Millionenvermögen zusammen. Innerhalb von wenigen Jahren war die sumpfige Halbinsel Florida mit Badestränden, Hotels und luxuriösen Villen übersät. Der New Yorker Bürger sprach von nichts anderem mehr als von seinen Ferien in Miami*. Tausende von Zuschauern besuchten die großen Boxkämpfe, die amerikanischen Footballspiele, deren Professionelle in ihren persönlichen Ansprüchen und ihrem Luxus durchaus mit Hollywoodstars konkurrieren konnten.

Der Flug Lindberghs* über den Atlantik war in gewisser Weise die symbolische Krönung dieser zukunftsgläubigen Epoche. Kritische Stimmen waren selten. Neben den Farmern und den radikalen Gewerkschaften, die sich in ständigen Schwierigkeiten befanden, verurteilten vor allem die Intellektuellen und Schriftsteller den hemmungslosen Materialismus, den naiven Fortschrittsglauben, das Anbeten des Erfolges und der fragwürdigen Werte sozialer und finanzieller Natur. Sinclair Lewis* zeichnete in seiner grausamen Satire »Babbitt« (1922) das provinzielle Bürgertum mit seinem uniformierten, engstirnigen Lebensstil, der ganz mit den hinfälligen allgemeinen Normen übereinstimmte. Einige Vertreter der geistigen Elite Amerikas zogen es vor, ihr Land zu verlassen und nach Europa zu gehen. Paris wurde ein wichtiges Zentrum amerikanischer Künstler und Schriftsteller. Aber die Erfolgszahlen der USA sprachen jeder Kritik Hohn: Die Vereinigten Staaten waren sozusagen der Weltbankier, sie produzierten 51% des Stahls, 57% aller Maschinen der Welt, 49% des Gußeisens, 70% des Erdöls. Europäische Besucher beschrieben mit erschreckend

Die Überquerung des Atlantiks durch Charles Lindbergh am 20./21. Mai 1927 wurde diesseits und jenseits des »Spirit of St. Louis«. Bei seiner Rückkehr bereiteten ihm die New Yorker einen triumphalen Empfang.

kritikloser Bewunderung die amerikanischen Produktionsmethoden, die Fließbandarbeit, die automatisierten Schlachthäuser von Chicago, die Wunder der Wolkenkratzer. Unter der scheinbaren »Demokratisierung« des Kapitals nahmen nur wenige die großen Einkommensunterschiede wahr: 70% aller Familien verfügten über nur 2500 Dollar pro Jahr — dagegen genossen 36 000 reiche Familien ein Einkommen, das genauso hoch war wie das von 12 Millionen Haushalten zusammengenommen, die nur jeweils 1500 Dollar pro Jahr verdienten. Diese Zahlen beleuchten ein gefährliches soziales Mißverhältnis. Schon damals wiesen Experten darauf hin, daß die Hausse der Aktien in keinem Verhältnis zu den wirklichen Dividenden stand, sondern daß die Spekulation an den aufgeblähten Aktienkursen schuld war.

Im Jahr 1928 bestimmte die Republikanische Partei den ehemaligen Staatssekre-

Ozeans als phantastische Heldentat gefeiert. Über 33 Stunden lang saß der Pilot am Steuer seines Flugzeugs
(Photo USIS)

tär im Handelsministerium, Herbert Hoover*, zu ihrem Präsidentschaftskandidaten. Er war intelligent, ein ehrlicher Geschäftsmann und ein guter Organisator. Die Demokraten hatten gegen die »Partei des Wohlstandes« keine Chance, und Hoover gewann gegen seinen Konkurrenten, den Katholiken Alfred Smith*, Gouverneur von New York, haushoch die Wahl.

Der wirtschaftliche Boom hielt an. Hoover konnte am Tag nach seiner Wahl stolz ankündigen, daß nun der Tag angebrochen sei, an dem der Fluch des Elends über die Vereinigten Staaten gebannt sein würde.

Aber schon im September 1929 zeigten sich beunruhigende Symptome an der Börse der Wall Street. Die Kurse waren mehrmals rasch gesunken, dann im unbegrenzten Vertrauen auf die wirtschaftliche Sicherheit ebenso schnell wieder gestiegen. Die Bank von England hatte den Diskontsatz erhöht, um Kapitalien, die in den Ver-

Der Börsenkrach vom 24. Oktober 1929, der auf eine zügellose Spekulation und auf einen gefährlichen Mißbrauch der Finanzgesetze folgte, rief eine noch nicht dagewesene Krise hervor, die sich auch auf Europa auswirkte. Trotz der Aufrufe Präsident Hoovers führten die Verkaufsaufträge der um ihr Geld bangenden Aktionäre in der Wall Street zu einer Panik. Die Konkurse von Aktiengesellschaften häuften sich.

(Photo Keystone)

einigten Staaten angelegt worden waren, ins Land zurückzubringen. Die mit allen Wassern gewaschenen Börsenmanager wußten, wie künstlich die Kurse in die Höhe getrieben waren und daß die absolute Spitze erreicht war. Sie begannen am 23. Oktober, ihre Aktien abzustoßen.

Der Schwarze Freitag — Panik in der Wall Street

Am 24. Oktober, ein Tag vor dem Schwarzen Freitag, wurden 13 Millionen Wertpapiere auf den Börsenmarkt geworfen — eine Kettenreaktion war die Folge. Spekulanten, die mit der Hausse gespielt hatten, sahen sich mit einem Schlage ruiniert. Noch glaubte man an eine vorübergehende, zufällige Erscheinung, und die mächtigen Finanziers der Wall Street sammelten ihre dafür vorgesehenen Fonds, um durch Stützungskäufe die Baisse aufzuhalten. Nach einer kurzen Beruhigung fielen am 29. Oktober die Kurse erneut. Die Verluste beliefen sich auf etwa 30 Milliarden Dollar.

Die Krise wirkte sich in der ganzen Welt aus, weil überall amerikanisches Kapital investiert war. Ihrer Kunden beraubt, unfähig, weitere Kreditgeschäfte abzuwickeln, stellten die Banken den Zahlungsverkehr ein. Eine große Anzahl von Fabriken ging in Konkurs. Löhne und Dividenden sanken um 40 bis 50%. Auf einmal gab es eine zweifache Krise, eine, die die Börse und eine andere, die die Industrie betraf. Die erste war auf Grund des unglaublich hohen Börsenkurses und spekulativer Unternehmungen entstanden, bei denen die Aktien auf den Markt geworfen, neue in Umlauf gesetzt oder aber alte erneut ausgeteilt wurden, so daß die Aktien vieler Gesellschaften fünfzigmal höher gehandelt wurden, als ihr wirklicher Wert es zuließ.

Das ganze gigantische Gerüst, das die Börse stützte, fiel wie ein Kartenhaus in sich zusammen, weil alle Geschäfte nur auf Kredit beruhten. Die zweite Krise entstand auf Grund einer Überproduktion, die der innere Markt wegen der krassen Ungleichheit der Einkommen nicht mehr aufnehmen konnte. 5% der Bevölkerung verfügten über 36% des Gesamteinkommens. Die

(Photo USIS)

Bauern in ihren kümmerlichen Lebensverhältnissen und die Arbeiter mit ihren keineswegs hohen Löhnen waren einfach nicht in der Lage, Konsumgüter zu kaufen. Was nun den äußeren Markt anbetraf, so schützten Länder wie Frankreich und England oder Italien ihre nationalen Industrien durch ein Schutzzollsystem.

Hoover, als Gefangener seiner eigenen Wirtschaftsdogmen, lehnte alle Eingriffe der Regierung ab. Er verkündete für 1930 die Rückkehr zum normalen Leben. »Man muß wie gewöhnlich arbeiten«, sagte er und fügte hinzu, daß die Anstrengungen jedes einzelnen den Interventionen des Finanzministeriums gleichwertig seien. Zwar hob er die Schutzzölle an und senkte die Steuern, um in erster Linie die Unternehmer zu entlasten, aber diese Maßnahmen waren allenfalls ein Tropfen auf den heißen Stein. Der »große Ingenieur« flößte kein Vertrauen mehr ein.

Der wirtschaftliche Tiefpunkt und die Wahl Roosevelts

Bald gab es Millionen Arbeitslose. Wanderarbeiter zogen in den Westen und nach Kalifornien, um bei der Ernte zu helfen. Herausgeworfene Mieter, Arbeitslose, die ihre

(Photo USIS)

auf Kredit gebauten Häuser nicht mehr bezahlen konnten, sammelten sich in den sogenannten »Hoovervilles«, Siedlungen aus wackligen Bretterbuden. Auf den Straßen warteten die »Breadlines« auf die Lebensmittelverteilung, die die Gemeinden und Hilfsorganisationen aufgebaut hatten. Arbeitslose scheuten sich nicht, in Toreinfahrten um einen Apfel zu betteln... Unzählige Menschen machten ihrem Leben selbst ein Ende.

Aber nicht nur die Industriearbeiter waren von der Arbeitslosigkeit betroffen worden. Die »White Collars«, die »weißen Kragen«, Ärzte, Anwälte, Architekten, Ingenieure, Intellektuelle jeder Berufsrichtung waren keineswegs besser dran.

Die Unruhe wuchs. Sozialisten, Kommunisten, Radikale aller Richtungen sahen in der Krise die Rechtfertigung ihrer Theorien über den Verfall des Kapitalismus. Der Glauben an einen ununterbrochenen Wohlstand war in sich zusammengefallen. Kriegsveteranen organisierten einen Marsch auf Washington, den die Armee brutal zerstreute, indem sie das Zeltlager der Demonstranten niederbrannte. Wiewohl sich Hoover gegen die Befürworter einer staatlich finanzierten Arbeitsbeschaffung wandte, war er doch gezwungen, in irgendeiner Weise zu handeln. Das »Federal Farm Board« streckte den Farmern Geld vor und kaufte Weizen und Baumwolle auf. Die »Reconstruction Finance Corporation« half den Unternehmen mit Krediten, während die Hilfe für die Arbeitslosen weitgehend der Privatinitiative überlassen blieb. Die alten Auffassungen des »Laufenlassen« saßen zu tief, und das Schreckensgespenst des Sozialismus spukte allenthalben.

Im Jahr 1932 fanden die nächsten Präsidentschaftswahlen statt. Hoover blieb Kandidat der Republikaner, während der

Die Unfähigkeit der europäischen Staaten, ihre Schulden an Amerika zurückzuzahlen, verwandelte nach 1930 die Finanzkrise in eine soziale Krise. Die Liquidation von Unternehmen war unüberschaubar, und die Zahl der Arbeitslosen überschritt die Zehnmillionengrenze. Links: Marsch durch die Straßen von Chicago. Unten: Arbeiter besetzen eine Fabrik in Detroit.

demokratische Konvent den damaligen Gouverneur von New York, Franklin Roosevelt auf seinen Schild gehoben hatte, obwohl er durch eine Kinderlähmung gezwungen war, an zwei Stöcken zu gehen.

Er gab für das amerikanische Volk seine berühmt gewordene Losung von New Deal aus, ein Begriff aus dem Kartenspiel, der soviel bedeutet wie Neuausgeben oder Neuverteilung der Karten. Roosevelt wurde von einer überwältigenden Mehrheit gewählt. Die breite Masse unterstützte ihn ebenso wie die Gewerkschaften und die nationalen Minderheiten, die ohnehin traditionelle Demokraten waren. Am 4. März 1933 trat Roosevelt sein Amt an und erklärte: »Wir schauen mit Vertrauen und Optimismus in die Zukunft, die einer echten Demokratie gehören soll.«

Präsident Roosevelt und die Anfänge des New Deal

Roosevelts anziehende äußere Erscheinung wurde noch unterstrichen durch sein ausdrucksvolles Gesicht, sein berühmtes gewinnendes Lächeln, seinen Sinn für Humor und seinen Charme. Seine Persönlichkeit, deren Wirkung ein Geheimnis war, strahlte eine gewisse Menschlichkeit aus. Roosevelt war ein Politiker, der mit bemerkenswertem Geschick aus der Intuition heraus handelte, trotzdem aber ein Empiriker war, für den die Ideen der Sozialphilosophie immer veränderbare Hypothese blieb. 1882 als Sohn einer reichen holländischen Einwandererfamilie geboren, studierte er mit Erfolg an der Harvard-Universität. 1902 heiratete er seine Kusine Eleonor, die ihm den Anstoß dazu gab, seine juristische Ausbildung zu vervollkommnen und in New York ein Anwaltsbüro zu eröffnen. Drei Jahre später wurde Roosevelt, der die Kandidatur Wilsons unterstützt hatte, zum Unterstaatssekretär im Marineministerium ernannt. 1921 stellten sich die ersten Lähmungserscheinungen ein. Roosevelt war erst 39 Jahre alt, und schon sprach man vom Ende seiner politischen Karriere. Aber kein Gedanke daran. Mit unerschütterlicher Energie ver-

(Photo USIS)

(Photo USIS)

suchte er trotz seines Leidens, »dem Schicksal in den Rachen zu greifen«. Er zwang sich, das Bett zu verlassen und sich mit Krücken fortzubewegen. Nach einer strengen Kur in Warm Springs* 1924 war er in der Lage, an zwei Stöcken zu gehen. Entschlossen, sein Leben als Politiker fortzusetzen, übte er sich darin, auf ein Rednerpult gestützt, lange Reden zu halten. 1928 wurde Roosevelt zum Gouverneur von New York gewählt. Zwei Jahre später wurde er in diesem Amt bestätigt.

In diesen Mann setzten die Amerikaner all ihre Hoffnungen. 1933 erklärte er: »Das Land verlangt nach kühnen Experimenten . . . Es ist eine allgemeine Erkenntnis, daß man eine Methode auswählt, um sie zu erproben, und dann, wenn sie scheitert, eine andere versuchen muß; aber man muß irgend etwas versuchen.«

Die wirtschaftliche Situation war derart beängstigend, daß drakonische Maßnahmen nötig erschienen. Als Präsident ließ Roosevelt daran keinen Zweifel aufkommen: »Die Regierung hat die Absicht, die Probleme der Krise so anzufassen, wie man etwa einem Krieg die Stirn bietet.«

Die Hundert Tage

Liberal wie er war, hatte Roosevelt die Fähigkeit, auszugleichen, Kompromisse zu schließen und, wenn die Ereignisse es verlangten, sich auch auf gegensätzliche Kräfte zu stützen. Er konnte unerbittlich und autoritär sein, idealistisch und zynisch. Mit seinen »Kaminplaudereien« — vertrauliche Gespräche über den Rundfunk — trat er mit bemerkenswerter Einfühlungsgabe mit

Im März 1930 versammelten sich in einer Hauptverkehrsstraße von New York mehr als 30 000 Demonstranten. Dennoch stellte die Krise das auf dem freien Markt basierende Wirtschaftssystem nicht in Frage. Erst Roosevelt leitete eine wirksame Neuordnung des Wirtschaftsgefüges ein.

der Öffentlichkeit in Kontakt und erwarb sich uneingeschränktes Vertrauen.

Seine Entscheidungen traf er selten allein. Er war umgeben von qualifizierten Beratern, einem Brain-Trust, der sich aus zahlreichen Intellektuellen und Professoren der New Yorker Columbia-Universität* zusammensetzte. Cordell Hull* war Staatssekretär im Außenministerium, Henry Wallace* Experte in Landwirtschaftsfragen. Neben den Professoren und Technikern des Brain-Trusts spielte Harry Hopkins* eine entscheidende Rolle.

Roosevelt ließ als erstes die Banken schließen und stellte den Goldhandel unter Staatsaufsicht. Die Hortung von Edelmetall wurde mit zehn Jahren Gefängnis und 10 000 Dollar Geldstrafe geahndet. Eine weitere Maßnahme war die Dollarabwertung, um die Exportgeschäfte anzukurbeln.

Die Banken wurden nach der Verabschiedung eines strengen Kontrollgesetzes wieder geöffnet, und das Gold und die Spareinlagen strömten an die Schalter zurück. Die ersten drei Monate des New Deal, die sogenannten »Hundert Tage«, waren gekennzeichnet von einer Lawine von Gesetzentwürfen, die fast alle anstandslos vom Kongreß verabschiedet wurden. Die unglückliche Prohibition, die den Schmugglern und Gangstern ungeheure Gewinne einbrachte, die sinnvoller als Steuern in den Staatssäckel geflossen wären, wurde gelockert. Leichtes Bier und Wein wurden freigegeben. 275 000 junge Leute fanden sich im »Civilian Conservation Corps« zusammen, um Steppengebiete aufzuforsten oder Waldbrände und Überschwemmungsschäden zu beheben. 500 Millionen Dollar wurden für die Arbeitslosenunterstützung zur Verfügung gestellt. 3,3 Milliarden Dollar kamen der Ausführung eines Programms für öffentliche Arbeiten zugute. Die Abwertung des Dollars und die Investitionsspritzen des Staates führten zu inflationären Erscheinungen, von denen in erster Linie die stark verschuldeten Bauern profitierten, die ihre hypothekarischen Belastungen günstig abstoßen konnten.

Kontrollierter Kapitalismus

Außerdem wurden Wirtschaftsmaßnahmen angewandt, die weitaus weniger »klassisch« waren und für Amerika revolutionäre Einschnitte bedeuteten. Das NIRA, »National Industrial Recovery Act«, eine Art Stabilisierungsgesetz, war dazu bestimmt, das gesamte Wirtschaftsleben durch Verringerung der Arbeitszeit bei gleichbleibenden Löhnen, Festsetzung eines Mindesteinkommens, Freiheit des gewerkschaftlichen Zusammenschlusses und Tarifabkommen neu zu regeln. John L. Lewis faßte die Gelegenheit beim Schopf, um eine großangelegte Werbeaktion für die Gewerkschaften zu starten. Roosevelt sah sich nach Verbündeten um, im Falle, daß das »Big Business« sich seinen Maßnahmen widersetzen würde, denn das NIRA sah eine Regelung der Produktionsmengen vor und rührte somit an den geheiligten Prinzipien des liberalen

Das Vertrauen in Staat und Wirtschaft, das von Hoover gegen Ende seiner Amtszeit gepredigt worden war, konnte erst von Franklin D. Roosevelt, der im März 1933 ins Weiße Haus einzog, wiederhergestellt werden.
Das Programm des neuen Präsidenten war der »New Deal«.
Er entwarf ein Programm großer Arbeitsvorhaben auf Staatskosten, förderte die Aufnahme von Krediten und ermutigte die Bevölkerung durch häufige Reisen durch das Land.

Kapitalismus. Die Industriebosse sollten sich nicht mehr der Praktiken der »unfair competition« bedienen, sondern sich über Preis-, Lohn- und Produktionsfragen absprechen und einigen; sie sollten also rationalisieren. Man drohte damit, diejenigen Arbeitgeber, die sich weigerten, gerechte Löhne zu zahlen, auf den Index zu setzen. Wer mit den sozialen Stabilisierungsrichtlinien der Regierung einverstanden war, versah sein Unternehmen mit dem Wahrzeichen des »Blue Eagle«, dem »Blauen Adler«. Unternehmer, die sich den Anordnungen nicht fügten, liefen Gefahr, ihre Lizenzen zu verlieren.

Im Jahr 1935 arbeiteten 20 Millionen Arbeiter unter dem Zeichen des »Blauen Adlers«. Das Agraranpassungsgesetz, »Agriculture Adjustment Act« (AAA), war für die Farmer insofern eine Hilfe, als der Staat eine Neuverteilung ihrer Hypothekenschulden vornahm. Die Prämien zur Verminderung überschüssiger Agrarprodukte, die Leichtigkeit der Kreditnahme, alles das bedeutete zwar einen wirksamen Schutz für die Farmer, auf der anderen Seite aber eine schwere Belastung für die Staatskasse und die Steuerzahler. Die Banken und die Börse wurden saniert, um eine Wiederholung des Börsenkrachs von 1929 zu vermeiden. Die ausgegebenen Wertpapiere wurden rigoros auf ihren tatsächlichen Wert überprüft. Den mit Aktien handelnden Banken hatte man die freie Verfügungsgewalt über die Wertpapiere aus der Hand genommen. Die Aktiengesellschaften mußten ausführliche Erklärungen über Möglichkeiten und Wert ihrer Zertifikate zur Unterrichtung der Käufer abgeben. Rasch zeichnete sich auf allen Gebieten des öffentlichen und wirtschaftlichen Lebens eine Belebung ab. Dennoch begannen sich auch gewisse Gegenströmungen bemerkbar zu machen.

Unzufriedenheit und Widerstand

Die reaktionären und konservativen Kräfte in der Geschäfts- und Finanzwelt, die während der Panik des vorhergegangenen Jahres willig allen Maßnahmen zugestimmt hatten, sträubten sich nun gegen weitere staatliche Eingriffe. Angesichts der großen Staatsplanungen, wie die Tennessee Valley Authority*, sprach man von Sozialisierung und Verstaatlichung. Die Rechte der Gewerkschaften stießen bei denjenigen Organisationen auf Widerstand, die niemals andere Verbände geduldet hatten als die der Unternehmen selbst, deren Mitglieder den »Yellow Dog Contract« (Gelber-Hund-Vertrag) unterzeichnen mußten, durch den sie sich verpflichteten, bei Strafe fristloser Entlassung keiner Gewerkschaft der American Federation of Labor* (AFL) beizutreten. Die neuen Sozialversicherungsgesetze vom August 1935, die die Gründung von Unterstützungskassen durch Arbeitgeber, Arbeitnehmer und den Staat vorsahen, verstimmten die besitzende Klasse. Um die notwendigen finanziellen Mittel zu beschaffen, war es angebracht, die Reichen ein bißchen mehr zur Kasse zu bitten. Roosevelts Auffassung näherte sich hier den Theorien des englischen Wirtschaftswissenschaftlers J. Maynard Keynes, der eine Neuverteilung der Einkommen durch abgestufte Steuern propagierte. Die progressive Einkommenssteuer stieg von 31% für die Einkommen ab 50 000 Dollar jährlich bis zu 75% für mehr als 5 Millionen Dollar. Steuererleichterungen für die ärmeren Bevölkerungsteile

(Photo USIS)

(Photo USIS)

sowie die Zusicherung eines Mindestlohnes und die Verkürzung der Arbeitszeit bei vollem Gehalt bildeten insofern einen Ausgleich, als die Kaufkraft größerer Bevölkerungsschichten und der Verbrauch von Massengütern wesentlich anstieg.

Aber bald erschienen Gegner an allen Fronten. Die Republikanische Partei griff das NIRA an, die Bundesbürokratie und die zusammenhanglos angewandten wirtschaftlichen Heilmittel. Auf der Gegenseite waren verschiedene Demagogen der Meinung, daß noch immer nicht genug unternommen würde. Allen Arbeitslosen über 60 Jahren sollten 200 Dollar pro Monat gezahlt werden. Verschiedene »Clubs« verstanden es, mit derartigen Parolen Millionen Anhänger um sich zu scharen. Der Senator Long von Louisiana setzte mit seinen grotesken Forderungen allem die Krone auf. Dennoch gewann Roosevelt bei den Kongreßwahlen im November 1934 eine eindrückliche Regierungsmehrheit für sich.

Der stark von konservativen Kreisen beeinflußte Oberste Gerichtshof erklärte eine große Anzahl der Gesetze des New Deal für gesetzwidrig und annullierte vom Mai 1935 bis Juni 1936 insgesamt 567 Paragraphen. Roosevelt, der auf die Karte der Linken und der Gewerkschaften gesetzt hatte, zögerte, konnte aber nicht mehr zurück. Obwohl ultrakonservative Blätter wie die »Chicago Tribune« gegen den von den »Sowjets geprägten roten New Deal« wetterten, führte er dennoch seine Politik fort und umging die Beschlüsse des Obersten Gerichtshofs. Die »Works Progress Administration« finanzierte Milliardenprojekte, um Arbeitslose sowohl auf geistigem wie industriellem Gebiet zu beschäftigen. Die

staatliche Aufsicht über die Großunternehmer ersetzte zum Teil die für illegal erklärten Gesetzesartikel. Der »Wagner Act« stärkte die Rechte der Arbeitergewerkschaften. Die große Wirtschaftskrise schien über den Berg zu sein.

Das neue Amerika

Die konservative Opposition in seiner eigenen Partei konnte nicht verhindern, daß Roosevelt im Jahre 1936 mit überwältigender Mehrheit wiedergewählt wurde. Letztlich hatten die Arbeiter den Ausschlag gegeben. Der Bergarbeiterführer John Lewis und die Führer der Industriegewerkschaften unterstützten vorbehaltlos den Mann, der den Gewerkschaften Millionen neue Anhänger versprochen hatte. Diese Führer zogen es vor, sich auf die führende Schicht der Facharbeiter zu stützen, und überwarfen sich mit der AFL, die ihnen zu furchtsam war und unfähig erschien, die Massen der Industriearbeiter zu organisieren. Sie bildeten ein Komitee zur gewerkschaftlichen Vereinigung der Industrie und nahmen selbst eine Spaltung der Gewerkschaft in Kauf. Der Congress of Industrial Organizations* (CIO) wurde 1938 zu einer Gegenbewegung der AFL und zeichnete für ausgedehnte Streiks innerhalb der Industriezweige verantwortlich, die bisher den Gewerkschaften der AFL vorbehalten waren — in den Automobilfabriken und Stahlwerken von Detroit.

Im Jahre 1937 entbrannte erneut der Streit mit dem Obersten Gerichtshof. Roosevelt wollte ihn um sechs Mitglieder erweitern, um so die Mehrheit zu seinen Gunsten zu verändern. Aber der Kongreß verweigerte diesmal einer Maßnahme, die

(Photo USIS)

Im Jahr 1935 löste sich der »Congress of Industrial Organizations« (CIO) von der mächtigen »American Federation of Labor« (AFL). Dies war ein Zeichen für den Einfluß der Gewerkschaftsverbände auf die Arbeiterwelt, zugleich aber für ihre innere Uneinigkeit.

die richterliche Gewalt der Exekutive untergeordnet hätte, seine Zustimmung. Schließlich wurde der Oberste Gerichtshof doch dazu gebracht, die wichtigsten Gesetze mit fünf zu vier Stimmen für gültig zu erklären. Als Roosevelt die inflationistischen Maßnahmen einschränkte, zeichnete sich eine neue Krise ab, die jedoch weit weniger dramatisch verlief als die erste. Die eingebauten Mechanismen der neuen Wirtschaftspolitik hemmten die Depression, und im Jahr 1939 war die Situation durchaus wieder stabil.

Der europäische Krieg sollte der amerikanischen Wirtschaft einen ungeahnten Aufschwung geben. Roosevelts friedliche Revolution hatte, ohne an grundsätzlichen kapitalistischen Einrichtungen zu rühren, durch ihre Stabilisierungsmaßnahmen die amerikanische Wirtschaftsstruktur dennoch geändert. Das war zweifellos ein Sieg des Empirismus. Im Grunde genommen ging das Großkapital eher gestärkt und gefestigt aus der Krise hervor. Die schwachen oder mittelständischen Unternehmen waren vielfach auf der Strecke geblieben. Drei Großfirmen produzierten 80 % der Automobile, drei Gesellschaften 60 % des Stahls, und die Aluminiumherstellung war vollständig zum Monopol geworden.

Im Jahre 1939 zählten die Vereinigten Staaten von Amerika 130 Millionen Einwohner. Von 1933 an ergoß sich durch die Verfolgungen der faschistischen Regime in Europa ein Strom von Emigranten, vor allem aus Deutschland, Österreich und der Tschechoslowakei — Wissenschaftler und Ingenieure, die auf dem Gebiet der Atomforschung eine führende Rolle spielen sollten —, in die Vereinigten Staaten. Es genügt hier, die Namen Albert Einstein und Enrico Fermi* zu nennen, der Italien auf Grund der antisemitischen Verfolgungen verlassen hatte.

Obwohl das Negerproblem trotz der liberalen Haltung Roosevelts einer Lösung nicht wesentlich näher gerückt war, wurde an den amerikanischen Universitäten eine schwarze Elite herangebildet. Die Veränderungen innerhalb der Gesellschaft waren keineswegs auffällig. 1939 hatten 5% der reichen Minderheit noch immer 27% des Nationaleinkommens mit Beschlag belegt, 1929 waren es 36% gewesen. Aber wenigstens der Anstoß für eine neue Entwicklung war gegeben worden. 1952 wird der Teil der privilegierten Gesellschaft nicht mehr als 16% betragen. Das bedeutete weniger eine Nivellierung als die Tendenz zu stärkerer Demokratisierung. Die Gewerkschaften bildeten von nun an eine unzerstörbare Kraft, die Zeiten vernichtender Angriffe, bei denen private Schlägertrupps sich den Gewerkschaften mit Waffengewalt und Mord entgegengestellt hatten, waren seit 1939 endgültig vorbei. Es war eine neue Epoche angebrochen. Von 1933 bis 1939 wurden die Fundamente des modernen Amerika gefügt. Die Mechanismen politischer und wirtschaftlicher Machtmittel, über die eine gestärkte Staatsgewalt verfügte, sollten auch nach dem Zweiten Weltkrieg noch einige Male ihre Geschmeidigkeit und Wirksamkeit beweisen.

(Photo Keystone)

Die Radikalen beherrschten das politische Leben Argentiniens während des ersten Drittels des 20. Jahrhunderts. Im Jahr 1938 stand Präsident Ortiz noch an der Seite seines Vizepräsidenten Castillo. Doch die Putschgeneräle waren nicht weit.

Südamerika im 20. Jahrhundert

Bis zum Ersten Weltkrieg hatten die Vereinigten Staaten für Südamerika nur die Bedeutung einer Macht von untergeordnetem Rang. England nahm den ersten Platz ein. Die Schwächung der europäischen Kräfte als Folge des Krieges erlaubte den Amerikanern, Großbritannien in Lateinamerika zu verdrängen, zumal die USA von ihren inneren Problemen, die sie während des 19. Jahrhunderts beschäftigt hatten, weitgehend befreit waren. Die sich nach dem Krieg herausbildende Führerstellung Nordamerikas sollte dauerhafte Folgen haben und unüberbrückbare Gegensätze schaffen. Zwar kann man von geographischer Nähe, aber nicht von wirklichen verwandtschaftlichen Beziehungen zwischen den beiden Kontinenten sprechen. Die kulturellen, zivilisatorischen, sprachlichen und religiösen Unterschiede erzeugten konfliktgeladene Spannungen. Zwischen den lateinamerikanischen Republiken hingegen bestanden vielerlei gemeinsame Traditionen. Die spanische Sprache und eine geistige wie historische Gemeinsamkeit bildeten das Band, das diese Länder — mit Ausnahme Brasiliens — trotz ihrer politischen Zerstückelung vereinte.

Die europäische Einwanderung

Im 20. Jahrhundert tauchten neue wirtschaftliche Probleme auf. Die Entwicklung der Eisenbahn und der Dampfschiffahrt sowie die Entdeckung von Erdölvorkommen veränderten das Gesicht von Ländern und Völkern. Es entstanden moderne Großstädte, die von der Eintönigkeit der Felder abstachen. Die Dampfschiffahrt erleichterte die Überquerung des Ozeans, und die europäischen Krisen begünstigten die beträchtliche Auswanderungswelle. Im Jahr 1910 verließen fast 1,5 Millionen Menschen die Alte Welt, um in den Süden des amerikanischen Kontinents einzuwandern, dessen gemäßigtes Klima für den Europäer durchaus angenehm ist. 1,5 Millionen Einwanderer, hauptsächlich Italiener und Spanier, ließen sich zwischen 1905 und 1910 allein in Argentinien nieder. In Uruguay wuchs die Bevölkerung von 1884 bis 1925 um eine Million. 4 Millionen europäische Einwanderer veränderten in Brasilien den von vorwiegend farbiger Bevölkerung geprägten Charakter des Landes. Dort lebten neben Portugiesen auch eine beträchtliche Anzahl von Italienern und Spaniern. Von 1870 bis 1940 stieg der Prozentsatz der Weißen von 30 auf 50%. Auch Chile nahm zahlreiche Einwanderer auf. Wenngleich die anderen lateinamerikanischen Länder aus dieser Menschenwoge, die aus dem alten Kontinent herüberschlug, nur geringen Vorteil zogen, so ließ sie doch zusammen mit einer starken Geburtenziffer die Gesamtbevölkerung des Kontinents innerhalb der Jahre von 1920 bis 1937 von 94 Millionen auf 134 Millionen anwachsen. Der Mangel an ausländischen Kapitalien verstärkte die Bindung an Nordamerika immer mehr. Aber die wirtschaftliche Verflechtung geschah nicht, ohne ernste Spannungen hervorzurufen, und war letztlich stets begleitet von Interventionen der USA in die inneren Angelegenheiten der lateinamerikanischen Länder.

Amerikas Politik des »großen Stockes«

Durch den Vertrag von Paris war im Jahr 1898 das Ende der spanischen Vormachtstellung in den Kleinen Antillen besiegelt worden. Die Spanier verzichteten auf Kuba und traten Puerto Rico ab. Theodore Roosevelts Politik des »big stick«, des »großen Stockes«, begann. Ab Dezember 1901 erhielten die Vereinigten Staaten das Recht, in die inneren Belange der neuen Republik Kuba einzugreifen und in Guantánamo einen Militärstützpunkt einzurichten. Panama trat für immer eine Zone von 16 Kilometern an jedem Ufer des die beiden Weltmeere verbindenden Kanals ab. Ebenso zeigte sich der Panamerikanismus in der Gründung des Internationalen Büros der amerikanischen Republiken, das unter dem Vorsitz eines amerikanischen Staatssekretärs tagte. Auf verschiedenen Konferenzen schlug Washington die Bildung einer gemeinsamen politischen Linie vor. Ein Übereinkommen vom 5. August 1914 gab den USA das Recht, einen Kanal in Nicaragua zu bauen, der den Stillen mit dem Atlantischen Ozean verbinden sollte. Nacheinander wurden nun die Dominikanische Republik (1904), Honduras (1912–1934) und Haiti (1915) von amerikanischen Truppen besetzt, die man von nun an mit verächtlichem Unterton »Yankees« oder »Gringos« nannte. Im Januar 1914 fand eine weitere militärische Intervention in Mexiko statt, wo die »Diplomatie des Dollars« verschiedene Revolten ausgelöst hatte. Verständlich, daß das Ansehen der Vereinigten Staaten bei den Völkern des Subkontinents auf Grund dieser Ereignisse immer tiefer sank.

Herrschte in den Jahren nach dem Ersten Weltkrieg auf dem gesamten amerikanischen Kontinent ein gewisser Wohlstand, so sollte der Börsenkrach in der Wall Street für die Mehrzahl der Länder schwerwiegende Konsequenzen haben. Vom Jahr 1928 an nahm der Handel zwischen den Vereinigten Staaten und Lateinamerika ständig ab. Der Umfang des gegenseitigen Warenaustauschs war 1929 wieder auf das Niveau der Jahrhundertwende zurückgefallen. Die Weltwirtschaftskrise erschütterte die Regierungen; Revolten und Bürgerkriege lösten einander ab. Die Beziehungen der einzelnen Staaten untereinander verschlechterten sich mehr und mehr und riefen oft blutige Konflikte hervor. Grenzfragen wurden in den Vordergrund geschoben, hinter denen sich jedoch meist schwer zu durchschauende machtpolitische und wirtschaftliche Absichten verbargen. So stand am Anfang des tragischen Chacokrieges die Suche nach Erdöl. Die drohenden Schatten des Zweiten Weltkrieges veranlaßten die Vereinigten Staaten jedoch, sich ihren Nachbarn im Süden freundschaftlich zu nähern. Franklin D. Roosevelts Politik der guten Nachbarschaft wollte die schlechten Erinnerungen auslöschen, die durch die Politik des »großen Stockes« seines Vetters Theodore zurückgeblieben waren.

Bodenverteilung und Ureinwohner

Doch auf einem Kontinent, auf dem eine Aristokratie des Großgrundbesitzes

(Photo Keystone)

herrschte, wurde ein unheilvoller Einfluß ausgeübt: 50% des Landes befanden sich in der Hand von 1,5% mächtiger Grundherren oder Gesellschaften, deren Besitz 6000 Hektar überschritt. Zwei Klassen, die sich kraß voneinander abhoben, standen sich gegenüber. Auf der einen Seite die Klasse einer mächtigen Agrooligarchie, auf der anderen Seite die bäuerlichen Massen, im wesentlichen Indianer, die man auf den Stand der Leibeigenschaft (Peonen) herabgedrückt hatte. Sie arbeiteten auf den Ländereien der Grundherren und erhielten Wohnraum in einer Hütte, ein winziges Stück Land, Geldvorschuß oder Nahrung. Die Löhne waren derart gering, daß die Peonen fortwährend bei ihrem Herrn verschuldet und so an ihn gebunden blieben. Die Methoden der landwirtschaftlichen Bodenbestellung waren rückständig, die Erträge spärlich.

Diese beiden Welten lebten streng voneinander getrennt. Hier die Aristokratie, die aus Europa stammte oder sich aus verschiedenen Rassen zusammensetzte, dort die Masse der Indianer — eine erdrückende Mehrheit in Venezuela, Peru, Bolivien, Kolumbien und Ecuador. Auf den Antillen, in Mittelamerika und in Brasilien kam das Negerproblem noch zu dem der Indianer

Links: Der Reichtum Argentiniens lag in den Weiten der Pampa, dem Land der Gauchos und der unermeßlichen Viehherden.

Unten: Nach 1943 stieg der Stern Oberst Peróns am politischen Himmel Argentiniens auf. Perón, inzwischen zum General aufgestiegen, wurde von den armen Stadtbewohnern unterstützt, er errichtete ein Regime, das dem korporativen italienischen System nachgebildet war.

hinzu, das jedoch, anders als in den USA, zu einer nuancereichen Rassenvermischung führte. Dennoch ließen das Anwachsen der Städte, die steigende Industrialisierung und der Handel eine Mittelklasse entstehen, aus der sich eine Art Militärkaste rekrutierte, die, nationalistisch gesinnt, dem fremden Kapital feindlich gegenüberstand und mitunter treue Anhänger einer gewagten Agrarreform hervorbrachte. Einmal an die Macht gelangt, mußte sich der Militärdiktator, selbst wenn er die besten Absichten verfolgte, vor den sozialen Schranken beugen. Naturgemäß bestanden große Unterschiede zwischen den Ländern, die von europäischen Einwanderern überschwemmt waren, wie Argentinien, Uruguay, Chile und Brasilien, wo das Transportwesen, das Kapital und Investitionen eine bedeutende Industrie und einen leistungsfähigen Mittelstand entstehen ließen, und zwischen den Ländern, die durch ihre archaischen landwirtschaftlichen Strukturen und die indianische Bevölkerung benachteiligt blieben.

Aber selbst in den fortschrittlichen Ländern waren die sozialen Kontraste grell genug. Buenos Aires und die Pampa* standen den verelendeten Gebieten des Landesinnern so gegenüber, wie Rio de Janeiro oder São Paulo mit dem trockenen und staubigen Nordosten kontrastierten. Überall blieb die soziale Ungleichheit beträchtlich. In Brasilien rissen 5% der Bevölkerung 30% des Nationaleinkommens an sich. In der Zeit zwischen den beiden Weltkriegen sollte sich eine Situation herauskristallisieren, die zu den jetzigen komplizierten und problematischen Gegebenheiten des südamerikanischen Kontinents geführt hat.

Argentinien — Königreich des Fleisches

Das Anwachsen der Bevölkerung durch die große Zahl der Einwanderer führte zu einem ständigen Ansteigen der Nahrungsmittelbedürfnisse. Noch immer irrten ungezähmte Viehherden durch die weiten Pampas. Erst die Entdeckungen des deutschen Forschers Justus Liebig erlaubten

(Photo Keystone)

Im Jahr 1928 löste das Gebiet des Chaco Boreal, in dem angeblich Erdöl gefunden worden war, einen blutigen Konflikt aus. Bolivien und Paraguay rangen sieben Jahre lang um dieses strittige Gebiet. 1935, nach der Vermittlung der Vereinigten Staaten, verließ die paraguayische Regierung den Völkerbund.

es, Fleischextrakte herzustellen. Die Fortschritte der Konservierungsindustrie und die Möglichkeit der Herstellung von Gefrierfleisch revolutionierten die Landwirtschaft Argentiniens. Mit der Anlage von Stacheldrahtzäunen, die das Vieh zusammenhalten konnten, verschwand nach und nach der Gaucho. Mit dem Bau von riesigen Schlachthöfen blühte die Fleischindustrie rasch auf. Außerdem wurde ab 1910 Erdöl gewonnen, und vor dem grandiosen Panorama Patagoniens vermehrten sich die Bohrtürme. 1875 wurde in Argentinien der Weizen noch eingeführt, aber 1905 erreichte die landwirtschaftlich kultivierte und genutzte Fläche bereits 14 Millionen Hektar, 1914 waren es 25 Millionen und 1930 sogar 30 Millionen Hektar. Argentinien war damit zum Kornspeicher für Europa geworden. Ebensoschnell stieg die Mais-, Gersten-, Baumwoll- und Obstproduktion.

Eine solche Entwicklung konnte sich jedoch nicht ohne Krisen vollziehen. Das Eindringen ausländischer Kapitalien rief eine allgemeine Unsicherheit im Volke hervor. Vom Zeitpunkt des Abtriebs bis zum Eintreffen in den Schlachthöfen magerte das Vieh stark ab und mußte, bevor es geschlachtet werden konnte, nochmals gemästet werden. Diese Aufgabe übernahmen die Landwirte der Provinz Buenos Aires. Diese »Invernadores« oder »Wintergastwirte« gelangten rasch zu Wohlstand und spielten bald eine wichtige politische Rolle. Im Jahr 1907 ließen sich große Unternehmer Chicagoer Schlachthöfe in Buenos Aires nieder. Argentinien, das während des Krieges von 1914 bis 1918 neutral geblieben war, erzielte dadurch große Gewinne, daß es sein Fleisch an die Alliierten verkaufte. Als Europa nach dem Krieg seine Friedensproduktion wiederaufnahm, hatte Argentinien Schwierigkeiten, seine Bestände abzusetzen. Zu der Auseinandersetzung zwischen Amerikanern und Engländern kam außerdem nun der Kampf zwischen den »Invernadores« und den anderen landwirtschaftlichen Unternehmern. Mithin brachte die Weltwirtschaftskrise von 1930 ein starkes Zurückgehen der argentinischen Exporte mit sich. Um sein Fleisch überhaupt verkaufen zu können, genehmigte Argentinien, daß alle englischen Waren ungehindert ins Land fließen konnten. Aber die Abhängigkeit des Landes im Hinblick auf Großbritannien, das beispielsweise drei Viertel des Eisenbahnnetzes kontrollierte, ließ in Argentinien eine chauvinistische Welle entstehen, die kennzeichnend wurde für die weitere politische Entwicklung des Landes.

Die Armee als Träger der Macht

Als Stadt, in der die Fäden des Landes zusammenlaufen, war Buenos Aires das wirtschaftliche und kulturelle Zentrum Argentiniens. Ab 1914 waren in der Stadt mehr als 1,5 Millionen Einwohner zusammengedrängt. Das unzufriedene niedere Proletariat, das in den Außenbezirken der großen Städte lebte, kannte nur Elend und Armut. Der wirtschaftliche Aufschwung des Landes im Laufe des Krieges begünstigte die Mittelklassen, die es nun verstanden, neben der Aristokratie des Großgrundbesitzes eine eigene wichtige Rolle zu spielen. Die Präsidentschaftswahlen von 1916, die den Führer der radikalen Partei ans Ruder brachten, waren deutliche Anzeichen für die Veränderung der inneren politischen Zustände. Eine fortschrittliche Sozialgesetzgebung sollte die Arbeiter begünstigen. Doch infolge der Weltwirtschaftskrise, die nun das Land traf und den Export zum Erliegen brachte, mußten noch radikalere Maßnahmen ins Auge gefaßt werden. In dieser Zeit begann der Kampf der Großindustrie mit dem Großgrundbesitz. Ein von den Konservativen unterstützter Militärputsch stürzte im Jahr 1930 das herrschende Regime. Das Militär schrieb Neuwahlen aus, von denen die radikale Partei ausgeschlossen wurde.

In der Tat hielten hinter den Kulissen einige einflußreiche Offiziere die Fäden in der Hand. Ihr Führer, dessen Name bald in aller Munde sein sollte, blieb vorerst noch im dunkeln — Oberst Perón*. Mit dem Militärputsch wurde die argentinische Demokratie zu Grabe getragen. Die Pronunziamientos gelangten zu trauriger Berühmtheit und vermehrten sich rasch, weil die Armeehierarchie das politische Leben

(Photo Keystone)

kontrollierte. Ein weiterer Putsch im Jahr 1943 bereitete die endgültige Machtergreifung Juan Peróns vor, dessen »Gerechtigkeit« von faschistischem Gedankengut beeinflußt war und der dem Land zehn Jahre Diktatur (1946–1955) bescherte.

Uruguay, Paraguay und der Chacokrieg

Uruguay, das im wesentlichen von seiner Fleisch- und Weizenproduktion abhängig war, konnte seine Bevölkerung vom Jahr 1900 bis 1938 verdoppeln und zählte nun mehr als zwei Millionen Einwohner. In diesem kleinen Land überwogen zwar Spanier und Italiener, aber es gab auch zahlreiche Deutsche, Schweizer, Franzosen und Engländer. Mit klarem Blick für die Notwendigkeiten führten die regierenden Kräfte den 8-Stunden-Tag ein, setzten Trennung von Kirche und Staat durch und verstaatlichten die Betriebe des öffentlichen Dienstes. Das konstitutionelle und parlamentarische Regime funktionierte mit bemerkenswerter Zuverlässigkeit.

Paraguay dagegen, wo 90% der Einwohner guaranisch-indianisches Blut in ihren Adern hatten, taumelte von einer innerpolitischen Krise in die andere. 22 Präsidenten in einem Vierteljahrhundert mögen als Beweis genügen.

Dazu mußte das Land im Jahr 1932 die Prüfung des Chacokrieges gegen Bolivien über sich ergehen lassen. Der Gran Chaco ist eine von beiden Ländern nicht genau abgegrenzte, umstrittene, wenn auch öde Landschaft, in der die Standard-Oil-Gesellschaft Erdölvorkommen entdeckt hatte, die damals für ziemlich bedeutend gehalten wurden. Schon zu Beginn des Krieges waren die Paraguayer im Vorteil. Der Kampf spielte sich zwar weitgehend auf ihrem Territorium ab, aber die bolivianischen Soldaten, die von den Höhen der Anden herabsteigen mußten, hatten schwer mit der dunstigen tropischen Hitze des Chaco zu kämpfen. Der Dschungelkrieg war grausam und verlustreich. Die beiden Armeen versanken in den grundlosen Sümpfen. 1935 drangen paraguayische Truppen in Bolivien ein und bedrohten die

Landwirtschaftliche Monokulturen oder das jeweilige Übergewicht im Abbau von Bodenschätzen charakterisieren die Wirtschaftsgrundlage der südamerikanischen Staaten.
Für Chile sind die beiden wirtschaftlichen Hauptquellen Salpeter und Kupfer.
Beide lagern vor allem in den nördlichen Landesteilen.

(Photo Keystone)

Interessen der großen Zinngesellschaften. Die Interventionen des Völkerbundes blieben ziemlich erfolglos, aber schließlich wurde doch ein Waffenstillstand unter dem Druck der Großmächte unterzeichnet. Dieser Krieg um das Öl endete mit der Teilung des Gran Chacos. Einige Jahre später entdeckte man, daß die Gegend nur geringe Mengen an Erdöl barg: Die 150 000 Toten des Krieges waren umsonst gefallen. Zu allem Unglück kam hinzu, daß dieser bittere Sieg den Aufständen und Diktaturen keineswegs ein Ende bereitete.

Chile — eine zerbrechliche Demokratie

Begrenzt durch die Anden und den Pazifik, erscheint Chile wie in einen Schraubstock

(Photo Keystone)

eingezwängt. Die weiße Bevölkerung spanischen Ursprungs, zu der sich vor allem die deutschen Einwanderer gesellt hatten, dominierte gegenüber der Minderheit von Mestizen und Indianern. Der Salpeterkrieg, in dem Chile über Bolivien den Sieg davontrug, und die Präsidentschaft Balmacedas hatten dem Land im späten 19. Jahrhundert eine relativ stabile Regierungsform gesichert, die, als eine Art Ständerepublik, mit einer starken exekutiven Gewalt ausgestattet, von den reichen Großgrundbesitzern beherrscht wurde. Von 1910 an hat das Land einen unleugbaren wirtschaftlichen Aufschwung zu verzeichnen. Die Anlagen seiner Häfen wurden verbessert, das Eisenbahnnetz dehnte sich dank eines Tunnels, der die Anden in einer Höhe von 3000 Meter durchbricht, bis nach Argentinien aus. Besonders die Salpeterindustrie entwickelte sich ungewöhnlich rasch. Von 1888 bis 1920 stieg die Produktion von 200 000 Tonnen pro Jahr auf 3 Millionen Tonnen. Der Erste Weltkrieg mit seinem ungeheuren Bedarf an Sprengstoffen begünstigte diesen Zweig der chilenischen Industrie besonders stark. Ebenso begannen am Anfang des Jahrhunderts die großen ausländischen Gesellschaften die chilenischen Kupfervorkommen auszubeuten, die mehr als 30% der Weltreserven ausmachen. Aber die Preisschwankungen des Kupfers auf dem Weltmarkt führten zu zahlreichen, oft verhängnisvollen Schwierigkeiten der nationalen Wirtschaft.

Chile ist eines der Länder, die von der großen Depression von 1929 mit am schwersten getroffen wurden. Ein schwerer Schlag für die Gewinnung des Salpeters, dessen Ausfuhr immer mehr abnahm, waren die aufkommenden synthetischen Düngemittel. Die radikale Partei wurde nun von Arturo Alessandri*, Sohn eines italienischen Einwanderers und »Löwe von Tarapacá« genannt, beherrscht. Alessandri führte eine Anzahl fortschrittlicher Maßnahmen durch, wurde aber 1925 durch einen Militärputsch des Generals Ibáñez del Campo*, den die Vereinigten Staaten für einen Musterdemokraten hielten, aus dem Amt gejagt. Tatsächlich stärkte diese »Demokratie« nur die Armee und schickte ihre Gegner ins Exil. Die Wirtschaftskrise von 1929, die eine ganze Reihe von Unruhen auslöste, setzte der Regierung Ibáñez del Campo ein Ende. Nach einem Jahr innerer Unruhen und Verschwörungen kam Alessandri indessen wieder an die Macht. Bis 1938 gelang ihm die wirtschaftliche Wiederbelebung des Landes, indem er die Salpeterindustrie reorganisierte und die amerikanischen Kupfergesellschaften einem angemesseneren Steuersystem unterwarf. Trotz vieler Schwächen konnten Uruguay, Argentinien und Chile als entwicklungsfähige Staaten mit großen Zukunftsmöglichkeiten gelten, die durchaus in der Lage waren, ihre niedrige Entwicklungsstufe zu überwinden. Durch erhöhte Kapitalinvestitionen konnten sie sich einen ständigen Fortschritt des Lebensstandards sichern. Dies galt allerdings nicht für die Länder im Norden Chiles, für die Andenrepubliken, wo eine herrschsüchtige Aristokratie zusammen mit ausländischem Kapital die indianischen Massen in elenden Lebensbedingungen verharren ließen. Das waren die Zustände in Bolivien, Ecua-

(Photo Keystone)

(Photo Keystone)

Peru, Land des Guanos (Vogeldünger), des Kupfers und des Silbers, erlebte ebenfalls schwere innere Krisen.
Haya de la Torre (links) versuchte das Problem der Indianer durch deren Eingliederung in die Bevölkerung zu lösen.

Bolivien, reich an Zinnvorkommen, besitzt ebenso eine Majorität von Indianern. Sie bildeten den Hauptteil der Armee (links unten) während des Krieges gegen Paraguay.

dor, Peru und Kolumbien sowie in ganz Mittelamerika.

Bolivianische Gewaltakte

Erst 1904 wurde ein Vertrag zwischen Bolivien und Chile abgeschlossen, der den Kämpfen um die Pazifikküste ein Ende setzte. Bolivien mußte endgültig den Verlust seiner Seeprovinzen hinnehmen und verzichtete auf alle ans Meer grenzenden Gebiete. Als Gegenleistung zahlte Chile eine hohe Entschädigungssumme und baute auf seine Kosten eine Eisenbahnlinie, die noch heute die Küste mit La Paz verbindet. Der bolivianische Handel durfte chilenisches Gebiet frei passieren. Für Bolivien folgte bis 1927 ein verhältnismäßig ruhiger Zeitabschnitt. Die Präsidenten lösten einander ab und bemühten sich, die Wirtschaft des Landes weiterzuentwickeln. Aber das politische Klima wurde durch Rassenunruhen und soziale Ungerechtigkeiten stark beeinträchtigt. Der unrühmliche Chacokrieg gegen Paraguay vergrößerte die innere Unsicherheit. Die finanziellen Hilfsmittel waren erschöpft. Die Ausbeutung der ertragreichen Zinnvorkommen, Hauptexportgut des Landes, befand sich in Händen ausländischer Bergwerksgesellschaften. Das soziale Elend, Seuchen und der allgemeine Anstieg der Lebenshaltungskosten lösten im Mai 1935 einen Generalstreik in La Paz aus. Die Armee nahm sich in dieser Situation des Landes an und bildete eine Militärregierung, die vorgab, eine Art Staatssozialismus einführen zu wollen. Verschiedene Generäle wechselten sich in der Herrschaft ab, aber erst der wirtschaftliche Bankrott Boliviens beendete die neue Militärdiktatur.

Peru

Trotz einer gewissen Ähnlichkeit in der ethnischen und sozialen Struktur beider Länder, verlief die Geschichte Perus ruhiger als die Boliviens. Von den 4 Millionen Einwohnern im Jahr 1900 waren 60% von den Inkas abstammende Mestizen oder Indianer. Nach dem Salpeterkrieg, in dem Peru ebenso wie Bolivien besiegt wurde, mußte es an Chile die an Salpetervorkommen reiche Provinz Tarapacá abtreten. Peru brauchte lange, bis es sich von diesem Schlag wieder erholt hatte. Lima, die Hauptstadt des Landes, war drei Jahre lang von den Chilenen besetzt und hatte unter schweren Kriegsschäden gelitten. Ein autoritärer Präsident folgte dem anderen. Einer der Präsidenten öffnete den aus politischen Gründen des Landes Verwiesenen die Grenzen, vor allem den führenden Anhängern der »Alianza Popular Revolucionaria Americana«, APRA (Amerikanische Revolutionäre Volksallianz). Der »Aprismus« ist ein Gemisch von Nationalismus, Faschismus und marxistischem Reformismus, dessen Parole »weder mit Rom noch mit Berlin noch mit Moskau« bezeichnend ist. Die Bewegung wollte die Indianer völlig in das nationale Leben eingliedern. Daß sie bald zur einflußreichsten Partei in Peru werden sollte, verstimmte indessen die konservativen Kräfte des Militärs. Unruhen, Staatsstreiche und Gewalttaten waren an der Tagesordnung. An den Wahlen von 1936 nahm die APRA, die ihren nationalen Charakter in den Vordergrund stellte, nicht teil. Sie täuschte ihre Gegner und ließ ihren Kandidaten unter einem anderen Aushängeschild wählen. Das Parlament beschloß jedoch die Annullierung der Wahlen.

Kolumbien, Ecuador, Venezuela

Die Konservativen, die Vertreter der Grund- und Bodenaristokratie also, regierten Kolumbien mit Unterstützung des Klerus, der ab Ende des 19. Jahrhunderts mit Privilegien überhäuft wurde. Aber der wirtschaftliche Wohlstand, der nach dem Ersten Weltkrieg im Lande herrschte, sollte nicht von langer Dauer sein. Kolumbien, das im wesentlichen vom Kaffee-Export lebte, wurde von der Wirtschaftskrise des Jahres 1929 brutal getroffen. Das Absinken der Kaffeepreise bedeutete für das Land eine echte Katastrophe. Die Staatsgewalt ging auf die liberale Partei über. Doch eine Agrarreform konnte in einem Lande, in

(Photo Keystone)

dem die Mehrheit der 10 Millionen Einwohner aus Mestizen und Indianern bestand, die als Bauern nur kleine Flächen bearbeiten, kaum durchgeführt werden.

Es ist schwierig, eine genaue vollständige Liste der Präsidenten, Diktatoren, der Revolten und Staatsstreiche aufzustellen, die in Ecuador seit 1875 aufeinander gefolgt sind. Die hieraus resultierende Unsicherheit und politische Unordnung haben die weitere Entwicklung dieses Landes stark gehemmt. Ein großer Teil der indianischen Bevölkerung, der als Kakaohersteller eine gewisse wirtschaftliche Bedeutung hatte, wurde durch die Weltwirtschaftskrise ebenfalls hart getroffen. Von 1911 bis 1917 wechselten Bürgerkriege und Militärdiktaturen ab. Nach einer Zeit des Friedens, in der sich die Wirtschaft des Landes zu konsolidieren begann, fingen 1925 die Pronunziamientos wieder an. Je nach Gutdünken der einzelnen Verschwörungen hielten sich die gegensätzlichsten Militärregime an der Regierung. Ihre Amtszeit war meist kurz bemessen — von 1935 bis 1940 zählt man nicht weniger als 7 Präsidenten oder Diktatoren.

Für Venezuela ist der Kontrast zwischen der städtischen, von weißer Bevölkerung bewohnten Küste und dem meist indianischen oder mestizischen Landesinnern bezeichnend. Der Staatsbankrott um die Jahrhundertwende leitete eine Zeit permanenter Wirren ein, die bis zur Machtübernahme des Diktators Gómez* im Jahr 1908 andauerte. Juan Vicente Gómez übte seine Herrschaft über ein Vierteljahrhundert lang aus (1908–1935). Der »Tyrann der Anden« war ein starrköpfiger, gefürchteter ehemaliger Bauer, der seine Gegner gefangennehmen und foltern ließ, ohne jedoch dabei die Sorge für die Vermehrung seines persönlichen Vermögens auf Grund der ergiebigen Ölfunde zu vergessen. Trotzdem trug er zur finanziellen Gesundung des Landes bei. Gómez umgab seine legitime — und illegitime — Familie mit einem unsinnigen Luxus. Er hatte 97 uneheliche Kinder! Alle Versuche, den Despoten zu stürzen, schlugen fehl. Die Verschwörer ließ Gómez an Fleischerhaken aufhängen. Die Gefängnisse in den Küstenstädten waren so angelegt, daß die Verurteilten von der hereinbrechenden Flut ertränkt wurden.

General Gómez (rechts oben), der »Tyrann der Anden«, zwang Venezuela ein diktatorisches Regime auf. Die Armee sorgte für Ruhe und Ordnung.

Kurz vor seinem Tode ging der Diktator nur noch im Schutze von Maschinengewehren auf die Straße. Sein Tod, der im Dezember 1935 erfolgte, rief einen Freudentaumel des Volkes hervor.

Venezuela und Öl sind beinahe gleichbedeutende Begriffe. Die ersten Erdölvorkommen wurden im Jahr 1910 entdeckt. 1925 wurden 3 Millionen Tonnen und 1938 bereits 27 Millionen Tonnen Öl gefördert. Zwar zogen die amerikanischen Erdölgesellschaften daraus den größten Profit, doch auch die Tantiemen halfen der Regierung, ihre Finanzprobleme zu lösen.

(Photo Keystone)

Mittelamerika und die USA

Den Einfluß, den die United Fruit Company, die die größten Plantagen besitzt, im mittelamerikanischen Raum erlangt hatte, benutzten die Vereinigten Staaten dazu, direkt in die inneren Belange der sogenannten Bananenrepubliken, wie Nicaragua, Honduras, Guatemala, El Salvador, Costa

(Photo Keystone)

Rica, einzugreifen. Unterstützt durch die Diplomatie und mitunter auch durch den Einsatz von bewaffneter Gewalt der Washingtoner Regierung, hatten die amerikanischen Gesellschaften vor allem ihren Profit im Auge und waren bestrebt, den jeweils führenden mittelamerikanischen Präsidenten, die ihre Interessen respektierten, die Macht zu erhalten. Dank einer überwiegend weißen Bevölkerung ging es im Fall Guatemalas und Costa Ricas friedlicher zu.

Honduras wurde im Jahr 1910 von einem Bürgerkrieg heimgesucht, der jedoch auf nachdrückliche amerikanische Forderungen hin unverzüglich wieder eingestellt wurde. Weitere revolutionäre Umsturzversuche in den Jahren 1931 und 1932 scheiterten hier ebenso wie in El Salvador, wo eine Reihe von Pronunziamientos stattfanden und die Geschicke des Landes während der ersten Hälfte des 20. Jahrhunderts lenkten.

1912 fand die erste militärische Besetzung Nicaraguas durch die Vereinigten Staaten statt. Sie dauerte bis 1925 und wurde schon kurz danach von einer zweiten Okkupation bis 1933 abgelöst. Bäuerliche Guerillas, die von dem legendenumwobenen Indianer César Sandino angeführt wurden, stießen mit amerikanischen Marineinfanteristen zusammen. Sandino wurde 1934 umgebracht. Er ging in eine Falle, die ihm ein Mann gestellt hatte, der durch seine Familie die Geschichte Nicaraguas bis in unsere Tage hinein bestimmte — »Tacho« Somoza*.

Die Geschichte Panamas ist mit der des die beiden Weltmeere verbindenden Kanals eng verknüpft. Der Vertrag von 1904 sicherte den Vereinigten Staaten die ständige Benutzung des Wasserweges, doch auch Panama selbst erwuchsen aus dieser Bevormundung erhebliche wirtschaftliche Vorteile. Die Diktaturen von Batista* in Kuba ab 1933, von Trujillo* in der Dominikanischen Republik ab 1930 und von »Tacho« Somoza in Nicaragua wurden ausnahmslos von den USA gestützt, die, um ihre wirtschaftlichen Interessen zu wahren, die betreffenden Länder von verbrecherischen Diktatoren und deren Familien planmäßig ausbeuten ließen.

(Photo Keystone)

Brasilien

In Brasilien war 1889 mit Hilfe konservativer Kreise, die Pedro II. für zu fortschrittlich hielten, das Kaiserreich gestürzt worden. Durch eine Verfassung, die sich von der alten kaum unterschied, wurde der Kaiser durch einen Präsidenten ersetzt. Er stand an der Spitze einer föderalistischen Republik, die nach dem Modell der USA gebildet worden war. Die republikanische Partei wurde zur Einheitspartei der »Obristen«, die meist Repräsentanten der Grund- und Bodenaristokratie waren. Die Mehrzahl der Präsidenten kam aus São Paulo. Die Erschließung des Westens lief zeitlich parallel mit der Erwerbung von Acre*, das 1903 Bolivien entrissen worden war. Zusammen mit dem Kautschuk des Amazonasgebietes bildete der Kaffee das große Exportgut des Landes. São Paulo zog die für die Wirtschaft so wichtigen ausländischen Einwanderer an, indem es ihnen die Einreise finanzierte. Im Jahr 1902 produzierte São Paulo 8 Millionen Säcke Kaffee, 1906 waren es bereits 15 Millionen. Die Einwohnerzahl des Kaffeestaates São Paulo

Lange Zeit war der Kaffeereichtum des Staates São Paulo Symbol der Wirtschaft Brasiliens. Dieses weite, rasch aufblühende Land erlebte indessen 1930 eine Wachstumskrise, die Getulio Vargas (unten) durch diktatorische Maßnahmen zu überwinden versuchte.

wuchs von 2 Millionen im Jahr 1900 bis auf 7 Millionen im Jahr 1939. Der Bundesstaat Rio Grande do Sul, der 1895 eine Loslösung aus dem Staatsverband versucht hatte, blieb seitdem auf die Rinder- und Schafzucht beschränkt. Die Republik ging mit den Staatseinnahmen verschwenderisch um und verstärkte dadurch inflationistische Tendenzen. Die Spekulation beherrschte weite Kreise der brasilianischen Gesellschaft. Die Exporteure hielten nach der Ernte den Kaffee in der Hoffnung zurück, daß sich die Kurse verbesserten und höhere Gewinne erzielt werden konnten. Diese fieberhafte Spekulation, der sich gewisse Geschäftemacher hingaben, blieb indessen nicht ohne Auswirkungen auf die allgemeine Moral der Gesellschaft. Spielleidenschaft und Korruption fanden sich allenthalben und führten zu zahlreichen menschlichen Tragödien. Der Zusammenbruch der Kaffeekurse von 1906/07 stürzte das Land in eine schwere Krise. Doch der Weltkrieg stellte den Wohlstand für kurze Zeit wieder her. Neue Kulturpflanzen wurden planmäßig angebaut: Kautschuk im Norden, Kakao in Bahia, Tee in Paraná. In gewissem Sinne bedeutete das ein Zurückdrängen des ausschließlichen Kaffeeanbaus.

Um 1920 tauchten neue Probleme auf: Der militärische Staatsstreich von 1922, der Aufstand von Rio Grande do Sul und von São Paulo 1924. So überfiel die Weltwirtschaftskrise als Folge des Börsenkraches in der Wall Street das Land ziemlich unvorbereitet.

Der Getulismus

In dieser Katastrophenstimmung erschien Getulio Vargas*, damals noch Gouverneur von Rio Grande do Sul, ein Mann, der Brasilien in den nächsten fünfzehn Jahren beherrschen sollte. Betrügerische Wahlmanipulationen verhinderten zwar seine legitime Wahl, aber Vargas gab nicht auf, sondern zettelte mit Unterstützung der Staaten Pernambuco und Minas Gerais einen Aufstand an. Darüber hinaus hatte er sich

(Photo Keystone)

(Photo Keystone)

der Hilfe der Armee versichert. 1930 übernahm er die Macht, bildete eine provisorische Regierung, löste das Parlament auf und versprach Neuwahlen. Da sie auf sich warten ließen, kam es in São Paulo wiederum zu Aufständen, die rasch und blutig niedergeschlagen wurden. Die neue Verfassung war faschistisch gefärbt und bestätigte seine eigene Präsidentschaft. Eine gewisse Anzahl von sozialen Maßnahmen wurden in Angriff genommen, wie die Einführung des 8-Stunden-Tages, eines Mindestlohnes, des allgemeinen Wahlrechts und einer Sozialversicherungsordnung.

Im Jahr 1937 vervollkommnete Getulio Vargas sein Werk. Er glaubte, daß der Frieden des Landes durch die wachsende Verschärfung der Parteienkämpfe bedroht sei und daß die Verfassung von 1934 aufgehoben werden müsse. Er rief den »Neuen Staat« aus, »L'Estado Novo«, dessen Devise »Ordnung und Fortschritt« lautete. Die brasilianische Bundesrepublik erhielt dadurch eine stark zentralistisch geführte, diktatorische Regierung, die das Land zu einer Industriemacht emporheben sollte.

Die mexikanische Revolution

Im Gegensatz zur brasilianischen war die mexikanische Revolution, die 1910 ausgebrochen war, von weit stärkeren sozialen Aspekten getragen. Die Indianer ohne Landbesitz ergriffen unter der Führung des Kleinbauern Emiliano Zapata* die Waffen gegen die Großgrundbesitzer und kämpften gegen die Ausländerherrschaft im eigenen Land. Francisco Madero* war der führende Kopf, der eigentlich den Aufstand ausgelöst hatte, um die Wiederwahl des Diktators Porfirio Díaz zu verhindern. 1911 wurde Madero zum Präsidenten gewählt, sah sich aber sogleich von eben den Kräften überspielt, auf die er sich vorher gestützt hatte. Im Norden wurde der Guerillakrieg von Pancho Villa* weitergeführt, und im Süden erklang die Revolutionshymne Zapatas: »Erde und Freiheit«. Fast zehn Jahre lang verwüstete der Bürgerkrieg das Land. Madero wurde im Jahr 1913 ermordet.

Erst die Verfassung von 1917 gab Antwort auf gewisse Forderungen, die das

Von 1910 bis 1920 erlebte Mexiko eine seiner bewegtesten Epochen, die von Persönlichkeiten wie Porfirio Díaz, Madero, Huerta, Carranza, Zapata und Pancho Villa geprägt war. Die Republik ging durch eine schwere politische Krise, der eine tiefe wirtschaftliche Depression folgte. Der Bürgerkrieg, der sich hieraus ergab, schwächte das Land und stürzte es in eine heillose Verwirrung.

Volk immer wieder gestellt hatte. Die Schulpflicht wurde eingeführt und der Lehrbetrieb dem Einfluß des Klerus entzogen und in die Hände des Staates gelegt. Der Boden und die Bergwerke wurden verstaatlicht, ein neues Arbeitsrecht eingeführt, das den 8-Stunden-Tag und einen Mindestlohn garantierte. Aber diese Anordnungen konnten kaum in die Praxis umgesetzt werden, und Carranza* stieß mit Pancho Villa und Zapata zusammen, die den Kampf fortsetzten. Zapata, dessen Ziele im Gegensatz zu denen Villas mehr politischer Natur waren, schlug sich noch bis 1919 im Kleinkrieg mit den Regierungstruppen. Schließlich geriet er in einen Hinterhalt und wurde erschossen. Bei den Bauern des Landes lebte seine legendäre Gestalt noch lange nach seinem Tode fort. 1920 wurde auch Carranza ermordet.

Erst zu diesem Zeitpunkt nahmen die Wirren des Bürgerkrieges ein Ende. Nach Jahren der Revolution brauchte Mexiko endlich Stabilität und Frieden. Präsident Obregón*, ein sehr energischer Mann, versuchte auch an die Indianer Ackerland zu verteilen und verschärfte diejenigen Verfassungsbestimmungen, die der Kontrolle ausländischen Vermögens galten. Diese Maßnahme führte zum zeitweiligen Abbruch der diplomatischen Beziehungen mit den Vereinigten Staaten. 1923 erkannte Washington die mexikanische Regierung an. Dadurch festigte sich Obregóns Stellung auch im eigenen Land, so daß er ohne Mühe einen Militärputsch niederschlagen konnte.

1924 kämpfte sein Nachfolger Calles* gegen die Macht der katholischen Kirche und zog sich dabei die Feindschaft des Klerus zu. Die Zahl der Priester wurde rigoros beschränkt, das Tragen der Soutane verboten. Der dadurch ausgelöste Aufruhr der »Cristeros«, deren Wahlspruch »König Christus« lautete, nahm gewalttätige Formen an. Ein Eisenbahnzug wurde in die Luft gesprengt. Da die Präsidentschaftswahlen vor der Tür standen, lebten zusätzliche Unruhen wieder auf. 1928 wurde Obregón wiedergewählt, aber einige Wochen später von einem fanatischen katholischen Studenten ermordet. Calles, der sich auf den mexikanischen Arbeiterbund und auf die von ihm ins Leben gerufene Revolutionspartei (Partido Revolucionario Institucional) stützen konnte, fing die Krise relativ schnell auf. Vorab wurde ein provisorischer Präsident ernannt, der mit den Bischöfen verhandelte und die aufgewühlten religiösen Leidenschaften bald zu besänftigen vermochte. Der Kandidat der Revolutionspartei, General Cárdenas*, wurde 1934 zum Präsidenten gewählt. Cárdenas stellte seine starke Persönlichkeit schnell unter Beweis. Er legte einen Entwicklungsplan für die nächsten sechs Jahre vor, um endlich die Landverteilung an die Indianer vorzunehmen und so die Verfassungsbestimmung von 1917 in Kraft treten zu lassen. Cárdenas Hauptverdienst lag tatsächlich darin, daß er diesen Plan zur Ausführung brachte. Von 1934 bis 1938 wurden 15 Millionen Hektar Land unter 800 000 indianische Kleinbauern verteilt. Cárdenas führte eine Reihe populärer Maßnahmen durch, um die Zuneigung des mexikanischen Volkes zu gewinnen. Eine dieser Maßnahmen war, daß die Bürger jeden Tag eine Stunde lang kostenlos den Telegraphen benutzen durften, um dem Präsidenten ihre Vorstellungen und Beschwerden vorzutragen.

Cárdenas, der nicht mit Terror regieren wollte, machte aus Mexiko ein demokratisches Land. Den Idealen der Revolution von 1910 blieb er treu und nahm die Flüchtlinge, die nach dem Sieg Francos aus Spanien vertrieben worden waren, in Mexiko auf. 1938 verstaatlichte er die Erdölquellen. Die Bevölkerung veranstaltete Sympathiekundgebungen für den Präsidenten. Aber die amerikanischen Erdölgesellschaften bewogen die Regierung in Washington zu Sanktionen gegen Mexiko, drohten mit Boykott, um das Land »in seinem Erdöl ertrinken zu lassen«. Nach dem Ablauf seines Mandates 1940 zog sich Cárdenas ins Privatleben zurück und nahm keinen Anteil mehr am politischen Leben. Sein fortschrittliches, auf inneren wie äußeren Frieden bedachtes Werk, hat die Geschichte Mexikos auf immer geprägt. Dank der Agrarreform und der Zuerkennung der Menschenrechte an die Indianer ist Mexiko bis heute das politisch beständigste Land Lateinamerikas geblieben.

Tschiang Kai-schek (rechts, in Zivil) umgeben von seinem Generalstab im Jahre 1927. *(Photo Ringart)*

DIE KRISEN OSTASIENS

Die Krisenjahre von 1929 bis 1939

Stalin behauptete bisweilen, der Zweite Weltkrieg habe bereits 1937 mit dem Angriff Japans auf China begonnen. Ebenso kann man die These vertreten, daß der italienische Einfall in Abessinien im Jahr 1935 sowie der Spanische Bürgerkrieg im darauffolgenden Jahr als abendländische Vorläufer des Weltbrandes gelten könnten. Im Angesicht der zwei großen, aber uneinigen und zaudernden europäischen Demokratien sowie gegenüber einem isolationistischen Amerika häuften sich die Aggressionen verschiedener Länder. Das Deutsche Reich erzwang den Anschluß Österreichs und besetzte kurz nach dem Münchener Abkommen die Tschechoslowakei. Italien drang in Albanien ein, Frankreich und England blieben gelähmt. Das Münchener Abkommen hatte Stalin die Gefährlichkeit Deutschlands vor Augen geführt. Er fürchtete, daß die übrigen europäischen Mächte Hitler nicht von seinem antisowjetischen Kurs abbringen könnten. Mit dem deutsch-sowjetischen Nichtangriffspakt vom August 1939 war auch das Schicksal Polens besiegelt. Deutschland fiel am 1. September 1939 in Polen ein. Aber diesmal sahen England und Frankreich nicht tatenlos zu. Das war der Beginn des größten Krieges aller Zeiten.

Mit augenfälligen parallellaufenden Ereignissen zeichnete sich der Zweite Weltkrieg auch in Ostasien ab. Das militaristische und imperialistische Japan spielte dieselbe Rolle wie das Deutschland Hitlers. Der Angriff auf China 1937 war das Vorspiel des großen Konfliktes. In China sollte zwischen den beiden Weltkriegen ein Umstand besondere Bedeutung erlangen: die Bildung der Kommunistischen Partei Chinas und das Entstehen einer kommunistischen »Basis« im Norden, von der aus sich die Kommunisten kurze Zeit nach dem Ende des Krieges unter der Leitung von Mao Tse-tung* zu Herren über ganz China aufwarfen. Gleichzeitig erwachten alle Länder Asiens aus ihrer dumpfen Abhängigkeit, und ihr Nationalismus führte schließlich zur Beendigung der Kolonial- oder Halbkolonialherrschaft der westlichen Mächte.

Die chinesische Republik und Yüan Schi-kai

Die Revolution, die von der Kuomintang, der »Staatsvolkspartei«, und ihrem Führer Sun Yat-sen emporgetragen wurde, ging von Kanton und den Städten des Südens aus und verjagte die Dynastie der Ts'ing, die unfähig war, das durch ununterbrochene Niederlagen und ausländische Annektionen gedemütigte China zu einem modernen Staat umzuwandeln. Der gerissene Yüan Schi-kai, der vom Hof damit beauftragt worden war, mit den Rebellen zu verhandeln, paktierte mit ihnen und erreichte im Februar 1912 die Abdankung des minderjährigen Kaisers, indem er sich alle Vollmachten übertragen ließ. Sun Yat-sen war noch wenig bekannt, hatte weder Geld noch eine Armee und mußte vor Yüan Schi-kai, der inzwischen Präsident der Republik geworden war, bescheiden zurücktreten. Peking blieb die Hauptstadt des Landes. Die Revolutionäre des Südens hätten Nanking vorgezogen, aber Yüan gab geschickt zu verstehen, daß er von Peking aus die Mongolen und Mandschus besser überwachen könne. In Wahrheit ging es ihm um die Stärke seiner Stellung, die im konservativen Norden sicherer erschien.

Trotz der Existenz eines Senates und einer Abgeordnetenkammer, die nach einer Art Klassenwahlrecht eingerichtet worden waren, bedeutete die Republik am Ende doch nur die Diktatur Yüan Schi-kais. Das Land war in keiner Weise auf ein parlamentarisches System vorbereitet. Yüan besorgte sich von westlichen Ländern Geld, mit dem er ihm ergebene Truppen bezahlen und die Kuomintang wie auch Sun Yat-sen, der mit ihm gebrochen hatte, in Schach halten konnte. Nachdem er 1913 zum Präsidenten der Republik gewählt worden war, dachte er an nichts anderes, als das alte Reich unter seiner Herrschaft wiederherzustellen.

Der Einfluß Yüans war indessen beeinträchtigt durch die Aufstände in den Provinzen, durch die fast unbeschränkte Macht der Militärgouverneure, der »Herren des Krieges«, und durch die Intrigen zahlloser Parteien, die jeweils versuchten, einen ihnen ergebenen Minister in die Regierung

Marschall Yüan Schi-kai (links) träumte davon, ein diktatorisches Regime unter seiner Herrschaft zu errichten. Dies hätte eine Rückkehr zum Kaiserreich bedeutet. Sun Yat-sen (Mitte) besaß in Südchina bedeutenden Einfluß. Angeregt durch seine westliche Erziehung und das Beispiel Japans, wünschte er die Erneuerung seines Vaterlandes durch das republikanische Regime. Tschiang Kai-schek (rechts) nutzte den Sieg der Kuomintang, um allein die Macht zu übernehmen.

zu bringen. Die Führer der Kuomintang wurden verhaftet. Sun Yat-sen ging freiwillig in die Verbannung nach Japan, wo er sich mit der Tochter einer reichen Familie verheiratete. 1914 besetzten die Japaner, die an der Seite der Engländer und Franzosen in den Krieg eingetreten waren, die Halbinsel Schantung und den Hafen von Tsingtau*, dessen deutsche Garnisonen sie im Handstreich genommen hatten.

Das Ende von Yüan Schi-kai

Yüan Schi-kai hatte versucht, sich den Japanern zu widersetzen. Dennoch legten sie im Januar 1915 der chinesischen Regierung die »21 Forderungen« vor, die die Japaner nicht allein zum Rechtsnachfolger aller den Deutschen gewährten Privilegien, Zugeständnissen und Besitztümern machten, sondern die außerdem China auf den Status eines japanischen Protektorates erniedrigten. Yüan mußte kapitulieren. Der Tag des japanischen Ultimatums, der 7. Mai 1915, wurde zum »Tag der nationalen Schande« erklärt. Doch der Diktator versuchte, die aufbrechenden leidenschaftlichen Gefühle des Volkes für sich auszunutzen und das Kaiserreich unter seiner Führung zu restaurieren. Bedurfte das Land nicht eines tatkräftigen Herrschers, der dabei gleichzeitig Erbe der großen Traditionen sein konnte? Seine Minister waren untergetaucht, aber die Militärgouverneure, meist Abhängige Yüans, organisierten eine Volksabstimmung, die natürlich zugunsten des Diktators ausging. In Peking wurden schon die Krönungsfeierlichkeiten vorbereitet, als die Südprovinzen sich gegen die Restaurationsbestrebungen auflehnten. Japan unterstützte diese Gegenbewegung, und Yüan Schi-kai mußte einen Rückzieher machen: aber zu spät — die Verbannten kehrten aus dem Exil zurück. Kanton gab sich einen eigenen Präsidenten, und am 6. Juni 1916 starb Yüan plötzlich, ohne daß man wußte, ob es sich um Selbstmord oder Vergiftung gehandelt hatte.

Trotz all seiner Fehler verkörperte Yüan doch eine gewisse Autorität. Nach seinem Verschwinden dämmerte das Land, wie schon so oft im Verlauf seiner Geschichte,

(Photo Keystone)

in totaler Anarchie dahin. Auf ihren prächtigen Landgütern fühlten sich die Militärchefs, die die Steuern allein dazu benutzten, um ihre Truppen zu bezahlen, als unabhängige Herrscher. Je nach den gegebenen Umständen befehdeten sie sich oder paktierten miteinander und trachteten danach, der Pekinger Regierung, die kaum noch Autorität besaß, ihren Willen aufzuzwingen. Auch Sun Yat-sen, der aus dem Exil zurückgekehrt war, konnte nur einen recht bescheidenen Machteinfluß ausüben.

Chaos und Bürgerkrieg: die »Bewegung des 4. Mai«

Die chinesische Bevölkerung selbst blieb teilnahmslos, sie war immer wieder das Opfer lokaler Konflikte, die sich die »Herren des Krieges« lieferten. Der mächtigste unter ihnen, Tschang Tso-lin*, Herr der Mandschurei, marschierte im Juni 1920 auf Peking und zwang das Parlament, sich

(Photo Keystone)

(Photo Keystone)

seinen Anordnungen zu fügen. Zusammen mit Gleichgesinnten war er sich darin einig, daß die Teilung Chinas aufrechterhalten werden müsse. Während der nächsten Jahre spielten sich im Reich der Mitte die unwahrscheinlichsten politischen Manöver ab; Ernennungen und Absetzungen von Präsidenten oder von Marionettenministern, Militärkampagnen, gefolgt von langwierigen Verhandlungen, waren an der Tagesordnung, während ganze Provinzen ihre Selbständigkeit erklärten, wie Tibet 1919 und die Äußere Mongolei* im Jahr 1921.

Gegen diese unhaltbaren politischen Zustände empörte sich jedoch eine intellektuelle Minderheit. Am 4. Mai 1919 demonstrierten die Studenten von Peking gegen die Versailler Friedenskonferenz, die Japan weitgehende, ehemals deutsche Rechte in Schantung zusicherte. Von nun an nahmen Intellektuelle, die sich um die Zeitschrift »Die Jugend« scharten, den Kampf gegen die starren Traditionen auf, gegen den Konfuzianismus, die Sprache der Mandarine, und forderten eine volksnahe Literatur, zeitgemäße Examina und die freie Verbreitung fortschrittlicher westlicher Ideen. Unter dem Einfluß von Gesandten der Komintern verbreiteten sich rasch marxistische Lehren quer durch alle Volksschichten. Tschen Tu-siu*, Li Ta-schao* und Mao Tse-tung sind die geistigen Führer der neuen Generation. Tschen Tu-siu wurde im Jahr 1921 Erster Sekretär der Kommunistischen Partei in Schanghai.

In diesen Jahren der Anarchie war der Norden Chinas vom Süden fast vollständig abgeschnitten. Sun Yat-sen selbst. bedroht

(Photo Keystone)

von den »Herren des Krieges«, mußte 1921 aus Kanton fliehen, wo man sein Haus niedergebrannt hatte. Auch er war nicht in der Lage, dem Land die Einheit wiederzugeben. Die europäischen Mächte verweigerten ihm jede finanzielle Unterstützung, teils aus Mißtrauen, teils aus Vorsicht gegenüber Peking. Doch Moskau und die Bevollmächtigten der Komintern interessierten sich gerade für diese Bewegung, deren antiimperialistische Haltung sie besonders schätzten. Sie boten Sun Yat-sen die Hilfe an, die ihm die Westmächte verweigert hatten: Geld, Waffen, Munition und vor allem ausgebildete Agenten, wie Borodin* und Joffe*. Junge Hoffnungen der Kuomintang, wie Tschiang Kai-schek, die zumeist in Japan studiert hatten, gingen in die Sowjetunion, um ihre Ausbildung zu vervollkommnen, und leiteten nach ihrer Rückkehr die Militärschule von Huang-pu*. Beim Tode Sun Yat-sens am 12. März 1925 zählte die in Kanton stationierte Armee der Kuomintang 40 000 Mann. In ihren Reihen befanden sich zahlreiche Kommunisten.

Tschiang Kai-scheks Wendung gegen die Kommunisten

Gut ausgerüstet, gut trainiert und unter dem Kommando von Tschiang Kai-schek, der sich nach der Vertreibung von Wang Tsching-wei* zum Nachfolger Sun Yat-sens aufgeworfen hatte, begannen die Truppen der Kuomintang 1926 den Kampf gegen die »Herren des Krieges«. Sie eroberten kurz hintereinander Hankau, das Hauptstadt wurde, und Nanking, im darauffolgenden Jahr auch Schanghai. Die Armee des Südens versuchte, die Bevölkerung durch eine äußerst disziplinierte Haltung für sich zu gewinnen, und beeindruckte mit Losungen, wie »Achtet den Bürger!« und »Stehlt nicht!« Die Einnahme von Schanghai, dieses bedeutenden Industrie- und Handelszentrums mit seinen weiten internationalen Verbindungen, stellte Tschiang Kai-schek allerdings vor schwere Probleme. Seine offenkundige Verbindung mit den Kommunisten und die Unterstützung Moskaus brachten ihn in Gefahr, sich in den Augen

Zur Zeit der Alleinherrschaft Tschiang Kai-scheks erkannten nur wenige Beobachter die politische Bedeutung der Aufstandsbewegung Mao Tse-tungs. Mao, hier im Jahre 1937 an der Seite von Lin Piao (links). Liu Schao-tschi (rechts), einer der ältesten Kampfgenossen Maos, der in der Folgezeit Präsident der Volksrepublik China wurde.

(Photo Ringart)

der Westmächte und Japans zu kompromittieren. Hatte doch die Kommunistische Partei Chinas ihre jugendliche Kraft demonstriert, als sie den aufrührerischen Streik organisierte, der dem Einmarsch der Armee in die Stadt voranging. Aber wohl aus Gründen der inneren Disziplin folgte sie weiterhin den Befehlen Moskaus und hielt an der Kuomintang fest, deren linken Flügel sie bildete. Stalin nahm in dieser Zeit die Kommunistische Internationale fest in die Hand und verwandelte sie, in Anlehnung an die Ideen Trotzkis, mehr zu einem Grenzschutz des Sowjetstaates als in einen Vorposten der Weltrevolution.

Der Generalsekretär der Kommunistischen Partei der Sowjetunion wünschte gute Beziehungen mit China, aber er wollte auch die Sicherheit seines Landes nicht gefährden, indem er eine nationale Revolution an den Grenzen seines Machtbereichs zu entfachen half. Unter diesem Gesichtspunkt, der den Bruch mit der internationalistischen Tradition Lenins bedeutete, propagierte er eine engere Verbindung der Kommunisten mit den »nationalistischen Bürgerbewegungen«. Die Kommunistische Partei Chinas wurde so durch die Leitung der Internationale angewiesen, der Kuomintang zu folgen, ohne jedoch ihre Autonomie und ihre eigenen Kader preiszugeben. Das war ein verhängnisvoller Irrtum, denn gerade an dieser Stelle sollte Tschiang Kai-schek zuschlagen und versuchen, seine Verbündeten von gestern zu vernichten.

Als Vertreter der nationalistischen Bourgeoisie Chinas gebrauchte Tschiang die Kommunisten in Wirklichkeit nur als zeitweilige Unterstützung für die Ziele seiner eigenen Politik. Geschickt wußte er die gemäßigten Richtlinien, die Moskau erlassen hatte, für seine Zwecke auszunutzen. Im Angesicht des Radikalismus einer Gruppe der Kommunistischen Partei, die zögerte, den Befehlen Stalins rückhaltlos zu gehorchen, fühlte sich Tschiang stark genug, mit seinen gefährlichen und kompromittierenden Verbündeten, die außerdem eine nicht zu unterschätzende Gefahr in den Städten bedeuteten, endgültig zu brechen.

Schon 1926 hatte Tschiang Kai-schek, bevor er seine Armee zusammenzog, um das übrige China zu erobern, in Kanton kommunistische politische Kommissare und sowjetische Agenten verhaften lassen. Trotz des Gewaltstreiches reagierte die Komintern nicht. Auf Befehl Stalins wurde seine Linie der nationalen Zusammenarbeit beibehalten. Zweifellos überschätzte man in Moskau die Stärke Tschiang Kai-scheks, als man nicht an die Möglichkeit einer Erhebung des bäuerlichen Proletariats glaubte. Darüber hinaus erhielt die Kommunistische Partei sogar den Befehl, auf die Bauern, die ihre Grundherren angriffen und sich zu Exzessen hinreißen ließen, mäßigend einzuwirken. Ein Jahr später schlug Tschiang Kai-schek los. Am 12. März 1927 griffen die republikanischen Kantontruppen in Schanghai die Arbeiterverbände und kommunistischen Organisationen an. Die Begleitumstände des Kampfes wurden berühmt durch den Roman »La Condition humaine« (»So lebt der Mensch«) von Malraux*. In den folgenden Monaten griff die Metzelei auch auf andere Städte über. In Kanton schei-

Kaiser Hirohito symbolisierte die Macht des Reiches der aufgehenden Sonne.
Er war gleichzeitig zeitlicher, irdischer Souverän wie göttlicher Kaiser. Hinter den Kulissen kaiserlicher Macht lieferten sich die Militärs mit den Zivilpolitikern einen erbitterten Kampf um den Einfluß im Land.
Die Macht der Politiker wurde 1932 zugunsten des Militärs zurückgedrängt.

(Photo Magnum)

terte der Versuch eines kommunistischen Aufstandes, der zwischen dem 11. und dem 14. Dezember von der Armee in Strömen von Blut erstickt wurde. Die sowjetischen Berater verließen eiligst das Land.

Tschiang Kai-schek und die Einigung Chinas

Inzwischen hatte Tschiang Kai-schek Sung Mei-ling, die Schwägerin von Sun Yat-sen und Schwester des Bankiers Sung Tzuwen*, der wie er Protestant war, geheiratet. Sein nächstes Ziel war die Eroberung des Nordens, der noch immer von dem »Herrn des Krieges« in der Manschurei, Tschang Tso-lin, beherrscht wurde. Von der Belastung kommunistischer Elemente befreit, gelang es den Truppen der Kuomintang, die nach wie vor von ausgesprochen nationalistischen Ideen durchdrungen waren, die Generäle des Nordens zu besiegen. Einige opportunistische Führer verbündeten sich sogar mit Tschiang Kaischek. Tschang Tso-lin räumte im Juni 1928 Peking und zog sich auf sein Landgut in der Mandschurei zurück. Dort wurde er Opfer eines Bombenanschlages und starb in der Nähe von Mukden. Peking wurde wieder in Pei-ping, »Befriedung des Nordens«, umbenannt. Nanking wurde zur Hauptstadt der neuen Republik erhoben, wo sich Tschiang Kai-schek im Oktober 1928 zum Präsidenten wählen ließ. Nach sechzehn Jahren Bürgerkrieg war China unter der Kuomintang vereint.

Einige Tausend Kommunisten, die dem Gemetzel entkommen waren, hatten sich jedoch in die innerchinesische Provinz Kiangsi geflüchtet. Unter der Führung von Mao Tse-tung nahmen sie eine Neuverteilung des Ackerlandes an arme Bauern vor und riefen sogar 1931 eine eigene Republik aus. Im selben Jahr überfiel Japan die Mandschurei und leitete damit eine neue Phase der chinesischen Geschichte ein.

Japan nach dem Ersten Weltkrieg

Im Jahr 1912 war der ruhmreiche Meiji-Herrscher Mutsuhito gestorben. Sein Nachfolger Yoshihito, der Tenno Taisho*, zog das Land mit in den Strudel des Ersten Weltkrieges, indem er Deutschland den Krieg erklärte. Der Tenno versprach sich davon als Kriegsgewinn die früheren deutschen Kolonien im Pazifik und Handelsniederlassungen in China. Der Feldzug war leicht, der Gewinn beträchtlich: Abtretung von Schantung und Port Arthur, der Minen von Fukien sowie der Bergwerke und Eisenbahnlinien in der Mandschurei. Hatten die beiden Kriege Japans gegen Rußland und China seine eigene industrielle Revolution, den Aufschwung seiner Schwerindustrie und die Ausweitung des Außenhandels ungeheuer beschleunigt, so brachte der Erste Weltkrieg einen gewissen Abschluß dieser Entwicklung. Die japanische Warenproduktion gab sich plötzlich dank einer hochentwickelten industriellen Mechanisierung und einer niedrig bezahlten Arbeiterschaft als gefürchtete Konkurrenz auf dem Weltmarkt zu erkennen. Die großen Gesellschaften konzentrierten ihre Wirtschaftskraft nach dem Vorbild der amerikanischen Trusts. Die Bauern hingegen, Sklaven winziger Parzellen, verharrten in jämmerlichen Lebensbedingungen.

Von dort aus war die sehr moderne und sozial ausgerichtete Technik und Industrie nach wie vor stark von feudalistischen Traditionen geprägt.

Die Vermehrung der Streitkräfte führte in Japan zur Bildung einer Offizierskaste, bei der die alten Ideale und Ehrvorstellungen der Samurai, der Hang zum Ritual und die Ausübung des Harakiri in neuer Form wieder auflebten. Durch seine parlamentarische Regierungsform war Japan theoretisch eine konstitutionelle Monarchie, beherrscht von zwei Parteien, die zum einen die Interessen der Industrie, zum anderen die der Landwirtschaft vertraten. In der Nachkriegsperiode, meist als Taisho-Demokratie bezeichnet, wurde der Kaiser vom Ministerpräsidenten, von Mitgliedern des Geheimen Staatsrates und besonders von hohen Militärs beraten. Der Armee- und der Marineminister hatten eine fast allmächtige Stellung; kein ziviles Ministerium konnte ohne ihre Zustimmung eingerichtet werden. Die diesbezüglichen Proteste von Professoren und liberalen Intellektuellen verhallten ungehört.

Wenn auch in Japan das allgemeine Wahlrecht eingeführt worden war, so sahen sich die Gewerkschaften und vor allem die linken politischen Parteien doch einer strengen Überwachung ausgesetzt. Als sich die Kommunistische Partei nach ihrem Verbot illegal betätigte, wurde sie von der japanischen Geheimpolizei, der Tokko, scharf verfolgt. Aber die Unterdrückung der Linken löste weder das Problem der sozialen Ungerechtigkeit noch das der Überbevölkerung. Im Unterschied zu den Chinesen zeigten sich die Japaner weit weniger emigrationsfreudig, zumal sie weder in die Vereinigten Staaten noch in Kanada und Brasilien einwandern durften. 1922 gab es in Japan 2 Millionen Arbeitslose. Zu diesen innerpolitischen Schwierigkeiten kam noch hinzu, daß die japanischen Ansprüche in China von den Alliierten nicht mehr in vollem Umfange anerkannt wurden und Japan Schantung noch im selben Jahr räumen mußte.

Die Krise von 1929 und die Besetzung der Mandschurei

Die aus den japanischen Parlamentswahlen hervorgegangenen Regierungen, die besonders in der Mandschurei die wirtschaftliche Expansion ihres Landes mit friedlichen Mitteln voranzutreiben gedachten, gerieten bald in scharfen Gegensatz zu den Bestrebungen verschiedener militärischer Geheimbünde, wie der »Schwarzen Drachen«, in denen hohe Offiziere tonangebend waren. Mehr und mehr gewannen imperialistische Traumvorstellungen von einem »Dai-Nippon« oder Groß-Japan schärfere Konturen. Ministerpräsident Tanaka*, ab 1927 im Amt, begrüßte öffentlich gewisse aggressive Denkschriften, die aus ihrer feindlichen Gesinnung den europäischen Mächten gegenüber keinen Hehl machten.

Wie alle anderen Industrienationen an den Weltmarkt gebunden, konnte sich auch Japan den Auswirkungen der Weltwirtschaftskrise nicht entziehen. Seine auswärtigen Absatzmärkte hatten sich verschlossen. Die gemäßigte Regierung Hamaguchi*, die sich schon allein dadurch unpopulär gemacht hatte, daß sie 1930 den Vertrag von London über die Begrenzung der Kriegsflotten unterzeichnet hatte, wurde von den Militärs heftig angegriffen. Mit der finanziellen Hilfe der Großindustrie propagierte der Generalstab eine militaristische Expansionspolitik. Politische Morde schüchterten die liberale Opposition ein.

Die nahe Mandschurei, wo Japan bereits bedeutenden staatsrechtlichen Einfluß besaß, reizte geradezu zur Eroberung. Ein geheimes Memorandum des Barons Tanaka empfahl denn auch nachdrücklich die Besetzung des Landes. Wie oben bereits erwähnt, war Tschang Tso-lin in der Mandschurei 1928 bei einem Attentat ums Leben gekommen. Sein Sohn folgte ihm im Amt des Militärgouverneurs und stand dem japanischen Machteinfluß äußerst ablehnend gegenüber. Die Regierung von Tokio nahm Zuflucht zur Gewalt. Der Zwischenfall von Mukden (Einnahme der Stadt durch die Japaner) im September 1931 führte zur Besetzung der Mandschurei bis zum Jahresende und 1932 zur Gründung des Staats Mandschukuo. Die Japaner setzten Pu-ji, den letzten Herrscher der Mandschu-Dynastie, die 1911 aus Peking verjagt worden war, als Kaiser auf den Thron. An seiner Seite standen natürlich japani-

(Photo Ringart)

(Photo Ringart)

Unter die Großmächte des Völkerbundes aufgenommen, befriedigte Japan seinen imperialen Ehrgeiz durch bemerkenswerte wirtschaftliche und technische Leistungen.
Links: Der Hafen von Dairen, der nach neuesten Erkenntnissen auf der mandschurischen Halbinsel Liautung, ungefähr 50 Kilometer nördlich von Port Arthur, gebaut worden war.
Unten: Eine Weberei in Japan.

sche Ratgeber, und die Armee sorgte für Ruhe und Ordnung. Mandschukuo wurde bald wie eine echte Kolonie Japans von der glänzend organisierten Militärmaschinerie verwaltet. Das Ackerland, die Bergwerke und das Transportwesen standen unter der Kontrolle der Südmandschurischen Gesellschaft, die zahlreiche japanische Bauern mit Land versorgte. Der japanische Generalstab verfügte so über ein beachtenswertes industrielles und landwirtschaftliches Potential, das neben Stahl und chemischen Produkten Holz, Baumwolle und Weizen lieferte und darüber hinaus durchzogen war von Tausenden von Kilometern ausgebauter Straßen und einer neuen Eisenbahnlinie. Die Unternehmen westlicher Länder mußten ihren Betrieb einstellen. Damit wurde die Mandschurei zur wirtschaftlichen und militärischen Basis, von der aus Japan sich auf seine weiteren Eroberungen vorbereiten konnte.

Diese Erfolge waren von tiefgreifenden Auswirkungen auf die japanische Innenpolitik begleitet. Eine Reihe von Verschwörungen und Militärrevolten richtete sich gegen diejenigen Minister, die als unverbesserliche Pazifisten gebrandmarkt worden waren. 1932 wurde der Ministerpräsident Inukai* von Offizieren ermordet. Im selben Jahr landeten japanische Marineeinheiten in Schanghai, um den Boykott japanischer Waren mit Gewalt zu brechen.

1933 trat Japan aus dem Völkerbund aus. Die japanische Geschäftswelt unternahm bedeutende Anstrengungen, um im Ausland ihre Waren abzusetzen, aber die überall eingerichteten Schutzzölle waren Schranken, die kaum durchbrochen werden konnten. Die Armee lehnte sich gegen diese Beschränkungen auf. Im Februar 1936, nach dem Wahlsieg der Liberalen Partei, besetzten Offiziere die Wohnungen führender Politiker und beseitigten den greisen ehemaligen Ministerpräsidenten Saito*. Kaiser Hirohito*, der 1926 den Thron bestiegen hatte, verurteilte diese Revolte aufs schärfste. Die Rädelsführer begingen Harakiri. Doch trotz der ausgleichenden Bemühungen des Ministerpräsidenten Fürst Konoye* behielten die Militärs das Übergewicht. Provozierte Grenzzwischenfälle mit China häuften sich, und ermuntert durch die öffentliche Meinung, bereitete sich der Generalstab auf die große Invasion vor.

Tschiang Kai-schek und die Neuordnung Chinas

China schien offensichtlich nicht über die notwendigen Kräfte zu verfügen, um seinem mächtigen Nachbarn wirkungsvollen Widerstand entgegensetzen zu können. Gleich nach Beendigung des Bürgerkrieges ging Tschiang Kai-schek an die Reorganisation des Landes. Außer der Mandschurei hatte China mit den selbständig gewordenen Provinzen Tibet, Sinkiang und vor allem der Äußeren Mongolei ein ungeheuer großes Gebiet verloren. Diese Länder standen unter dem politischen Einfluß der UdSSR. Während des Sturzes der Mandschu-Dynastie hatte sich die Äußere Mongolei, die unmittelbar an Rußland grenzte, aber vom 17. Jahrhundert an zu China gehörte, als selbständiger Staat unter den Schutz des Zarenreiches gestellt. Als Rußland unter den Schlägen der Oktoberrevolution zerbrach und unter chaotischen Zuständen litt, hatten die Chinesen 1919 das Gebiet wieder besetzt. Zwei Jahre später flüchteten sich die weißrussischen Truppen Koltschaks, die von den Bolschewiken in Sibirien besiegt worden waren, unter der Führung des phantastischen Abenteu-

(Photo Ringart)

rers, Baron von Ungern-Sternberg*, nach Urga*. Er verjagte die Besatzungen der chinesischen Garnisonen und träumte davon, sich ein eigenes Reich begründen zu können. Doch die sowjetischen Truppen bereiteten den hochliegenden Plänen des Barons bald ein Ende, besiegten ihn, führten ihn gefangen nach Novonikolajewsk (Novosibirsk), wo er zum Tode verurteilt und hingerichtet wurde. Das Land wurde 1924 zur Mongolischen Volksrepublik erklärt und das frühere Urga in Ulan-Bator umbenannt. Tschiang Kai-schek vermochte gegen diese vollendeten Tatsachen in der Mongolei kaum etwas auszurichten, zumal er nicht wußte, ob er angesichts der japanischen Bedrohung nicht vielleicht eines Tages auf die Hilfe der Sowjetunion angewiesen sein würde. Vorläufig widmete er alle Kräfte, gemäß den Prinzipien von Sun Yat-sen, dem Wiederaufbau und der Durchführung des »Neuen Lebens«.

Das »Neue Leben« sollte der Versuch sein, Modernes und Traditionelles in Einklang zu bringen. Die jungen Chinesen, die ihr Studium in Europa, den Vereinigten

Während Japan ab 1931 die vollständige Annexion der Mandschurei betrieb, mußte sich Tschiang Kai-schek im Innern mit der von Mao Tse-tung angeführten kommunistischen Armee auseinandersetzen. Von 1930 bis 1935 führten die nationalistischen Kräfte vier Großoffensiven gegen die Partisanen.

Staaten und in Japan absolviert hatten, neigten dazu, grundsätzlich alle Überlieferungen der Vergangenheit zu verwerfen. Tschiang Kai-schek befürchtete, daß ihre Verachtung gegenüber den Vorfahren die Kuomintang von den Massen des Volkes abschneiden würde. Einerseits ermutigte er die Anhänger moderner Lebensformen, andererseits bekannte er sich zu seiner Absicht, die Traditionen fortzusetzen, indem er den Geburtstag Konfuzius' zum Nationalfeiertag erhob. Gleichzeitig rief er Deutsche als militärische Ratgeber ins Land sowie zahlreiche amerikanische und französische Techniker, um die Russen zu ersetzen. Die Propagandisten seiner Partei verbreiteten die Ideale des reformierten Lebens: Sauberkeit, Hygiene, Höflichkeit, Ehrlichkeit. Neue Schulen und Universitäten wurden eingerichtet. Das europäische Missionswerk, dessen Leistungen im Bildungswesen durchaus anerkannt wurden, erlebte einen bedeutenden Aufschwung. In China gab es ungefähr 3 Millionen Katholiken und 500 000 Protestanten. Unterstützt von Generalissimus Tschiang Kai-schek und seiner Frau, beide selbst evangelisch, aktivierten vor allem die amerikanischen Missionare ihre Tätigkeit. Das Eisenbahn- und das Straßennetz wurde ausgebaut; die ausländischen Investitionen stiegen beträchtlich. Tschiang benutzte das modernste Verkehrsmittel, das Flugzeug, um die Provinzen zu durchqueren und die lokalen Verwaltungen zu überwachen.

Schon nach weniger als zehn Jahren, von 1928 bis 1937, waren bei allen Fehlern und Mängeln die Erfolge des Erneuerungswerkes nicht zu verkennen. Aber noch war es Tschiang nicht gelungen, die kommunistische Basis von Schensi, wo Mao Tsetung sein Hauptquartier in Jenan* eingerichtet hatte, zu überwältigen.

Der Lange Marsch

Diejenigen Kommunisten, die den Massakern von 1927/28 entronnen waren, hatten sich in die gebirgigen Gegenden von Kiangsi, an den Grenzen von Honan und Kuangtung, geflüchtet, von wo aus die roten Widerstandskämpfer leicht von einer Provinz in die andere gelangen konnten. Mao Tse-tung, der aus Honan stammte, wo er die erste revolutionäre Zelle organisiert hatte, kannte diese Provinz wie kaum ein anderer. Mit Tschu Te*, dem späteren Generalissimus, hatte er einen wichtigen Verbündeten erhalten.

Tschu Te war Berufssoldat, der bereits mit 29 Jahren zum Brigadegeneral aufgestiegen war. Er hatte sich gegen Yüan Schikai gestellt, als dieser das Kaiserreich wiederherstellen wollte. Nach 1918 übte er die Macht in seiner Geburtsprovinz Szetschuan aus. Er plünderte, veruntreute Staatsgelder, rauchte Opium und war umgeben von zahlreichen Konkubinen. Bei der Lektüre kommunistischer Literatur hatte er eine Art Bekehrungserlebnis und verwarf sein früheres Leben. Er befreite sich vom Rauschgift, ging nach Kanton, anschließend nach Paris und Berlin. In Moskau studierte er die Lehren des Marxismus-Leninismus. Nach dem Bruch mit Tschiang und der Kuomintang stieß er zu Mao und schloß sich ihm in Kiangsi an. Tschu Te wurde Chef des 4. Korps der Roten Armee, während Mao damals eher die Rolle des politischen Kommissars spielte. Die beiden Männer waren bei dem Hauptführer der Kommunistischen Partei Chinas, Li Li-san*, der sich in Schanghai verborgen hielt, nicht sonderlich gut angeschrieben. Li Lisan gehorchte ergeben den Anordnungen Stalins und der Komintern, die dem bäuerlichen Guerillakrieg unter marxistischen Vorzeichen mißtrauten, weil sie dem Proletariat der Städte als der »führenden Kraft« der Revolution den Vorrang einräumten. Während 1930 die Revolutionsversuche in den Städten blutig niedergeschlagen wurden — die Arbeiter stellten einen zu geringen Bevölkerungsteil dar und waren außerdem schlecht organisiert —, hatte Mao auf dem Lande die größten Erfolge zu verzeichnen.

Das Zentralkomitee der Kommunistischen Partei Chinas wie auch die Komintern schätzten diese Widerstandsbewegung jedoch nicht, weil sie sich ihrer unmittelbaren Kontrolle entzog. Nach 1927 wurde Li Li-san von der obersten Parteiführung ausgeschlossen, und Mao näherte sich den Kommunisten von Schanghai, unter denen

(Photo Keystone)

sich auch Tschu En-lai* befand. Mao war nun Führer aller revolutionären Bezirke. Tschiang Kai-schek begann seine erste Offensive gegen die Kommunisten im Dezember 1930, aber seine Divisionen wurden aufgerieben. Auch die beiden weiteren Feldzüge von 1931 waren wie der erste zum Scheitern verurteilt. Außerdem war Japan im selben Jahr in die Mandschurei eingedrungen. Tschiang hatte andere Sorgen, als den Japanern energischen Widerstand entgegenzusetzen. 1933 zählten die kommunistischen Streitkräfte bereits 300 000 Mann. Ein vierter Versuch, die Kommunisten im gleichen Jahr entscheidend zu schlagen, blieb wiederum erfolglos.

Die Armee der Kuomintang hatte es schließlich doch geschafft, die »rote Zone«

(Photo Ringart).

Im Gegensatz zur sowjetischen Doktrin, die eine Revolution des städtischen Industrieproletariats predigte, stützte Mao seine Bewegung auf das ausgebeutete Kleinbauerntum. 1934 zwangen ihn die Angriffe Tschiangs, seine Zufluchtsorte südlich des Jangtsekiang zu verlassen und in Schensi Schutz zu suchen. Das war der »Lange Marsch« (links unten), der unter schwierigsten Bedingungen durchgeführt wurde.

einzukesseln. Darüber hinaus hatte sich die Kommunistische Partei Chinas auf Grund von Verhaltungsmaßregeln der Komintern auf eine sektiererische Linie zurückgezogen. Als ein General der Kuomintag, abgestoßen von der Passivität Tschiang Kai-scheks gegenüber der japanischen Aggression, in eine Art Gewissenskonflikt geriet und Verbindung mit den Kommunisten suchte, hatte die Partei jegliches Bündnis mit dem »demokratischen Bourgeois« abgelehnt. Isoliert, der Blockade unterworfen, mußten die Kommunisten vor der fünften Offensive Tschiang Kai-schecks weichen. Nachdem die Rote Armee die Linien der nationalen Streitkräfte durchbrochen hatte, begann sie im November 1934 ihren Rückzug nach Norden, der als der berühmt-berüchtigte »Lange Marsch« in die Geschichte eingehen sollte. Die kommunistischen Truppen marschierten während eines Jahres fast 8000 Kilometer, quer durch Hunan, Szetschuan, Kansu bis an die Grenzen der Inneren Mongolei*. Von 130 000 Mann zu Beginn des Marsches erreichten nicht mehr als 30 000 die im Norden von Schensi gelegene Hochebene von Ordos*. Sie zogen sich in Höhlendörfer zurück, die sie in die Lößwände gegraben hatten.

Im Gegensatz zu der orthodoxen marxistischen Revolutionstheorie verwarfen Mao Tse-tung und seine Anhänger die These vom alleinigen Kampf des städtischen Arbeiterproletariats. Sie stützten sich in dem bevorstehenden Krieg einzig und allein auf die ausgebeutete kleinbäuerliche Bevölkerung. Ohne das sowjetische Revolutionsmodell vollständig zu übernehmen, gewann Mao die Bauern dadurch für sich, daß er ihnen half, ihre Gläubiger zu verjagen und sie von den Wucherern und räuberischen Verpächtern zu befreien. Inmitten der Bauern fühlten sich die Revolutionäre so in ihrem Element wie »Fische im Wasser«.

Die Höhlen von Jenan

Im Verlauf des Langen Marsches hatte Mao Tse-tung die übrigen kommunistischen Führer von den Fehlern, die von der Parteispitze gemacht worden waren, endgültig überzeugen können. Tschu En-lai und Liu Schao-tschi* sorgten dafür, daß Mao im Januar 1935 zum Generalsekretär der Kommunistischen Partei Chinas gewählt wurde. Seine unglaubliche Odyssee bewegte ganz China. Edgar Snow*, ein amerikanischer Augenzeuge, schrieb damals: »Er hatte durchschnittlich pro Tag ein kleineres Gefecht und manchmal zwei Wochen dauernde reguläre Schlachten zu bestehen. Täglich wurde eine Etappe von etwa 39 Kilometer zurückgelegt. Für eine große Armee mit einem umfangreichen Führungsstab bedeutete das eine phantastische Marschleistung, besonders wenn man bedenkt, daß sie teilweise durch Gebiete zogen, die zu den unwegsamsten der Erde gehören. Die roten Soldaten bezwangen acht Gebirgszüge (fünf davon sind mit ewigem Schnee bedeckt) und 24 größere Flüsse. Sie durchquerten zwölf verschiedene Provinzen, besetzten 62 Städte und trieben die Armeen von zehn Militärgouverneuren zu Paaren.

Jenan wurde die neue kommunistische Hauptstadt. Die am Fuße steiler Wände gelegene Höhlenstadt brauchte die Luftangriffe durch die Regierungstruppen kaum zu fürchten. In der Akademie der Roten Armee fanden die Lehren Mao Tse-tungs weiteste Verbreitung. Als Grundlage dienten Auszüge aus seinem Werk »Strategische Probleme des Revolutionskriegs«.

(Photo Ringart)

Die japanische Offensive von 1937

Während dieser Zeit hatten die japanischen Militärs, die sich als Herren der Mandschurei fühlten, verschiedene Versuche unternommen, ihr Einflußgebiet weiter nach China hin auszudehnen. Sie waren bis zu den Grenzen der Mongolei vorgedrungen und stießen quer durch Jehol* in Richtung auf die Chinesische Mauer bis nach Hopei vor. Im Juli 1937, nach einer Reihe von Zwischenfällen, forderten die Japaner in einem Ultimatum an die chinesische Regierung in Nanking, die »Unabhängigkeit« von Hopei anzuerkennen. Am 29. Juli besetzten japanische Truppen Peking. Mit überlegenen Kräften rückte die Armee Nippons schnell in den Süden vor, bemächtigte sich der meisten Städte und wichtigsten Häfen, wie Nanking und Schanghai, und bildete an verschiedenen Orten lokale Regierungen, die an die japanischen Militärkommandos eng gebunden blieben.

Tschiang Kai-schek konnte nur noch auf die Hilfe der unermeßlichen Weite seines Reiches zählen. Er zog sich in das Landesinnere der Provinz Szetschuan zurück. Tschungking am Jangtsekiang wurde seine neue Hauptstadt. Zwar hatten die Japaner die Städte und die großen Verkehrswege fest im Griff, aber ihre Truppen, von Partisanen überfallen, sobald sie sich von ihren Stützpunkten entfernten, verschwanden fast in dem riesigen feindlichen Gebiet, das sie besetzt hatten. Die japanische Aggression stärkte die kommunistische Bewegung in China beträchtlich. Tschiang selbst nahm mit ihr Verhandlungen auf, um ein

(Photo Magnum)

Nachdem die japanische Armee die Mandschurei besetzt hatte, drang sie 1937 in China ein.
Die materielle Überlegenheit der Japaner sicherte ihnen gleich zu Beginn des Krieges spektakuläre Erfolge.
Links: Japanische Flugzeuge auf dem Flughafen von Nanking.
Unten: Vormarsch einer japanischen Infanterieeinheit in die Provinz Schansi.
Rechts: Chinesische Gefangene.

Vorgehen gegen den gemeinsamen äußeren Feind zu erreichen. Die Kommunisten von Jenan dagegen verzichteten einstweilen auf die »Politik zum Sturz der Kuomintang« sowie die Sowjetisierung.

Die Rote Armee änderte ihren Namen und bezeichnete sich nunmehr als VIII. Infanterie-Armee. Im Jahre 1938 nach der Einnahme von Hankau hatten die Japaner etwa die Hälfte Chinas mit 3000 Kilometern seiner Küsten fest in der Hand. Im darauffolgenden Jahr bildete der rechtsorientierte Flügel der Kuomintang mit Wang Tsching-wei eine projapanische Regierung. Die großen europäischen Mächte verhielten sich passiv. Frankreich und England hatten angesichts der Machtstellung Hitlers in Mitteleuropa wahrhaftig andere Sorgen. Die Vereinigten Staaten erklärten ihre Neutralität. Noch ahnten sie nichts von dem vernichtenden Sturm, den Japan zwei Jahre später in Südostasien und im Pazifik entfesseln sollte. Die UdSSR dagegen bewachte ihre sibirischen Grenzen mit star-

(Photo Keystone)

ken Truppenverbänden. Trotzdem kam es zu häufigen Zwischenfällen, bei denen sich in der Äußeren Mongolei russische und japanische Truppen gegenüberstanden.

Tschiang Kai-schek konnte durch den japanischen Angriff in gewisser Weise einen Prestigegewinn verbuchen. Der General erschien als das große Symbol der nationalen Einheit. Doch die Kommunisten zogen noch weit mehr Vorteile aus dem Krieg. Sie ließen die revolutionären Perspektiven in den Hintergrund treten und identifizierten sich, dank ihrer genial angewandten Guerillataktik, mit dem allgemeinen Widerstand. Der Kommunismus als »nationale« Bewegung mußte so viel wirksamer erscheinen als durch den ständigen Hinweis auf seine klassenkämpferischen Ziele.

(Photo Filmdienst der französischen Armee)

Die demütigende Niederlage, die Not der Wirtschaftskrisen, die innenpolitische Unsicherheit und die kommunistischen Umtriebe waren der ideale Nährboden für die nationalsozialistische Bewegung. Durch sein Programm zur Wiederherstellung von Ruhe und Ordnung, zur Beseitigung der Arbeitslosigkeit und durch die Überbetonung völkisch-patriotischer Gefühle begeisterte Hitler Millionen Menschen.

EUROPA AUF DEM WEG IN DEN KRIEG

Mit der Krise von 1929, ausgelöst durch den Börsenkrach der Wall Street, begann eine neue Periode der internationalen Beziehungen. Es handelte sich hier um eine Krise weltweiten Ausmaßes, deren Wirkungen sich weit über die Grenzen Amerikas hinaus erstreckten. Die gegenseitige Abhängigkeit in den Finanzbeziehungen erzeugte unvermeidlich Kettenreaktionen.

Die Weltwirtschaftskrise

Österreich war das erste Land, das im Jahr 1931 mit dem Konkurs der größten Bank Wiens, der Credit-Anstalt, den ersten Schlag hinnehmen mußte. Ungarn, Griechenland und Bulgarien wurden als nächste betroffen. Dann griff die Panik auf Deutschland über, wo die Banken mehr als eine Milliarde Reichsmark flüssig machen mußten. Wie in den Vereinigten Staaten folgte dem Zusammenbruch der Banken eine allgemeine Wirtschaftsdepression. In Deutschland bedeutete das ein Sinken der Produktion, Millionen Arbeitslose, Inflation, Ruin des Mittelstandes und am Ende die Machtergreifung Hitlers, der in den Augen eines gedemütigten Volkes als Erlöser erschien. England und Frankreich wurden ebenso wie die nordischen Länder in die Krise hineingezogen. Die Preise sanken, die Börsenkurse fielen auf die Hälfte ihres Wertes. Im Jahre 1932 lag die Weltproduktion um 38% unter dem Niveau von 1929. Deutschland hatte 6 Millionen, England 3 Millionen Arbeitslose. Der internationale Handel brach völlig zusammen. Die Staatsform der parlamentarischen Demokratie büßte überall ihre Anziehungskraft ein.

Die Krise stärkte den nationalen Egoismus der Völker und belebte die internationalen Gegensätze. In Deutschland, Japan und Italien wurden Stimmen laut, die immer öfter von armen, »proletarischen« Nationen sprachen, die in ihren zu engen Grenzen erstickten. Man verdammte den Egoismus der Völker, die reich an Gold, Rohstoffen und Kolonialgebieten waren. Von neuem formierten sich die feindlichen Blöcke, doch fügten sich im Unterschied zu 1914 zu den nationalen Antagonismen noch ideologische Gesichtspunkte hinzu. Die Länder faschistischen, autoritär-militaristischen Typs verkündeten lauthals den Untergang der liberalen Demokratien. Aber auch die UdSSR war von den deutschen und japanischen Ambitionen beunruhigt und sah sich genötigt, ihre außenpolitischen Prinzipien zu verändern. Schon 1925 hatte Stalin erklärt: »Wenn der Krieg ausbricht, können wir nicht mit verschränkten Armen zusehen. Wir müssen daran teilnehmen. Aber wir müssen als letzte eingreifen, um das entscheidende Gewicht in die Waagschale zu werfen, das dann den Ausschlag geben wird.« Während sich Rußland offiziell noch zurückhielt, wurde Maxim Litwinow* beauftragt, die notwendigen diplomatischen Beziehungen zu knüpfen.

Das Scheitern Europas

1930 hatte Aristide Briand, vom Geist Genfs durchdrungen, in einem Memorandum von der Möglichkeit der »Vereinigten Staaten von Europa« gesprochen: »Ich glaube, daß zwischen Völkern, die geographisch so gruppiert sind wie die Völker Europas, eine Art föderalistisches Band bestehen muß.« Er stieß zunächst auf den Widerstand der Länder, die dem Versailler Vertrag nicht zugestimmt hatten, wie Deutschland oder Ungarn, und die in den Vorschlägen Briands ein Mittel sahen, den ungerechten Frieden zu befestigen. Aber Briand wandte sich ebenso gegen England, für das der Völkerbund über jeder europäischen Institution stand. England gehörte mit dem Commonwealth »nicht einem Kontinent, sondern der ganzen Welt an«.

Die Briten fürchteten nicht nur ein gesamteuropäisches Zollsystem, das sie von ihren Dominions wirtschaftlich entfernen würde, sondern vor allem die französische Hegemonie auf dem Kontinent. Auf der anderen Seite war England zu zahlreichen Zugeständnissen bereit, um sich enger an die Vereinigten Staaten anschließen zu können. Im Oktober 1929 wurde die Hoover-MacDonald-Erklärung veröffentlicht, in der die beiden angelsächsischen Mächte »die gemeinsame Verantwortung für die Weltordnung« übernehmen woll-

Hitler in Begleitung einflußreicher nationalsozialistischer Persönlichkeiten vor Anhängern der »Bewegung« im Berliner Sportpalast im Jahr 1932 kurz vor der Machtergreifung.

ten. Gegen Europa spielte die Regierung von London die Karte seiner weltweiten Verpflichtungen aus. Tatsächlich sollte dieser Trumpf noch einmal stechen, als nämlich während der Krise in der Mandschurei 1931 die stärkste asiatische Macht, Großbritannien, nicht mehr allein handeln wollte. Es hatte um die amerikanische Unterstützung nachgesucht, aber Hoover hatte sich mit völlig unwirksamen moralischen Ermahnungen begnügt. Anstatt den Völkerbund zum Handeln zu bewegen, hatte sich Großbritannien der amerikanischen Passivität angeschlossen.

Deutschlands Zahlungsunfähigkeit

Die wirtschaftliche Krise in Deutschland stärkte die lebhafte nationalsozialistische Kampagne, die gegen die überhöhten Reparationszahlungen geführt wurde. Das amerikanische Kapital floß in die USA zurück, und Kanzler Brüning erklärte Deutschlands Unfähigkeit, den Verpflichtungen des Youngplanes nachzukommen. 1931 schlug Präsident Hoover vor, alle internationalen Zahlungsverpflichtungen auf ein Jahr auszusetzen. Dieses sogenannte Hoover-Feierjahr wurde von Großbritannien insofern lebhaft begrüßt, als die Zurückzahlung seiner Schulden an die USA die deutschen Reparationszahlungen an England völlig verschlangen. Frankreich hingegen, das aus den Reparationen beträchtliche Gewinne zog, war mit diesem Vorschlag weit weniger einverstanden. Die ausländische Presse fiel über den internationalen »Shylock« Frankreich her, und die Deutschen beklagten sich über die Kriegsgewinnler. Aber schließlich erklärte sich auch Frankreich mit dem Aufschub der internationalen Zahlungsverpflichtungen einverstanden.

1932 führte die Konferenz von Lausanne die Gläubiger Deutschlands zusammen. Deutschland hätte noch die phantastische Summe von 38 Milliarden Goldmark zahlen müssen. Man reduzierte die Reparationsschuld auf eine einmalige Abfindungssumme von 3 Milliarden Reichsmark. So war ein Teil der Maßlosigkeit des Versailler Vertrages abgeschwächt worden. Aber der Starrsinn, mit dem Frankreich an seinen Forderungen festhielt, trübte seine Beziehungen zu England und Italien. Auf anderen Wegen einigten sich Herriot und MacDonald, indem sie dann auf die deutschen Milliarden verzichten wollten, wenn Amerika seinerseits alle Schuldforderungen an die Alliierten aufgab. Hoover und der amerikanische Kongreß waren empört. Reparationen und »Schulden unter Freunden« seien doch völlig verschiedene Dinge. England beugte sich den Forderungen der USA, während das französische Parlament beschloß, die Zahlungen an Amerika einzustellen. Später lehnte es schließlich auch England ab, als einziges Land seinen Verpflichtungen nachzukommen.

Vergebliche Abrüstungsgespräche

Im Februar 1932 wurde in Genf die auf amerikanische Initiative zurückgehende Abrüstungskonferenz eröffnet. 62 Staaten, darunter die Sowjetunion und die Vereinigten Staaten, fanden sich zu Gesprächen zusammen. Alle Länder waren sich einig, ihren Staatshaushalt von all den drückenden Militärausgaben zu entlasten, die den Wiederaufschwung der Wirtschaft hemmten. Erst in zweiter Linie wurde die Frage einer weltweiten Abrüstung, die zu den Hauptforderungen des Versailler Vertrages gehört hatte, erörtert.

Im Prinzip hatte niemand etwas gegen eine allgemeine Abrüstung einzuwenden, aber sobald man die Art und Weise der Durchführung einer solchen Maßnahme berührte, sah die Sache schon wesentlich anders aus. Besonders die Delegationen der Großmächte setzten sich mit gemischten Gefühlen an den Verhandlungstisch. Es galt einmal die Abrüstung mit den Problemen des wirtschaftlichen Gleichgewichts in Einklang zu bringen. Man mußte sich fragen, ob die mangelnden Rüstungsaufträge an die Industrie die allgemeine wirtschaftliche Depression und die Arbeitslosigkeit nicht weiter vergrößern würden. Die Regierungen sahen sich zum Teil massivem Druck der Schwerindustrie ausgesetzt, die durchaus ernstzunehmende Trümpfe in der Hand hielt. Zum anderen stellte aber

(Photo USIS)

auch die technische Durchführung gewisse Schwierigkeiten dar. Jedes Land strebte eine Lösung an, die dem eigenen Verteidigungssystem die geringsten Veränderungen auferlegte.

Die UdSSR schlug zwar eine totale Abrüstung vor, lehnte aber jede unmittelbare Kontrolle ab. Die Vereinigten Staaten proklamierten die Verminderung des gegenwärtigen Kriegspotentials um ein Drittel. Frankreich, dessen Devise lautete: »Zuerst Sicherheit, dann Abrüstung«, machte seine Entscheidung von der Gründung einer mächtigen, übernationalen Kontrollgewalt abhängig. Großbritannien, das damals keine Wehrpflicht hatte, wollte die Armeen auf maximal 200 000 Mann begrenzen. Deutschland forderte Anerkennung als gleichberechtigter Staat, die ihm im Dezember 1932 auch endlich gewährt wurde. Als Hitler im folgenden Monat Reichskanzler wurde, sollte er sich dieses Zugeständnisses bedienen, um die Wiederbewaffnung Deutschlands voranzutreiben.

An Europa verzweifelnd, war Briand gestorben. Im Oktober 1933 verließ Deutschland die Abrüstungskonferenz und trat aus dem Völkerbund aus, der soeben zaghaft die japanische Aggression in der Mandschurei verurteilt hatte. Der englische Minister Eden* machte weitere erfolglose Abrüstungsangebote, die Barthou* für Frankreich ironisch zurückwies. Man konnte nicht abrüsten, während Hitler sich anschickte, seine Waffenfabriken auf Hochtouren laufen zu lassen. Frankreich mußte mit eigenen Mitteln für seine Sicherheit sorgen.

Bündnisse von Barthou bis Laval

Da von den Abrüstungsgesprächen in Lausanne und Genf keine Ergebnisse mehr zu erwarten waren, schlug Mussolini ein Viererbündnis zwischen Italien, Frankreich,

(Photo Institut Luce, Rom)

England und Deutschland vor. Im Juni 1933 wurde es unterzeichnet. Die vier Länder diskutierten gleichberechtigt über die Erhaltung des Friedens. Außer der Stärkung seines Ansehens, hoffte Mussolini, Deutschland wegen der drohenden Annexion Österreichs besser überwachen zu können. Die Franzosen rechneten auf die Freundschaft der Italiener, aber Léon Blum protestierte gegen »diese ›Heilige Allianz‹, in der zwei Partner Hitler und Mussolini hießen. Warum auch die gemeinsame Rechtsordnung des Völkerbundes aufs Spiel setzen, nur um den Ruhm zweier blutbefleckter Diktatoren zu erhöhen?«

Tatsächlich verstand es Louis Barthou, seine Politik der Beharrlichkeit insofern weiterzuführen, als er für Frankreich den Eintritt in ein weites mitteleuropäisches Bündnissystem erreichte. Der polnische Außenminister Oberst Beck* hatte soeben (1934) einen Pakt mit Deutschland geschlossen, so daß die Bemühungen Frankreichs in Polen ohne Resonanz blieben. Dagegen wurden die französischen Annäherungsversuche in der Tschechoslowakei, in Rumänien und Jugoslawien warm erwidert. In dieses östliche Bündnis, das Deutschland im Ernstfall zwingen würde, sich an mehreren Fronten schlagen zu müssen, wollte Barthou auch Italien, vielleicht sogar die Sowjetunion miteinbeziehen. Hatte Stalin bislang noch gehofft, daß die Bewegung Hitlers scheitern und die Kommunisten an die Macht kommen würden, so war er nun möglicherweise gezwungen, seine Ansprüche herunterzuschrauben. Doch am 9. Oktober 1934 wurde Barthou in Marseille von kroatischen Terroristen zusammen mit König Alexander I. von Jugoslawien ermordet, der gekommen war, um die Beziehungen seines Landes mit Frankreich enger zu knüpfen.

Pierre Laval setzte die Politik Barthous, Deutschland zu isolieren, konsequent fort. Im April 1935 traf er Mussolini und Mac-

Angesichts der wachsenden Macht des nationalsozialistischen Regimes in Deutschland trafen sich Vertreter der ehemaligen Siegermächte im April 1935 in Stresa (Italien). Mussolini, der bereits damals den Anschluß Österreichs befürchtete, spielte vor den britischen und französischen Delegierten die Rolle des besorgten, beunruhigten Gastgebers. Zuvor hatte der Duce aus der wohlwollenden Bündnispolitik des französischen Ministerpräsidenten Pierre Laval insofern Vorteile gezogen, als er im Januar einen Freundschaftsvertrag mit Frankreich abschließen konnte, der ihm bei seinen machtpolitischen Plänen in Ostafrika freie Hand ließ.

Donald in Stresa. Frankreich, Großbritannien und Italien erklärten sich einverstanden, den Frieden in Europa durch Beachtung aller Verträge aufrechtzuerhalten. Hinter dieser vagen Deklaration verbargen sich allerdings handfeste französisch-italienische Abmachungen, die bereits im Januar abgeschlossen worden waren. Für den Preis einiger Grenzberichtigungen in Somaliland und Tibesti sowie einer italienischen Beteiligung an der Eisenbahn Dschibuti–Addis Abeba verzichteten die Italiener auf die Ausübung der Gerichtsbarkeit in Tunesien. Die Bedingungen dieses Geschäftes konnten sich sehen lassen. Pierre Laval duldete stillschweigend die italienische Aktion in Äthiopien. Dieses afrikanische Land, das dem Völkerbund angehörte, wurde also von Frankreich schamlos an Italien verraten. Beide Länder hatten Sitz und Stimme im ständigen Rat des Völkerbundes. Laval setzte seine diplomatische Offensive weiter fort und fuhr nach Moskau, wo er den sowjetisch-französischen Beistandspakt unterzeichnete. Die Einzelheiten dieses Vertrages blieben jedoch so ungenau, daß sich der Minister nicht beeilte, ihn durch das französische Parlament ratifizieren zu lassen. Es handelte sich wohl mehr um ein innenpolitisches Manöver, um der französischen Linksopposition das Wasser abzugraben.

(Photo Institut Luce, Rom)

Die wachsende Macht Deutschlands

Bereits in »Mein Kampf« hatte Hitler die Grundzüge seines außenpolitischen Programms verkündet: Die Klauseln des Versailler Vertrages sollten abgeschafft, die Länder deutscher Sprache zusammengefaßt und im Osten auf Kosten Polens und der baltischen Staaten neuer Lebensraum für das deutsche Volk geschaffen werden.

Wie konnten die anderen Großmächte, durch derart bestürzende Forderungen gewarnt, zusehen, daß Hitler sich anschickte, dieses Programm Punkt für Punkt zu verwirklichen? Die Ermordung des österreichischen Bundeskanzlers Dollfuß bei einem nationalsozialistischen Putschversuch am 25. Juli 1934 rief Mussolini auf den Plan. Im Norden Italiens, am Brenner, wurden Truppen zusammengezogen. Die scharfe Reaktion Mussolinis begünstigte die französisch-italienische Annäherung. Hitler hielt sich zurück. Doch im März 1935 entschloß er sich, einen neuen Vorstoß zu wagen. Ermutigt durch die Ergebnisse der Volksabstimmung im Saarland* vom 13. Januar, bei der sich 91% der Bevölkerung gegen 0,4% für die Verbindung mit dem Reich ausgesprochen hatten, verkündete Hitler nacheinander den Aufbau einer deutschen Luftwaffe und die Einführung der allgemeinen Wehrpflicht. Die Rüstungsfabriken nahmen die Herstellung von Panzern und schweren Waffen wieder auf; die als Prototypen entwickelten Kampfflugzeuge gingen in Serie. Das am 18. Juni 1935 zwischen England und Deutschland abgeschlossene Flottenabkommen erlaubte dem Reich die Wiederherstellung der Kriegsmarine unter Einschluß von Unterseebooten. Der sowjetisch-französische Vertrag ließ Hitlers Politik durchaus gerechtfertigt erscheinen. Bald war die Annäherung Frankreichs und Englands an Italien durch den Einfall in Abessinien, den Mussolini offen vorbereitete, völlig kompromittiert. Darüber hinaus führten die äthiopischen Ereignisse zur Bildung der Achse Rom–Berlin.

Am 7. März 1936 überschritten deutsche Truppen den Rhein, um das linke Ufer zu besetzen, das nach dem Versailler Vertrag entmilitarisierte Zone bleiben sollte. Der deutsche Generalstab befürchtete militärische Gegenmaßnahmen der Siegermächte, die für Deutschland verhängnisvoll gewesen wären.
Die Passivität der Franzosen und der Briten ermutigte Hitler jedoch, bei seiner künftigen Politik bedenkenlos vorzugehen.

(Photo USIS)

Der Einfall in Abessinien

Am Ende des Jahres 1934 hatte an der Grenze zwischen Abessinien und der italienischen Kolonie Somali ein blutiger Zwischenfall stattgefunden. Mussolini lehnte die Vermittlung des Völkerbundes ab und schickte Truppen, um die Spannungen aufrechtzuerhalten. Im Verlaufe des Sommers 1935 wurden 200 000 Soldaten mobilisiert. Am 3. Oktober stürzten sich die italienischen Truppen mit Flugzeugen und Panzern ohne Kriegserklärung und ohne formellen Abbruch der Beziehungen auf Abessinien. Am 9. Mai des folgenden Jahres verkündete Mussolini die Annexion Abessiniens; der italienische König nahm den Titel »Kaiser von Äthiopien« an. Welches waren die internationalen Reaktionen?

Der Völkerbundsrat wurde von dem Vorfall sofort unterrichtet. Die Engländer schickten ihre »Home Fleet« ins Mittelmeer und forderten Sanktionen gegen Italien. Frankreich, Gefangener der Geheimabkommen Lavals und unter dem Druck eines großen Teils der öffentlichen Meinung, die der »zivilisatorischen Aktion« Italiens Beifall zollte, nahm eine abwartende Stellung ein. Es war jedoch nicht zu vermeiden, daß durch Beschluß vom 7. Oktober 1935 vom Völkerbund Sanktionen gegen Italien verhängt wurden. Das beschlossene Embargo bezog sich auf sämtliche Waffen, auf Kautschuk und andere Rohstoffe, nicht aber auf Erdöl.

Der Krieg war zu kurz, als daß sich diese Maßnahmen in irgendeiner Weise hätten auswirken können. Als Italien im Dezember 1937 seinen aufsehenerregenden Austritt aus dem Völkerbund vollzog, war die Organisation endgültig entmachtet. Die Hintertreppendiplomatie Lavals hatte die Beziehungen zwischen England und Frankreich abkühlen lassen. Die Interessen der Ölmagnaten hatten sich als bedeutsamer erwiesen als entrüstete moralische Proteste. Hitler hatte dieses Lehrstück begriffen: In einem geteilten und unentschlossenen Europa, das zwischen der Furcht vor einem wiederbewaffneten Deutschland und einem kompromittierenden Bündnis mit den bolschewistischen Russen schwankte, konnten rasche Gewaltakte gelingen.

Ein Jahr nach der Wiederaufnahme der Aufrüstung riskierte der Führer seinen ersten großen, verwegenen Auftritt: Trotz der Warnungen des Generalstabes besetzten deutsche Truppen am 7. März 1936 unbehelligt das Rheinland. Im Falle eines französischen Gegenstoßes hätte die Wehrmacht einer bewaffneten Auseinandersetzung kaum standhalten können. Präsi-

dent Sarraut* begnügte sich mit der Erklärung, Frankreich werde nicht dulden, daß »das Straßburger Münster im Feuerbereich deutscher Kanonen liege«. Doch direkte Gegenmaßnahmen wurden nicht getroffen. Gegenüber äußeren Ereignissen noch immer unzugänglich und zurückhaltend, ließ das Londoner Kabinett den Ereignissen ihren Lauf. Der Rat des Völkerbundes bestätigte zwar, daß Deutschland seine Verpflichtungen verletzt habe, aber das war auch alles. Indem Frankreich die Mobilmachung verweigerte, um 30 000 deutsche Soldaten schachmatt zu setzen, hatte die französische Regierung eine unbestreitbar drückende Verantwortung für die folgenden Ereignisse übernommen. Ihre Untätigkeit mußte für Hitler geradezu ermutigend sein. Durch seinen neuen Erfolg konnte er Italien durch Festigung der Achse Berlin–Rom näher an sich heranziehen.

Die Ursprünge der spanischen Tragödie

Die Demokratien und die faschistischen Länder standen sich von nun an abwehrbereit gegenüber. Der dynamischen Achse Berlin–Rom, durch ihre Erfolge gestärkt, hatten die demokratischen Staaten nichts entgegenzusetzen. Der ideologisch-politische Konflikt sollte auch bald seinen geeigneten militärischen Kampfplatz erhalten — Spanien. Mehr als 20 Jahre wurde das Land von ernsten inneren Wirren geschüttelt. Der Erste Weltkrieg hatte Spanien, wie allen neutralen Ländern, zu einem ansehnlichen Staatsschatz verholfen. Aber bereits 1917 brachen wegen der steigenden Lebenshaltungskosten und der krassen sozialen Unterschiede die ersten Unruhen aus. Streiks, die mit Waffengewalt niedergeschlagen wurden, Aufstände in Katalonien und Galicien, das Auftauchen von Militärjunten waren die ersten Symptome der beginnenden Tragödie.

Von 1917 bis 1923 folgte eine Kabinettskrise der anderen, und jede Regierung stellte die Frage nach dem Fortbestand der Monarchie, die sich nur noch im Schutze der Armee halten konnte. 1919 hatte sich die Krise der spanischen Industrie durch die Einstellung von ausländischen Aufträgen verschlimmert. Die russische Revolution fand sogar in Andalusien ein Echo, wo die Bauernschaft unter besonders elenden Bedingungen lebte. Doch die Zahl der Kommunisten fiel kaum ins Gewicht. Die Masse folgte der anarchistischen und unpolitischen Gewerkschaft CNT im Kampf gegen die reaktionären Industriellen und Großgrundbesitzer. Terror wurde zur oft gebrauchten Waffe, Attentate und Morde waren an der Tagesordnung. Der schwierige Krieg gegen die aufständischen Rifkabylen in Marokko verschlimmerte auch das innerpolitische Mißbehagen.

Diese Wirren machten es dem General Miguel Primo de Rivera* leicht, mit dem Einverständnis des schwachen Königs Alfons XIII. 1923 die Diktatur aufzurichten. Das »Militärdirektorium« des Generals hatte ehrgeizige wirtschaftliche Pläne, besonders einen beachtenswerten Bewässerungsplan. Trotz einiger spektakulärer Anfangserfolge verbesserte sich die Situation kaum. Die Agrarreform war von lächerlich geringer Auswirkung, und die von der Regierung gegebenen Kredite begünstigten in erster Linie diejenigen Unternehmer, die sie gar nicht brauchten. Primo de Rivera hatte zunächst in ungeschickter Weise eine Imitation des italienischen Faschismus versucht, ohne sich dabei auf eine gut organisierte Massenpartei, deren schwärmerische Ideale auch die Jugend anzuziehen vermocht hätten, stützen zu können. Am Ende war jeder unzufrieden: die Arbeiter und Bauern wegen der Reformen, die keine waren, das kapitalistische Bürgertum wegen des wirtschaftlichen Dirigismus, die Basken und Katalanen wegen der strikten Ablehnung ihrer Autonomiebestrebungen, die Intellektuellen verabscheuten Primo de Rivera, und selbst die Armee war seiner überdrüssig. Krank, von allen im Stich gelassen, nahm Primo de Rivera 1930 seinen Abschied und starb kurze Zeit später. Mit dem Ende der Diktatur sah sich der König wiederum einer Vielzahl der alten Parteien der Rechten oder der gemäßigten Linken gegenüber. Letztere hatten die Errichtung einer Republik in Spanien auf ihre Fahnen geschrieben.

Der Liberale Alcalá Zamora, der zwischen 1917 und 1922 Mitglied verschiedener Ministerien war, widersetzte sich dem autoritären Regime Primo de Riveras.
Er begünstigte 1931 die Errichtung der Republik und wurde zunächst Ministerpräsident, dann, im Mai 1932, Staatspräsident. Während seiner Amtszeit wurde den traditionellen Farben der spanischen Flagge, Rot und Gold, ein violettes Band hinzugefügt.
In Madrid feierte die Bevölkerung die Ausrufung der Republik (unten).
Nationalbibliothek, Paris.

Die Republik

Im April 1931 offenbarten die Wahlen die tiefe Kluft zwischen Monarchisten und Republikanern. Die Landbevölkerung, auf die leicht ein gewisser Druck ausgeübt werden konnte, wählte durchaus royalistisch. Anders waren die Ergebnisse in den Städten, wo die Linksparteien triumphierten. In Barcelona und San Sebastian wurde die Republik ausgerufen. Die Zivilgarde, Stützpfeiler des Regimes, setzte den König davon in Kenntnis, daß sie die Situation nicht mehr in der Hand habe. Am 14. April war die letzte Stunde der spanischen Monarchie gekommen; der König dankte ab und ging ins Exil.

Die Republik formierte sich in einer grotesken innerpolitischen Atmosphäre. Die spanische Ständeversammlung, die Cortes, ließ eine Mehrheit der Radikalen und der Sozialisten zu. Alcalá Zamora*, ein bekannter Rechtsanwalt, wurde der erste Präsident des neuen Staates. Er führte das allgemeine Wahlrecht ein, das nun auch Frauen und Angehörigen des Militärs Stimmrecht verlieh. Zum erstenmal nach langer Zeit setzte sich die Regierung nicht aus Generälen zusammen. Die Minister waren durchweg aufrichtig und guten Willens. Sie erließen eine politische Generalamnestie und entwarfen sofort ein umfassendes Programm zur Gründung nichtkirchlicher Volksschulen. Gerade diese religiöse Frage sollte zu den ersten schweren Auseinandersetzungen führen.

Die Regierung traf Anstalten, die Trennung von Kirche und Staat zu vollziehen. Antiklerikale Kreise ergriffen Sofortmaßnahmen gegen Jesuiten, Laienbruderschaften und gegen katholische Schulen. Es kam zu offenem Aufruhr. Klöster wurden überfallen und niedergebrannt, ohne daß die Polizei eingriff. 10 000 Offiziere ließen sich in den Ruhestand versetzen, und die Regierung sah sich aus Mißtrauen gegen-

Der Sieg der Volksfront in den Wahlen vom Februar 1936 bewirkte eine lebhafte Gegenreaktion der Armee, die ebenso wie die nationalistischen Bewegungen auf Francisco Franco Bahamonde (rechts) setzte. Nach dem 18. Juli teilte sich die Halbinsel in zwei feindliche Lager. Schrecken und Zerstörung waren die Folge, wie diese Bombardierung Barcelonas, die Hunderten von Menschen das Leben kostete (unten). Nationalbibliothek, Paris.

über der alten »Guardia civil« gezwungen, »Sturmabteilungen« aufzustellen. Schon jetzt war das Regime in Gefahr.

Auf der Rechten organisierten sich die Katholiken. Links gründeten die Anarchisten die mächtige, von den Gewerkschaften getragene Iberische Anarchistische Föderation (FAI). Katalonien verkündete seine

(Photo Keystone)

Autonomie und wählte ein eigenes Parlament, gab sich eine eigene Regierung, Verwaltung und ein eigenes Budget. Auch die Basken schufen sich eine selbständige Verfassung. Kastilien fühlte sich bedroht und prophezeite das nahe Ende der nationalen Einheit. Ab Beginn des Jahres 1931 stifteten verschiedene Generäle immer wieder Verschwörungen an. Die soziale Frage schien nach wie vor unlösbar, und über die Agrarreform herrschte Uneinigkeit.

Am Ende des Jahres 1932 wurden die ersten sozialen Maßnahmen durchgeführt. Man enteignete gegen hohe Entschädigung große Güter mit mehr als 100 Hektar in Gegenden mit gutem Boden, in den unfruchtbaren Steppengebieten nur Besitztümer mit mehr als 700 Hektar. Die dort angesiedelten Bauern hatten dem Staat eine geringe Steuer zu zahlen. Man versuchte, die Anlage von Kollektivbetrieben anzuregen. Im August 1932 hatte General Sanjurjo einen Umsturzversuch gewagt und sich als Verteidiger des Großgrundbesitzes aufgespielt. Der Putsch scheiterte, und als Antwort darauf enteignete die Regierung die spanischen Granden nunmehr entschädigungslos. Allen Widerständen zum Trotz konnten bis zum Jahresende 1932 etwa 8000 Familien angesiedelt werden.

Aber den Bauern ging die Enteignung nicht schnell genug. Sie besetzten Ländereien, verbrannten mitunter Felder, Wälder und Herrensitze. Als in Andalusien 21 aufständische Anarchisten hingerichtet wurden, wandte sich die Landbevölkerung nun gegen die neue Republik, die nicht in der Lage war, sofort Land zu beschaffen. Auch die Arbeiter waren enttäuscht. Streiks häuften sich, weil die Großunter-

Der Kader der spanischen Armee schloß sich größtenteils der Aufstandsbewegung an, während sich die Truppe Bewegungen und die Kolonialtruppen, vor allem marokkanische Einheiten, verbanden sich mit den aufständischen

nehmen, von der Weltkrise bedroht, den Lohnforderungen nicht nachkommen konnten. In einer Atmosphäre der Gewalt begannen die Anarchisten, die Republik zu zerschlagen. In Barcelona griffen die Regierungstruppen zu den Waffen. In Katalonien wurde eine Art anarchistischer Kommunismus installiert. Zwischen den gemäßigten sozialistischen Republikanern, wie Azaña*, die langsam ihre Anhänger verloren, und den radikalen Anarchisten, die ihnen über den Kopf zu wachsen drohten, tat sich eine tragische Kluft auf. Die Wahlen von 1933 wurden zum Erfolg der Rechten. Die anarchistischen Exzesse hatten das kleine Bürgertum erschreckt.

Aufstand in Asturien

Ein junger Mann mit glänzenden Führereigenschaften sammelte die langsam wieder zu sich selbst findende Rechte: Gil Robles*. Andere Bewegungen, wie die Falange, geführt von José Antonio Primo de Rivera*, dem eine nationalsozialistisch-heldische Revolution mit der Parole »weder Kapitalismus noch Sozialismus« vor Augen schwebte, fanden Robles viel zu gemäßigt. Innerhalb der Linken blieb die kommunistische Partei schwach, und auch in Katalonien überwogen trotzkistische Abweichler. Angegriffen von einer doppelten Opposition, einer faschistischen und einer anarchistischen, übernahmen die Parteien der Mitte die Regierung. Die allgemeine Situation verschlimmerte sich. Im Jahre 1934 gab es 600 000 Arbeitslose. In Andalusien, Estremadura und Aragonien erhoben sich ganze Dörfer im Namen des »anarchistischen Kommunismus«.

Das »rote« Katalonien setzte sich in immer schärferen Gegensatz zu Madrid. Companys* versuchte im Oktober 1934 einen revolutionären katalonischen Staat zu gründen. Da ihm die Anarchisten der FAI die Unterstützung verweigerten, wurde die separatistische Bewegung rasch niedergeschlagen. Die Bergarbeiter Asturiens schlossen sich im selben Monat zu einem alle politischen Strömungen vereinenden Block zusammen und besetzten in einem erfolgreichen Aufstand die Stadt Oviedo. Die Armee, die Zivilgarde und die Luftwaffe schritten ein. Nach zwei Wochen blutigen

auf beide Lager verteilte. Die Marine blieb der republikanischen Regierung in Madrid treu. Die nationalistischen Generälen. Von Anfang an erhielt der Kampf einen Zug von Grausamkeit, der Bürgerkriegen häufig eigen ist.

(Photo Robert Capa Magnum)

Kampfes konnten die Streitkräfte der Regierung die bewaffneten Arbeitermilizen Asturiens zerstreuen. Die Agrarreform kam zum Stillstand, und die Gefahr von rechts wurde drohender. Die Regierung Lerroux* brachte sich durch Korruptionsaffären in Mißkredit. Azaña beschwor die Parteien der Linken, ihren internen Streit nach dem Beispiel Frankreichs zurückzustellen und für die Wahlen im Februar 1936 eine Koalition der Volksfront zu bilden.

Volksfront und Bürgerkrieg

In der Tat wurden die Wahlen ein Sieg des Zusammenschlusses von Republikanern, Gewerkschaftlern, Sozialisten und Kommunisten, die zwei Drittel der Parlamentssitze einnehmen konnten. Doch paradoxerweise rief gerade diese Überlegenheit den Sturz der Regierung hervor; denn die Rechte trat von nun an nur noch mit Gewaltakten in Erscheinung. Die Zeit arbeitete für sie, zumal die fortschrittlichsten Elemente der Bevölkerung — ihres Erfolges allzu sicher — sich in planlosen Kundgebungen gefielen. Die Gefangenen von 1934 wurden freigelassen. Auf dem Land teilte man den Grund und Boden auf, wobei Kirchen und Klöster nicht verschont wurden. Auf der Rechten traten die Mannschaften der »pistoleros« (Pistolenschützen) in Aktion. In dieser Atmosphäre permanenter Militärkomplotte übernahm Azaña das Amt des Präsidenten der Republik. Die Generäle Godet* und Franco wurden auf den Kanarischen Inseln festgehalten. Am 13. Juli 1936 ermordeten republikanische Polizisten den Führer der rechten Parlamentsopposition, Calvo Sotelo*. Fünf Tage später flammte der Bürgerkrieg auf.

Seit Monaten stand die Armee Gewehr bei Fuß. General Sanjurjo hatte bereits mit Deutschland, Italien und sogar mit England Kontakt aufgenommen. Am 17. Juli 1936 wurde von den Armee-Einheiten in Marokko das Angriffssignal gegeben. In Spanien selbst rührten sich die Garnisonen erst am darauffolgenden Tag. Queipo de Llano* überrumpelte Sevilla. In Aragonien, Navarra und Galicien trugen die »Nationalen« den Sieg davon. Der Tod Sanjurjos, der bei einem Flugzeugabsturz ums Leben kam, machte aus Franco den unbestrittenen

Die Achsenmächte unterstützten Franco mit Gruppen von »Freiwilligen« und »Spezialisten«, besonders Panzerbesatzungen und Flugzeugpiloten. Hier die deutschen Hilfstruppen der Legion Condor bei einer Parade im April 1939 in Avila.

Führer der Bewegung. Doch in Madrid, Valencia und Barcelona leisteten die Republikaner hartnäckigen Widerstand. Das Volk hatte sich bewaffnet, auch die Marine blieb regierungstreu. Nur mit der Unterstützung Mussolinis, der neben finanzieller Hilfe auch Flugzeuge schickte, konnte Franco seine nordafrikanischen Truppen nach Spanien übersetzen lassen. Im August fand jenes gräßliche Massaker bei der Einnahme von Badajoz statt, das den Aufständischen eine durchgängige Nordsüdverbindung sicherte. Der Ansturm auf Madrid im November scheiterte. Die republikanische Regierung Largo Caballero* hatte sich in Valencia eingerichtet. Am Jahresende war Spanien in zwei Teile zerbrochen. Der Westen befand sich fest in den Händen Francos, der Osten in denen der Republikaner. Auf der einen Seite die »Bandera« (Fremdenlegion), die Mauren, die Militärkader, die »freiwilligen« Italiener und die deutschen »Techniker«, auf der republikanischen Seite kämpften die Volksarmee, die Milizen der Linksparteien und die Gewerkschaften. Das Lager der Republik war durch Anarchie und Gewalt geschwächt. Der »rote Terror« mit den scheußlichen Greueln an Ordensleuten erfüllte die Gemüter mit Entsetzen. Die Leichen geschändeter Nonnen wurden zur Schau gestellt. Politische Gefangene wurden umgebracht. Die Anarchisten hatten ihre »privaten« Gefängnisse und ihre eigenen Henkersknechte. Aber auf der Gegenseite war die Unterdrückung nicht weniger grausam. García Lorca* wurde im Rebellengebiet von Falangisten getötet. Außerdem gab es bei den Regierungstreuen einen grundlegenden politisch-ideologischen Zwiespalt. Wie sollte man sich entscheiden? — Marxistische Republik oder Revolution? Gestärkt durch die sowjetische Hilfe und die Internationalen Brigaden, hatten sich die Kommunisten für die Republik entschieden. Die andersdenkenden Anarchisten und Kommunisten der Vereinigten Marxistischen Arbeiterpartei Kataloniens, des POUM, wollten gleichzeitig mit dem Bürgerkrieg die totale Revolution. Mit Schlagworten, wie »die Erde den Bauern, die Fabriken den Arbeitern«, hofften sie, die Massen für sich zu gewinnen.

Der Vorwand der Nichteinmischung

Im August 1936 schlugen Frankreich und England einen internationalen Vertrag vor, betreffend die Nichteinmischung in die inneren Angelegenheiten anderer Staaten. Die Sowjetunion, Deutschland und Italien gaben ihre Zustimmung. Zunächst intervenierten diese Länder auch tatsächlich nicht offiziell, aber ihre direkte Hilfe für die eine oder andere Partei war bald ein offenes Geheimnis. Auf französischer Seite sah man über den Durchmarsch der internationalen Freiwilligen und den Transport »privaten« Materials an der Pyrenäengrenze großzügig hinweg. Aber diese mittelbare Hilfe zusammen mit den sowjetischen Waffenlieferungen war geringer als die Divisionen der Italiener, der deutschen Flugzeuggeschwader, der Spezialisten der Luftabwehr, die in Zeitabschnitten von sechs Monaten Spanieneinsatz nach Deutschland zurückkehrten, um anderen Platz zu machen. Die Republikaner gerieten ins Hintertreffen.

Im Februar 1937 wurde ein neuer Angriff der Rebellen auf Madrid zurückgeschlagen und die Italiener vor Guadalajara in die Flucht gejagt. Dagegen gingen die eingekreisten republikanischen Gebiete im Baskenland und in Asturien verloren. Die Stadt Guernica* wurde in einem Luftangriff zerstört. In Teruel* gingen die Republikaner zum Gegenangriff über. Aber ihnen gelang keine innere, geschlossene politische Einheit. Die Anarchisten führten den »freien Kommunismus« in den von ihnen kontrollierten Zonen ein, während die Kommunisten im Verlaufe eines inneren Bürgerkrieges in Barcelona den POUM liquidierten. In Katalonien wurde ein großer Teil der Industrie kollektiviert, eine Maßnahme, die sich kaum auswirkte, weil die leitenden Ingenieure und vor allem die Rohstoffe fehlten.

1937 rief sich Franco zum Caudillo und Staatschef aus. Es gelang ihm, in einer starken Koalition, die Armee, die Mehrheit der Katholiken, die falangistische Bewegung und die Royalisten von Navarra zu sammeln. Der Tod von José Antonio, der von den Republikanern umgebracht worden war, hatte ihn von einem gefährlichen Ri-

(Photo Keystone)

valen befreit. Im Jahr 1938 trennte eine Offensive des Caudillo Madrid und Valencia von Katalonien ab. Ein republikanischer Gegenschlag über den Ebro war zum Scheitern verurteilt. Anfang 1939 begann der Todeskampf der Republik. Im Januar fiel Barcelona, am 28. März Madrid und Valencia. Berlin und Rom flaggten und jubelten den aus Spanien zurückkehrenden »Freiwilligen« zu. Die faschistischen Diktaturen hatten von nun an in Madrid einen sicheren Verbündeten und gingen aus dem siegreichen Kampf in ihren Positionen gestärkt hervor. Aber in der Zwischenzeit waren sie auch auf anderen Gebieten nicht erfolglos geblieben.

Faschismus und Demokratie

Auf Äthiopien folgte Spanien, auf Spanien Österreich. Diesmal gab Hitler den Ton an. Die demokratischen Mächte verharrten noch immer in zögernder Uneinigkeit. Der Juni 1936 brachte Frankreich den Sieg der Arbeiterklasse, nicht aber die innere Geschlossenheit der Nation. Das Land traf keinerlei Anstalten, sich auf eine kommende Auseinandersetzung vorzubereiten. Sollte man es dafür tadeln, wo doch die Erinnerungen an das vorhergegangene Blutopfer noch so frisch waren? Zum Teil glaubte man auch in Frankreich, daß die antikommunistischen Achsenmächte ihre guten Seiten hätten.

Der französische Generalstab zeigte seinen Unmut. Die Armee hielt sich zwar für die beste der Welt, und die Maginot-Linie* galt für unüberwindlich, aber einige hohe Militärs, wie der damalige Oberst de Gaulle*, wiesen nachdrücklich auf die Notwendigkeit von Panzern und Flugzeugen hin, vor allem aber auf die Tatsache, daß man mit einer rein defensiven Strategie keinen Krieg gewinnen könne. Doch diese Stimmen blieben in der Minderzahl. Roosevelt indessen war von der wachsenden Macht des Faschismus tief beunruhigt. 1937 ließ er den »Neutrality Act« (Neutralitätsgesetz) durch den »Cash and Carry Act« ersetzen, der die demokratischen Mächte bevorzugte, da sie in der Lage waren, das amerikanische Kriegsmaterial bar zu bezahlen. Dennoch waren die isolationistischen Betrebungen noch stark genug. Hitler verlor keine Zeit. Innerhalb von drei Jahren, von 1933 bis 1936, hatte er eine hochmodern ausgerüstete Armee von 1 500 000 Mann aus dem Boden gestampft. Geld brauchte er nicht. Er tauschte seine industriellen Produkte gegen Rohstoffe und Getreide, meist aus den Donauländern, und unterhielt gute Beziehungen zu dem ungarischen Reichsverweser Horthy und zu Bulgarien. In Rumänien wurde die »Eiserne Garde« zum glühenden Verehrer Hitlers, und auch in Jugoslawien gab es Nachahmer des Nationalsozialismus. Überall, wo starke deutsche Minderheiten lebten, organisierten sich in der Art von Fünften Kolonnen nationalsozialistische Gruppen.

Der Anschluß Österreichs

Als geborenem Österreicher lag Hitler die Eingliederung seines Heimatlandes ins Reich besonders am Herzen. Von den knapp 7 Millionen Einwohnern lebte ein Viertel in Wien, der ehemaligen Hauptstadt der großen Donaumonarchie, die in Versailles zerstückelt worden war. Wenngleich die Sozialisten in Wien überwogen, so führten doch noch immer die Christlich-Sozialen die bürgerliche Koalitionsregierung an. Von 1922 bis 1929 war mit zweijähriger Unterbrechung Ignaz Seipel* Bundeskanzler. Er hatte sich gegen zwei Gefahren zur Wehr zu setzen: gegen die Einverleibung ins Deutsche Reich, den Anschluß, der im Versailler Vertrag untersagt worden war, und gegen die Bedrohung einer sozialistischen Unterwanderung. Dem Anschluß hoffte er mit Hilfe Italiens zu entgehen. Der autoritäre Bundeskanzler Dollfuß setzte diese Politik konsequent fort. Um dem Anwachsen der nationalsozialistischen Bewegung Herr zu werden, führte Dollfuß 1933 einen Staatsstreich durch. Er setzte die parlamentarische Verfassung außer Kraft und regierte, unterstützt von den alten Kämpfern der Heimwehr, durch eine berufsständische Verfassung. Die nationalsozialistischen österreichischen Kreise sahen sich in ihren Aktionen wesentlich eingeschränkt und ermordeten Dollfuß im Zuge eines nationalsozialistischen Putsches am 25. Juli 1934 im Bundeskanzleramt. Wir haben gesehen, daß Mussolini mit seinen Truppen am Brenner den ersten Anschlußversuch Hitlers vereiteln konnte. Aber die Angelegenheit war damals nur aufgeschoben.

Kurt von Schuschnigg* übernahm ein schweres Erbe. Als strenger Katholik organisierte er die »Vaterländische Front«. Aber er wußte auch, daß durch die Achse Berlin–Rom die Tage der österreichischen Unabhängigkeit gezählt waren. Die Nationalsozialisten des Donaustaates hatten sich unter der Führung von Seyß-Inquart* beträchtlich gestärkt. Zu Beginn des Jahres 1938 riß Hitler die Initiative an sich. Am 12. Februar lud er Bundeskanzler Schuschnigg nach Berchtesgaden ein. Der Österreicher mußte eine unwürdige Behandlung über sich ergehen lassen, und unter der Drohung einer direkten Intervention zwang ihn Hitler, in seine Regierung Seyß-Inquart als Innenminister zusammen mit anderen Nationalsozialisten zu übernehmen. Schuschnigg war sich darüber im klaren, daß weder Italien noch die westlichen Demokratien für ihn einen Finger krümmen würden. Noch hoffte er, durch Nachgiebigkeit das Wichtigste, die Unabhängigkeit seines Landes, retten zu können.

Allenthalben sprachen sich die Hitler-Anhänger energisch für den Anschluß Österreichs an Deutschland aus. Schuschnigg beschloß, das Volk darüber entscheiden zu lassen. Hitler sträubte sich und veröffentlichte ein Memorandum, in dem er den Österreichern ultimativ zu verstehen gab, daß die Volksabstimmung zu unterbleiben habe. Nach einem leidenschaftlichen Appell über den Rundfunk trat Schuschnigg zurück. Er wurde sofort verhaftet. Seyß-Inquart übernahm die Re-

(Photo USIS)

Als Hitler im März 1938 die Aufrüstung der deutschen Wehrmacht für ausreichend hielt, beschloß er, mit dem Anschluß Österreichs den ersten seiner Großmachtpläne zu verwirklichen. Das stillschweigende Übereinkommen mit Mussolini und die französisch-britische Passivität erleichterten sein Vorhaben. Die verhängnisvolle Rassengesetzgebung wurde auch auf Österreich, das von nun an »Ostmark« genannt wurde, ausgedehnt.

gierung und rief den »Schutz« der am 12. März 1938 einmarschierenden deutschen Truppen an. Der Anschluß Österreichs an Deutschland wurde einen Tag später vollzogen und am 10. April durch eine Volksabstimmung bestätigt — mit 97% Ja-Stimmen. Die Entrüstung Londons erschöpfte sich darin, daß Chamberlain die Aktion »scharf verurteilte«. Paris hatte gerade Kabinettskrise. Mussolini ließ Deutschland gewähren, und Hitler bedankte sich mit den Worten: »Das werde ich niemals vergessen.«

Nach Österreich wendete er sich der Tschechoslowakei zu, die mit ihrer hochentwickelten Schwerindustrie und ihrer modernen Armee zu den solidesten Staaten Europas zählte; sie war durch Verträge mit der Kleinen Entente an die westlichen Mächte gebunden, hatte aber auch einige schwache Stellen. Die 3 Millionen Slowaken beklagten sich, gegenüber den 7 Millionen Tschechen benachteiligt zu sein und von den tschechischen Funktionären als Menschen zweiter Klasse behandelt zu werden. Der slowakische Politiker Josef Tiso* stand an der Spitze einer starken autonomistischen Bewegung. Ferner lebten in der Tschechoslowakei bedeutende pol-

(Photo USIS)

Nach der Aktion im Rheinland und dem Anschluß Österreichs gelang Hitler zusammen mit Mussolini während der Sudetenkrise im September 1938 ein nächster Erfolg.
Die Münchener Konferenz vom 29. September bedeutete für den deutschen Reichskanzler einen ungeheuren Prestigegewinn.
Von links nach rechts: Chamberlain, Daladier, Hitler, Mussolini und Ciano.

(Photo USIS)

nische Minderheiten in Teschen, ungarische in der Donauebene, vor allem aber 3 Millionen Sudetendeutsche, die zum Großteil der Partei von Konrad Henlein* angehörten.

Das Problem des Sudetenlandes

Die Krise war zunächst innenpolitischer Natur. Henlein forderte von Prag die autonome Selbstverwaltung der Sudetendeutschen Gebiete. London und Paris rieten Präsident Benes, dem deutschen Bevölkerungsteil entgegenzukommen. Gedrängt von Hitler, schraubte Henlein seine Forderungen höher und verweigerte die Annahme selbst der liberalsten Einigungsvorschläge. Auf dem Nürnberger Parteitag 1938 rief Hitler aus: »Das Reich wird es nicht zulassen, daß man dreieinhalb Millionen Deutsche unterdrücken kann, und ich bitte die ausländischen Staatsmänner davon überzeugt zu sein, daß dies nicht nur eine Phrase ist.« Der Konflikt nahm nun internationale Ausmaße an.

Das Münchener Abkommen

Frankreich hatte die Einhaltung aller Verträge gesichert. Litwinow drängte zur Standhaftigkeit. England hielt sich wie immer zurück und bot zunächst die guten Dienste von Runciman* an. Doch plötzlich wurde die Lage explosiv. Chamberlain bestieg am 15. September 1938 zum erstenmal in seinem Leben ein Flugzeug und suchte Hitler in Berchtesgaden auf. London und Paris übten Druck auf Prag aus, indem sie die Tschechoslowakei zu bewegen suchten, die Gebiete mit mehr als 50 % deutscher Bevölkerung an Deutschland zurückzugeben. Prag beugte sich am 21. September. Am nächsten Tag stand Chamberlain in Bad Godesberg* einem noch mehr fordernden Hitler gegenüber. Die Tschechoslowakei beschloß daraufhin die Mobilmachung; in Frankreich wurden Reservisten einberufen.

Hitler erklärte, daß seine Geduld erschöpft sei. Roosevelt riet zu einer Generalkonferenz. Auch Mussolini bot seine Hilfe an. Schließlich wurde ein Vierertreffen, von dem die Sowjetunion und die Tschechoslowakei ausgeschlossen waren, vereinbart. In der Nacht vom 29. zum 30. September trafen sich Chamberlain, Daladier, Mussolini und Hitler in München. Man erreichte Übereinstimmung darin, daß Deutschland das ganze Sudetengebiet dem Reich einverleiben durfte. Polen und Ungarn machten ihrerseits Forderungen geltend, die Teschen und die Donauebene betrafen. In Prag herrschte bestürzte Resignation. Doch nach der Meinung der Westmächte war vorerst das Schlimmste verhütet worden. Nach London zurückgekehrt, erklärte Chamberlain: »Der Frieden ist für eine Generation gesichert.« In Paris wurde Daladier stürmisch empfangen. Als man ihm Blumen zuwarf, soll er gemurmelt haben: »Wenn die Dummköpfe wüßten, was sie eigentlich bejubeln . . .«

Auf dem Balkan vertraute nun niemand mehr den westlichen Garantien. Im folgenden Jahr trat Ungarn dem Anti-Komintern-Pakt bei. Auch Jugoslawien näherte sich den Achsenmächten. Die Kleine Entente war nur noch eine traurige Erinnerung. Mit der Ausschaltung des tschechischen Staates hatten die demokratischen Mächte einen Verbündeten verloren, der über 150 000 Mann und starke Befestigungen verfügte. Es hätte wenigstens 30 deutscher Elitedivisionen bedurft, um in Böhmen eindringen zu können.

Stalin hatte seine Unterstützung angeboten, aber Polen und Rumänien hatten sofort jeden russischen Truppendurchmarsch durch ihre Territorien kategorisch verweigert. Stalins Überlegungen gingen dahin, daß es ratsamer sei, bei Deutschland selbst »das Terrain zu sondieren«, als von Abtretung zu Abtretung den Entschluß des Westen abzuwarten, Hitlers Ambitionen auf den Osten zu lenken. Hitler hatte allerdings gesagt: »Mit der Lösung der Sudetenfrage wird es keine territorialen Probleme mehr in Europa geben.« Doch Churchill hatte — im krassen Gegensatz zu Chamberlain — klar vorhergesehen, daß die Tschechoslowakei mit ihrer Zerstückelung auch ihre Unabhängigkeit über kurz oder lang verlieren würde.

Das Ende der Tschechoslowakei

London und Paris blieben trotz allem optimistisch und tauschten sogar mit Deutschland Erklärungen über gutnachbarliche Beziehungen aus. Hitler glaubte, freie Hand zu haben. Die Slowaken hatten inzwischen mit Josef Tiso als Ministerpräsidenten eine autonome Regierung gegründet, die Prag

Auf dem Höhepunkt seiner Macht zögerte Hitler nicht, im März 1939 den tschechischen Staat auszulöschen und Brünn. Er war sich damals kaum bewußt, wie sehr seine Handlungsweise den britischen Premierminister empört

kurz danach auflöste, um in März 1939 auf die Einheit des Staates hinzuarbeiten. Tiso erbat Hilfe von Berlin. Am 15. März traf Hitler den tschechischen Staatspräsidenten Hácha*, der den ins Exil gegangenen Benes abgelöst hatte. Im Verlauf einer leidenschaftlichen Unterredung brach der greise tschechische Staatsmann zusammen und legte das Schicksal seines Landes in die Hände des Führers. Die deutschen Truppen marschierten sofort in Prag ein. Böhmen und Mähren wurde zum Reichsprotektorat erklärt, die Slowakei war »unabhängiger« Staat. Die Ungarn bemächtigten sich der Karpato-Ukraine. Rumänien näherte sich Deutschland und schloß einen Wirtschaftsvertrag ab. Mussolini, der hinter alledem nicht zurückstehen wollte, ließ seine Truppen im April 1939 in das Albanien König Zogus einmarschieren. Cham-

als Protektorat Böhmen und Mähren zu annektieren. Das Bild zeigt den triumphierenden Kanzler bei der Fahrt durch hatte, der ihm den Wortbruch nach dem Münchener Abkommen niemals verzeihen konnte. Nationalbibliothek, Paris.

berlain versprach Griechenland englische Hilfe; aber vorerst bereitete sich um Danzig eine neue Krise vor.

Sterben für Danzig

Durch den Versailler Vertrag war Ostpreußen durch den eigenartigen polnischen »Korridor« von Deutschland abgeschnitten. Danzig hatte unter der Garantie des Völkerbundes den Status einer Freien Stadt erhalten. Ab 1935 verfügten die Nationalsozialisten in der örtlichen Volksvertretung über die Mehrheit und forderten die Eingliederung der Stadt ins Deutsche Reich. War Polen nach dem Ersten Weltkrieg von Frankreich mit Gunstbeweisen geradezu überschüttet worden, so hatte es sich in den folgenden Jahren doch recht undank-

JEPA
JEPA

(Photo USIS)

Nachdem Hitler Böhmen dem Deutschen Reich einverleibt hatte (links unten), war ihm die Wiederherstellung der Grenzen des Heiligen Römischen Reiches Deutscher Nation in Mitteleuropa gelungen. Darüber hinaus wollte er nun »Lebensraum« für das deutsche Volk im Osten, in Polen, suchen. Zu diesem Zwecke schloß er mit Stalin, der sich des Doppelspiels Hitlers nicht bewußt war, am 23. August 1939 einen deutsch-sowjetischen Nichtangriffspakt (links).

bar erwiesen, indem es sich weit enger an Deutschland anzuschließen wünschte.

Aber das sollte für Hitler kein Hinderungsgrund sein, im März 1939 die Danzig-Frage aufzuwerfen. Neben dem Anschluß der Stadt an Deutschland forderte er einen freien deutschen Zugangsweg, der den polnischen Korridor durchschnitt. Polen verweigerte seine Zustimmung — England und Frankreich garantierten feierlich dessen Grenzen. Hitler unterzeichnete mit Mussolini am 22. Mai 1939 den »Stahlpakt«. Hatte man zugelassen, daß die Tschechoslowakei verschlungen worden war — sollte man nun wegen einer Stadt, die deutsch sein wollte, den Krieg riskieren? Aber Chamberlain, in seiner Ehre getroffen, war diesmal zu allem entschlossen.

Der deutsch-sowjetische Nichtangriffspakt und der Beginn des Krieges

Auch Stalin wollte hart bleiben. Im März 1939 hatte er vor dem Obersten Sowjet erklärt: »Ein neuer imperialistischer Krieg ist ausgebrochen und erstreckt sich seit zwei Jahren über ein ungeheuer großes Gebiet — von Schanghai bis Gibraltar . . .« Er nannte die Angriffsländer mit Namen — Japan, Italien, Deutschland — und analysierte die Ursachen des Zurückweichens der Demokratien. Stalin begründete diese Schwächen mit Angst vor Revolution sowie dem Wunsch, die UdSSR eventuell gegen Deutschland auszuspielen, was indessen »nicht so leicht sein würde«. Geschickt manövrierte der Russe in zwei Richtungen, indem er einmal Frankreich und England einen Militärpakt vorschlug, zum andern aber im gleichen Augenblick — im April 1939 — seinen Botschafter in Berlin anwies, einen ähnlichen Versuchsballon aufsteigen zu lassen. Polen lehnte jede Hilfe der Roten Armee ab. Daraufhin stagnierten die Verhandlungen der Westmächte in Moskau. Am 5. Mai wurde Außenminister Litwinow durch Molotow ersetzt. Eine entscheidende Wendung hatte stattgefunden.

Zu Beginn des Sommers jedoch befanden sich die Verhandlungen zwischen Berlin und Moskau noch im Stadium vorsichtiger »Sondierungen«. Im August schien es für Stalin keinen Zweifel mehr zu geben, daß Hitler zu einem Vertrag bereit sei. Während nun die Russen ihre Zurückhaltung voll auskosten konnten, war Ribbentrop voller Ungeduld. Hitler brauchte die russische Neutralität um jeden Preis. Ein solcher Trumpf im Spiel gegen Polen nötigte die Demokratien einmal mehr, sich den vollendeten Tatsachen, die Hitler geschaffen hatte, zu beugen. Am 23. August erfuhr die erstaunte Welt, daß die UdSSR und Deutschland in Moskau einen Nichtangriffspakt unterzeichnet hatten, einen Pakt, der mit einem Geheimabkommen über die Teilung Polens gekoppelt war. Paris und London verurteilten das Doppelspiel Stalins, der sich mit dem Todfeind des Kommunismus verbündete. Eine Woche später, am 1. September 1939 um 5.45 Uhr, griffen die deutschen Truppen Polen an. Zwei Tage zögerten England und Frankreich, dann erklärten sie Deutschland den Krieg. 25 Jahre nach dem Ersten begann der Zweite Weltkrieg.

Hitler vervollständigte seine diplomatischen Vorkriegserfolge durch den Sieg seiner Waffen in einer Weise, die im Frühjahr 1939 noch nicht zu erhoffen gewesen war.
Im Juni 1940 ließ er sich vor dem Eiffelturm photographieren.
Hitler hielt sich für den unbestrittenen Herrn eines ganzen Kontinents, auf dem er nur noch eine Macht fürchtete, die Sowjetunion.
Nationalbibliothek. Paris.

DER ZWEITE WELTKRIEG

Der Zweite Weltkrieg begann mit Überraschungssiegen Hitlers. Blitzkriege erlaubten es ihm, nacheinander die Entscheidung in Polen, Norwegen und im Westen zu erzwingen. Frankreich wurde im Juni 1940 ausgeschaltet. Allein England, das sich durch das Meer und seine starke Royal Air Force geschützt wußte, trotzte Deutschland und Italien. Der Konflikt erreichte Afrika, wo es um das Schicksal von Sues ging, dann mit der Besetzung Jugoslawiens und Griechenlands den Balkan. Das Jahr 1941 brachte die verhängnisvolle Ausdehnung des Krieges. Im Juni ließ Hitler seine Truppen ohne Kriegserklärung in die Sowjetunion einmarschieren. Der japanische Angriff auf Pearl Harbor* im Dezember des gleichen Jahres bewirkte den Kriegseintritt der Vereinigten Staaten. Der Krieg hatte die ganze Welt erfaßt. 1942 konnte Japan im asiatischen Südosten große Erfolge erringen. Die verbissen kämpfende Rote Armee hatte die Truppen Hitlers vor Moskau aufgehalten. Das Schicksal der Waffen hatte sich gewendet. Aber den Ländern des Dreimächtepaktes* (Japan–Deutschland–Italien) gelang es nicht, ihre Anstrengungen zu koordinieren. Jeweils ihren eigenen Interessen gehorchend, verfolgten sie ganz verschiedene Ziele. Dies war der Augenblick, in dem die gewaltige amerikanische Industriemacht ihren unschätzbaren Beitrag leistete. Die Stunde des Rückzuges war gekommen. Am Ende des Jahres landeten die Alliierten in Nordafrika, und Stalingrad wurde zum Massengrab einer deutschen Armee. 1943 begann die Offensive der Alliierten an allen Fronten: in Rußland, in Italien, im Pazifik. Allein der ungebrochene Kampfwillen der Deutschen und der Japaner verlängerte den Krieg bis 1945. Nach dem Fall von Berlin setzten die Atombomben von Hiroschima* und Nagasaki Schlußpunkte unter das größte Blutvergießen aller Zeiten.

Deutsche Siege

Am Morgen des 1. September 1939 waren die deutschen Divisionen in Polen eingefallen. Noch am selben Tag versicherte Hitler vor dem Reichstag: »Es gibt ein Wort, das ich nie gekannt habe, und das heißt: Kapitulation ... Erst nach dem Sieg werde ich den Waffenrock ausziehen.« Tatsächlich gelang es der deutschen Wehrmacht in den ersten zwei Jahren des Krieges bis zum September 1942 von Warschau bis Oslo, von Paris bis Belgrad und Athen, von den Wüsten Libyens bis zu den russischen Steppen, eine Reihe von überraschenden Blitzsiegen zu erringen. Die deutsche Hakenkreuzfahne sollte über fast allen europäischen Städten wehen.

Blitzfeldzug in Polen

Zu Beginn des Krieges war die deutsche Armee die modernste der Welt. Erst von 1935 an wiederaufgebaut, bestand sie 1939 aus 100 Divisionen. Ihre große Schlagkraft beruhte auf ihren äußerst beweglichen Panzerverbänden, die von den Sturzkampfbombern, den Stukas, wirkungsvoll unterstützt wurden. Aufgabe der motorisierten Verbände war es, mit schnell geführten Vorstößen die feindlichen Linien zu durchbrechen. Die deutsche Luftwaffe war mit ihren etwa 3000 Maschinen unübertroffen. Luftwaffe, Marine und Heer wurden ab 1938 in immer stärkeren Maße dem OKW, dem Oberkommando der Wehrmacht, auf das Hitler vom Herbst 1940 an einen wachsenden Einfluß ausübte, voll unterstellt. Einer solchen Armee hatte Polen nur 40, mit veralteten Waffen und Material ausgerüstete Divisionen, die noch dazu strategisch schlecht eingesetzt waren, entgegenzustellen. Die polnischen Flugzeuge wurden innerhalb weniger Stunden, bevor sie überhaupt in den Kampf eingreifen konnten, durch Luftangriffe vernichtet. So dröhnten die deutschen Panzer mit erstaunlicher Geschwindigkeit auf Warschau zu. Tausende von Reitern der polnischen Kavallerie versuchten in unsinnigen, wenn auch heldenhaften Attacken, gegen die Stahlkolosse anzurennen. Der Panzerkeil riß die Armee des Marschalls Rydz-Smigly* auseinander und vernichtete sie trotz tapferen Widerstandes in wenigen Tagen. Die Festung Warschau, vom 8. September an den Angriffen deutscher Armeen ausgesetzt, leistete tapfere Gegenwehr, mußte aber

(Photo USIS)

schließlich am 27. September kapitulieren. Polen war binnen weniger als einem Monat besiegt. Wiederum kam es mit seinen westlichen Teilen unter die Botmäßigkeit Deutschlands, während die Russen seine östlichen Landesteile besetzten.

Der »Sitzkrieg«

Frankreich hatte rund 100 Divisionen gegen Deutschland ins Feld zu stellen. Im Frühjahr 1940 stießen noch 11 britische Divisionen hinzu. Diese hohen Zahlen konnten indessen die Schwächen der französischen Armee nur schwer verbergen. Nicht ein großer Stratege war im Oberkommando zu finden, das energisch jede Neuerung zurückgewiesen hatte! Unterstützt von Paul Reynaud*, hatte de Gaulle zwar schon 1935 die Aufstellung von Panzerdivisionen vorgeschlagen und auf deren offensive Aufgabe hingewiesen. Aber er stieß auf taube Ohren. Der französische Generalstab unter der Leitung von Gamelin* hatte nur ein Ziel: die Verteidigung der Maginot-Linie. Der Bau dieser Kette von Befestigungsanlagen, die bis Montmédy* reichte, hatte beträchtliche Summen verschlungen. Im Osten sah der Verteidigungsplan vor, die schicksalhaften Befestigungslinien entlang der belgischen Grenze bis zur Schelde zu halten. Das war der Plan E*, den Gamelin am 17. November 1939 durch den Plan Dyle* ersetzte, demzufolge die Maas bis Namur* verteidigt werden sollte, von wo aus dann eine alliierte Front von Antwerpen durch das Tal der Dyle bis zu dem Gebiet von Löwen* aufgebaut werden konnte. Im Fall einer Invasion über die Niederlande fügte der General im März 1940 dieser Disposition die Hypothese »Breda« hinzu, die die Vereinigung des linken alliierten Flügels mit den Niederländern in Seeland und im Norden von Antwerpen vorsah. Doch bei den meisten Verbänden fehlten selbständige, motorisierte Einheiten so gut wie ganz oder waren doch nur unzureichend vorhanden. Die französische Luftwaffe war nicht nur zahlenmäßig schwach, sondern noch dazu schlecht ausgerüstet. Allein die Marine hätte ihrem Kampfauftrag voll gerecht werden können. Zu der Mittelmäßigkeit des Oberkommandos kam der mangelnde Kampfgeist des französischen Soldaten hinzu, der psychologisch wenig darauf vorbereitet war, einem neuen kriegerischen Konflikt die Stirn zu bieten.

Ungüstige Witterungsverhältnisse im

Am 1. September 1939 drangen die deutschen Truppen in Polen ein (links).
Ohne rechte Begeisterung griff Frankreich wieder zu den Waffen.
Doch vorläufig standen die französischen Truppen, Gewehr bei Fuß, an der Maginot-Linie, deren Unüberwindlichkeit zum Mythos geworden war.

Herbst und die ungewöhnliche Härte des Winters 1939/40 zwangen Hitler, im Westen den Angriff, den »Fall Gelb«* zu verschieben. Während der langen Wintermonate des »Sitzkrieges«* warteten die französischen und englischen Armeen unbeweglich entlang der Maginot-Linie und der belgischen Grenze in einem Zustand arger Demoralisation. Indessen hatten vom 3. September an erste Kampfhandlungen zur See stattgefunden. Die deutschen Unterseeboote hatten trotz ihrer geringen Zahl schon Hunderte alliierter und neutraler Schiffe zerstört. Den Engländern gelang an der Mündung des Rio de la Plata ein erster Erfolg zur See, als sie das deutsche Panzerschiff »Admiral Graf Spee« am 17. Dezember 1939 zur Selbstversenkung zwangen.

(Photo Filmdienst der französischen Armee)

(Photo Filmdienst der französischen Armee)

(Photo Filmdienst der französischen Armee)

Narvik — die Besetzung Norwegens

Hitler war ungeduldig. Er beschloß am 17. Februar 1940, die Offensive im Frühjahr beginnen zu lassen, und steckte selbst die großen Linien des Angriffs ab. Hitler zeigte hier zweifellos gewisse strategische Qualitäten, als er den »Fall Gelb« in Anlehnung an die Überlegungen General Mansteins* in den »Sichelschnittplan« umarbeiten ließ. Er verzichtete auf die klassische Taktik des Flügelangriffs und zog es vor, den Gegner im Zentrum zu treffen. Er beschloß, die alliierte Front mit einem Überraschungsangriff über die Ardennen und die Maas zwischen Sedan und Namur zu durchbrechen, die feindlichen Kräfte zu teilen, um dann bis zum Kanal vorzustoßen. Die deutlichen Absichten der Alliierten in bezug auf Norwegen während des russisch-finnischen Krieges* veranlaßten Hitler, die Ausführung des »Sichelschnittplanes« um einige Wochen zu verschieben, wurde doch das für Deutschland bestimmte schwedische Eisenerz über Narvik* verschifft. Am 9. April 1940 besetzte die Wehrmacht in Zusammenarbeit mit der Kriegsmarine überraschend Dänemark und die meisten norwegischen Häfen, nachdem das Unternehmen unter dem Decknamen »Weserübung« vorbereitet worden war. Trotzdem gelang es der englischen Flotte mit französischen Einheiten des Generals Béthouart*, Narvik zu bestürmen. Die deutschen Truppen erlitten schwere Verluste. Schon rief der neue Premierminister Paul Reynaud, der am 21. März Daladier abgelöst hatte, etwas voreilig aus, daß dem deutschen Eisen der Weg abgeschnitten sei. Aber er mußte seine Hoffnungen bald begraben. Die Häfen Namsos* und Molde* in Mittelnorwegen, wo die Alliierten gelandet waren, gelangten ebenfalls bald in deutsche Hand. Die Luftwaffe ließ die alliierte Expedition scheitern, die nicht nur die Hilflosigkeit der Engländer und Franzosen bezeugte, sondern auch zum Rücktritt des Kabinetts

(Photo Filmdienst der französischen Armee)

Mit derselben Taktik wie in Polen durchstieß die deutsche Wehrmacht die alliierte Front in den Ardennen, überquerte am 13. Mai 1940 die Maas und erreichte sieben Tage später den Ärmelkanal an der Mündung der Somme. Die Bevölkerung floh — wie 26 Jahre vorher — vor den heranziehenden deutschen Truppen.

Chamberlain zugunsten Winston Churchills am 10. Mai 1940 führte. Die totale Räumung Norwegens am 8. Juni sowie das Exil König Haakons VII.* war letztlich die Folge der beängstigenden Nachrichten, die ab dem 10. Mai von der Westfront gemeldet wurden.

Angriff über die Maas

Am 10. Mai, als Winston Churchill den schwächlichen Chamberlain ablöste, hatten deutsche Fallschirmspringer gerade die strategisch wichtigsten Punkte Hollands zwischen Rotterdam* und Den Haag besetzt. Der Angriff auf Belgien wurde zur gleichen Zeit durchgeführt. Die beweglichsten britischen und französischen Verbände der Armeegruppe Nr. 1*, unter dem Kommando des General Billotte*, stürzten Hals über Kopf los, um sich zwischen Namur und Antwerpen zu vereinigen.

Nach dem Plan Gamelins erreichte die Hauptmacht der französischen Kräfte die Ebene von Brabant, wo stärkere deutsche Kräfte lagen, während sich in Flandern der linke Flügel des neun Divisionen umfassenden britischen Expeditionskorps mit den Belgiern zu verbinden suchte. Ebenso rückte im Norden Antwerpens die 7. französische Armee General Girauds* in die Niederlande Richtung Breda vor, in der Hoffnung, sich die Mehrheit der niederländischen Streitkräfte einzugliedern.

Die deutschen Angriffskräfte, die im Rahmen der Heeresgruppe B unter General von Bock* eingebrochen waren, umfaßten etwa 30 Divisionen, darunter nur drei reine Panzerdivisionen. Die doppelte Streitmacht war im Rheinland innerhalb der Armeegruppe A unter Generaloberst von Rundstedt* konzentriert, dessen Angriffsspitzen sich aus drei Armeekorps von je zwei Panzerdivisionen zusammensetzte, die den Generälen Hoth*, Reinhardt* und Guderian* unterstellt waren. Das OKW hatte auf dem Abschnitt der südlichen Ardennen sein Hauptaugenmerk gelegt und die Panzerverbände Reinhardt und Guderian so umgruppiert, daß eine gigantische Panzerformation, die erste der Kriegsgeschichte, entstanden war. Sie wurde von General von Kleist* geführt und zählte mehr als 1300 gepanzerte Fahrzeuge.

Hoth sollte mit der 5. und der 7. Panzerdivision die Maas im Norden von Dinant* überqueren. Dem Chef der 7. Division, General Rommel*, gelang zwischen dem 13. und dem 15. Mai ein überraschender Einbruch. Er überquerte am 16. Mai die französisch-belgische Grenze und stieß bis über Avesnes* und Maubeuge hinaus vor.

Die 6. Panzerdivision der Gruppe Reinhardt überschritt mit viel größeren Schwierigkeiten die Maas bei Monthermé*. Dort verteidigte ein Bataillon der Kolonialinfanterie mit nur beschränkten Mitteln zäh seine Stellungen. Nachdem der deutsche Durchstoß doch gelungen war, befanden sich die Panzerspitzen am 16. Mai zwischen Vervins und Laon. Unter massiertem Feuer und nachfolgendem heftigen Stukaeinsatz sorgten die 1., 2. und 10. Panzerdivision bei Sedan für die Entscheidung vom 13. Mai. Die Verteidigungslinie dieses Abschnitts war vom französischen Oberkommando zu sehr vernachlässigt worden, weil man geglaubt hatte, daß die Ardennen für motorisierte Einheiten unüberwindlich wären. Damit war die Maginot-Linie sang- und klanglos zusammengebrochen. Gewiß war es General Huntziger*, dem Chef der 2. französischen Armee, gelungen, seine Front 20 Kilometer südlich von Sedan wieder aufzubauen, aber die Panzer Guderians schoben sich unaufhaltsam nach Westen und überrollten den rechten Flügel der 9. Armee General Coraps*, der den Abschnitt an der Maas entlang, südlich Namur, zu halten versuchte. Aber seine Kräfte waren zu schwach und zu wenig mechanisiert, um dem gewaltigen deutschen Druck standzuhalten.

Trotz anhaltenden örtlichen Widerstandes, der ebenso verzweifelt wie zwecklos war, brach die französische Front zusammen, und die Franzosen mußten das Gebiet entlang der Oise und Sambre freigeben. Das wirkte sich insofern katastrophal aus, als gerade dort die Verbindungslinien der französischen Armeegruppe Nr. 1 verliefen. Den gesamten alliierten Streitkräften in Belgien drohte nun Gefahr, von hinten aufgerollt zu werden. Die deutsche Falle war genial angelegt.

Nach den ersten alliierten Rückschlägen und der Kapitulation der belgischen Armee am 28. Mai 1940 hatten die Briten kein Vertrauen mehr in das französische Oberkommando und beschlossen, ihr Expeditionskorps unter General Gort in die Gegend von Dünkirchen zurückzuziehen.

(Photo Archiv Rencontre)

Aber auch die Heeresgruppe des Generals von Bock war nicht minder erfolgreich. Am 14. Mai war die 9. Panzerdivision bis nach Rotterdam vorgestoßen. Dem Angriff war eine heftige Bombardierung der Altstadt vorausgegangen — es hatte mehr als 1000 Tote und das Vierfache an Verletzten gegeben. Die Lage der Niederländer war verzweifelt. Am Abend des 13. Mai hatte Königin Wilhelmine* Den Haag verlassen und war mit ihrer Regierung nach London geflohen, entschlossen, von dort aus den Kampf in anderer Weise weiterzuführen. Daraufhin wurde der niederländische Oberbefehlshaber beauftragt, mit Wirkung vom 15. Mai die Waffen zu strecken.

Dank der Strategie Hitlers wurde innerhalb von einer Woche ein Blitzsieg errungen. Als die deutsche Armee am 16. Mai an der Aisne stand, befahl das französische Oberkommando den allgemeinen Rückzug.

In der Hoffnung, die Katastrophe doch noch aufhalten zu können, übernahm Paul Reynaud selbst das Kriegsministerium und ersetzte am 19. Mai den bisherigen Oberbefehlshaber Gamelin durch General Weygand. Doch auch er konnte den deutschen Vormarsch nicht bremsen. Am 20. Mai war nach Péronne und Cambrai auch Abbeville eingeschlossen worden. Indem die Wehrmacht schließlich den »Sichelschnitt«, der die alliierten Armeen von Belgien abtrennte, vollführte, hatte sie den Ärmelkanal erreicht. General Weygand, der aus Syrien herbeigeeilt war, sah die einzige Möglichkeit in einem Wettrennen mit der Zeit. Er mußte versuchen, die deutschen Verbindungslinien zu durchbrechen, bevor sie sich gefestigt hatten. Nur so hätte die alliierte Nordarmee vor der Einkesselung bewahrt werden können. Aber der alliierte Angriff vom 22. und 23. Mai zwischen Cambrai und Arras scheiterte aus Mangel an beweglichen Einheiten.

Unter der Führung Admiral Ramseys lief vom 27. Mai bis zum 4. Juni die Operation »Dynamo« ab, in deren Verlauf mehr als 220 000 britische Soldaten und fast 120 000 Franzosen aus dem Kessel von Dünkirchen evakuiert wurden. Nationalbibliothek, Paris.

Dünkirchen

Die Engländer mit ihrem Sinn für Realität ahnten das schwere Mißgeschick, das über sie hereinbrechen sollte. Sie verzichteten darauf, die Schlacht auf dem Kontinent weiterzuführen, und versuchten, ihre Truppen über den Kanal zurückzuführen. Die alliierte Nordarmee verließ Lille und Boulogne und zog sich nach Dünkirchen zurück. Am Ende ihrer Widerstandskraft angelangt, kapitulierte die belgische Armee am 28. Mai 1940 bedingungslos. König Leopold III.* blieb in seinem Lande und beendete den Kampf mit Würde. In Dünkirchen begann nun eine verzweifelte Truppenevakuierung. Tausende von Soldaten drängten sich auf Schiffen, Jachten, kleinen Booten und Fischerkähnen, während die Luftwaffe die Stadt unter Beschuß nahm, die Schiffe torpedierte und der Royal Air Force erbitterte Kämpfe lieferte. Trotz schwerer Verluste gelang die Operation. Am 3. Juni hatten 340 000 Soldaten, darunter 115 000 Franzosen, Dünkirchen über die See nach England verlassen. Am Tage darauf besetzten die Deutschen eine in Trümmern liegende Stadt und machten 40 000 Gefangene.

Nach der Besetzung ganz Nordfrankreichs warf die Wehrmacht am 5. Juni ihre Kräfte gegen die französischen Armeen im Süden des Landes. Trotz mutiger Verteidigung konnten sie den deutschen Vormarsch nicht aufhalten; die französischen Truppen waren zahlenmäßig weit unterlegen. Während die Heeresgruppe B unter General von Bock sich über die Normandie und die Bretagne bis zur Loire hin erstreckte, nahm von Rundstedt Reims und überschritt die Marne. Als der Sieger feststand, erklärte am 10. Juni auch Mussolini England und Frankreich den Krieg. Die französische Regierung ließ sich in Tours nieder, und Paris wurde zur offenen Stadt erklärt.

Der Aufruf vom 18. Juni

Wieder hatte eine große Fluchtbewegung begonnen. Unübersehbare Flüchtlingstrecks zogen nach Süden. Auf dem schnellsten Wege verließ die französische Regierung Tours und ging nach Bordeaux. Hier brachen offen die Zwistigkeiten zwischen denen aus, die, wie Paul Reynaud, den Kampf von Nordafrika aus fortzusetzen wünschten, und den Anhängern eines Waffenstillstands. Als letztere die Überzahl hatten, legte Reynaud am 16. Juni sein Amt nieder, um dem greisen Marschall Pétain Platz zu machen, der am folgenden Tag dem französischen Volk verkündete: »Mit gebrochenem Herzen setze ich Sie von der Notwen-

(Photo Presseagentur Novosti)

digkeit in Kenntnis, den Kampf einzustellen.« Am selben Tag brachte ein Flugzeug General de Gaulle nach England. Am 18. Juni sandte der ehemalige Unterstaatssekretär im Kriegsministerium von London aus seinen berühmten Aufruf an die Franzosen, den Kampf gegen die Deutschen unter allen Umständen fortzuführen. Das besiegte und demoralisierte Frankreich bereitete sich indessen langsam darauf vor, die von Deutschland auferlegten harten Waffenstillstandsbedingungen zu unterschreiben: Die Armee wurde auf 100 000 Mann beschränkt, Frankreich selbst in eine besetzte und in eine freie Zone, wo die Regierung ihren Sitz haben sollte, geteilt. Die 1,9 Millionen Gefangenen wurden in Deutschland interniert, während die Besatzungskosten der weiteren Entscheidung des Siegers anheimstanden.

General Huntziger unterzeichnete den Waffenstillstandsvertrag am 22. Juni 1940 im Wald von Compiègne, im selben Salonwagen, in dem Foch 1918 Deutschland seine Bedingungen aufgezwungen hatte. Nach einem feierlichen Akt, ähnlich dem von Rom zwei Tage danach, nahmen die Feindseligkeiten am 25. Juni 1940 um 0.35 Uhr ein Ende. Am 10. Juli erhielt Pétain in Vichy* ausgedehnte Machtbefugnisse über Kammer und Senat. England war im Kampf allein. Es brach sofort die diplomatischen Beziehungen zum Frankreich der Vichy-Regierung ab. In der Furcht, die französische Flotte könnte auch nur einen Tag von Deutschland benutzt werden, hatte Churchill am 14. Juni persönlich die Zerstörung der vor Mers el-Kébir*, in der Nähe von Oran ankernden französischen Kriegsschiffe befohlen. Diese ganze unnütze Maßnahme steigerte den Zorn der französischen Marine auf Großbritannien.

Die Schlacht um England

England erwartete die Invasion. Mehr als eine Million Freiwillige traten in die »Home Guard« ein, um ihre Insel zu verteidigen. Diese Opferbereitschaft des Volkes wurde von intensiven militärischen Vorbereitungen begleitet. Lord Beaverbrook*, Minister für Flugentwicklung, war mit Churchill einer Meinung, daß die Sicherheit Englands vor allem von der Überlegenheit der Royal Air Force über die deutsche Luftwaffe abhänge. Das Land, übersät mit Flugplätzen, im Besitz einer mächtigen Luftabwehr, errichtete eine

General Keitel (links) verliest am 21. Juni vor der französischen Delegation den deutschen Text der Waffenstillstandsbedingungen im selben Eisenbahnwaggon, in dem 1918 Marschall Foch im Wald bei Compiègne den deutschen Bevollmächtigten seine Bedingungen aufgezwungen hatte. Neben Keitel Hitler (im Profil) und Göring, mit weißer Mütze.

Großbritannien war allein, als es beschloß, im Vertrauen auf seinen Premierminister Winston Churchill den Kampf unbeirrt fortzusetzen. Bildete doch der Ärmelkanal die wirksamste Panzersperre; die Royal Air Force, verstärkt durch alliierte Freiwillige und Hilfstruppen der Dominions, konnte als ebenbürtiger Gegner der Luftwaffe entgegentreten. Die englische Bevölkerung lernte jedoch im Laufe des Sommers die Schrecken des »Blitzes« kennen (unten). Sie überstand die Angriffe mit Mut und Entschlossenheit.

(Photo Archiv Rencontre)

Schutzwehr aus Jagdflugzeugen der Typen »Hurricane« und »Spitfire«. Nachdem Hitler am 19. Juni vergebens vorgeschlagen hatte, dem Kampf ein Ende zu setzen, versuchte er zunächst, sich die Luftherrschaft zu sichern. Der Invasionsplan »Seelöwe«* sollte nur Improvisation bleiben.

Die Bomber Görings starteten von ihren Stützpunkten mit dem Auftrag, die englischen Flugplätze und die industriellen Anlagen der englischen Luftfahrt und Air Force zu zerstören. Aber da Großbritannien zu dieser Zeit als einziges Land bereits über Radar verfügte, konnte es den Anflug deutscher Verbände frühzeitig erkennen und deren Angriffe zurückschlagen. Außerdem konnten sich die »Messerschmitts« mit ihrem beschränkten Aktionsradius nur kurze Kämpfe mit den englischen Jägern leisten. Vor dem endgültigen Scheitern dieser Angriffe ließ Hitler vom 24. August 1940 an alle größeren englischen Städte systematisch bombardieren. London, dessen östliche Stadtteile schwer getroffen wurden, sah sich fast täglichen Angriffen ausgesetzt. Doch die Entschlossenheit der Briten, den Kampf durchzustehen, konnte trotz der heftigen Angriffe ab Anfang September nicht gebrochen werden. »Dieses Finale gewinnen wir«, sagten die Engländer mit Galgenhumor, »denn wir spielen auf eigenem Platz.« Die Deutschen verloren tatsächlich eine beträchtliche Anzahl von Flugzeugen: Allein 1733 Maschinen — gegenüber nur 915 britischen Flugzeugen — zwischen dem 10. Juli und dem 31. Oktober 1940. Hitler

Während Marschall Pétain unter dem Einfluß von Pierre Laval am 24. Oktober 1940 in Montoire mit Hitler zusammentraf (links oben; Nationalbibliothek, Paris), gründete General de Gaulle (rechts) die Bewegung des Freien Frankreich, die er durch seine Rundfunkerklärung über die BBC am 18. Juni bekanntgab. Es gelang ihm, sich der französischen Gebiete im Pazifik, der Handelsniederlassungen Indiens, der Gebiete Äquatorialafrikas und einiger Tausend Freiwilliger aus dem Mutterland oder den Kolonien zu versichern. Der Führer des Freien Frankreich mustert an der Seite von Oberst Leclerc (später General) eine Schützenabteilung aus dem Tschad (unten).

sah seine Hoffnungen auf eine Truppenlandung in England, trotz der erfolgreichen U-Boot-Aktionen des Admirals Dönitz*, mehr und mehr schwinden. Für London, das der Zufluchtsort der Souveräne und Regierungen des freien Europa geworden war, blieb der Winter 1940/41 doch noch beängstigend genug. Amerika mit seiner wohlwollenden Neutralität war weit, und das Gefühl des Alleingelassenseins der Briten steigerte sich noch durch die feindselige Haltung des französischen Regimes in Vichy.

Das Frankreich Vichys . . .
und die Exilregierung in London

Kaum war der Waffenstillstand zwischen Frankreich und Deutschland unterzeichnet, als der deutsche Botschafter, Otto Abetz*, mit Laval, dem starken Mann in Vichy, eine neue Politik einleitete — die sogenannte Kollaborationspolitik. Am 24. Oktober 1940 wurde sie durch das Treffen Hitlers und Pétains in Montoire* näher bestimmt. Der alte Marschall, der für Laval keinerlei

(Photo Filmdienst der französischen Armee)

Sympathien hegte, war vorsichtig genug, sich nicht festzulegen, sprach aber das Wort »Kollaboration« aus, das nun die Schmeichler der Achsenmächte für ihre Zwecke ausbeuteten. Da Pétain mit einiger Unruhe den wachsenden Einfluß seines Vizepräsidenten Laval auf das Land, das dem äußeren Druck nachzugeben drohte, wahrnahm, ließ er ihn am 13. Dezember gefangennehmen und durch den Admiral Darlan* ersetzen.

Am Vorabend der Zusammenkunft von Montoire hatte Hitler während seines Gesprächs mit Franco in Hendaye* eine herbe Enttäuschung hinnehmen müssen. Der Caudillo hatte tatsächlich die Zerstörungen des Bürgerkrieges vorgeschoben, um die Neutralität Spaniens zu bewahren. Aber auch Vichy, wo gewisse Elemente es verstanden, ein doppeltes Spiel zu treiben, lehnte trotz der Affären von Mers el-Kébir und Dakar* sowie der Verbindung Äquatorialafrikas mit dem Freien Frankreich* jeden Gedanken an den Kriegseintritt gegen England ab. Die von Regierungskreisen gelenkte »nationale Revolution« unterschied sich indessen ziemlich stark von den Auffassungen der extremistischen Kollaborateure, wie Doriot* in Paris oder Déat* in der besetzten Zone Frankreichs. Obwohl die Kommunisten wegen des deutsch-sowjetischen Paktes »Neutralität« wahrten, begann sich die Résistance* gegen die deutsche Besatzung zu organisieren, aber sie hatte vorerst keine Bedeutung. General de Gaulle verfolgte in London, auf sich allein gestellt und ohne größere Mittel, hartnäkkig den weiteren Kampf: Mehrere tausend Franzosen wurden zu den »Forces françaises libres«, den freien französischen Streitkräften, zusammengefaßt, um für die Wiedergewinnung des Landes und des Kolonialreiches zu kämpfen. So fanden sich die Gebiete des Tschad am 26. August 1940, Kamerun am 27. August und Ubangi sowie der Mittel-Kongo* unter französischer Herrschaft wieder zusammen. Ozeanien folgte diesem Beispiel am 2. September, die Handelsniederlassungen in Indien am 9. desselben Monats. Eine kurze militärische Intervention im November fügte auch Gabun dieser Liste hinzu. Die Einheit Äquatorialafrikas war wiederhergestellt. Von

(Photo Robert Capa–Magnum)

nun an brachten die »freien« Franzosen den Italienern in ihrer nordafrikanischen Kolonie Libyen die ersten Niederlagen bei.

Die Mißerfolge Italiens

Ohne nach der Meinung ihres deutschen Verbündeten zu fragen, folgten die Italiener auf zwei verschiedenen Kriegsschauplätzen ihren eigenen Eroberungsgelüsten: in Griechenland und in Nordafrika. Am 28. Oktober 1940 fielen italienische Truppen in Griechenland ein. Aber unter der

Einhundertneunundzwanzig Jahre nach der Großen Armee Napoleons drang die deutsche Wehrmacht in Rußland ein.
Hitler glaubte, dank der materiellen, technischen und zahlenmäßigen Überlegenheit seiner Divisionen den Erfolg herbeizwingen zu können, der dem französischen Kaiser versagt geblieben war.
Er glaubte, daß die offensichtliche Schwäche der sowjetischen Armee sein Unternehmen erleichtern würde.
Die ersten siegreichen Schlachten an der Ostfront schienen ihm Recht zu geben.

Führung der Generäle Metaxas* und Papagos* wurden rasche Verteidigungsmaßnahmen getroffen, und im folgenden Monat mußten sich die italienischen Truppen nach Albanien zurückziehen. Am 11. November wurde ein italienisches Flottengeschwader, das sich im Golf von Tarent befand, von wiederholten Streifzügen der RAF dezimiert. Am 9. Dezember 1940 ließ sich in Libyen die schlecht bewaffnete Armee des Generals Graziani* überraschen. In einem taktisch unklug geführten Treffen unterlag sie den englischen, australischen und indischen Truppen unter Wavell* im westlichen Ägypten. Die Reste der italienischen Armee, die sich nach Bardia* flüchten konnten, erlagen im Januar 1941 einem siegreichen Angriff australischer Divisionen. Tobruk kapitulierte und mußte den Alliierten 25 000 Gefangene ausliefern. Die Italiener hatten die gesamte Cyrenaika verloren; sie behielten nur Tripolitanien. Die Briten, die während ihres Blitzvorstoßes fast 150 000 Gefangene gemacht hatten, bezogen in El Agheila* Stellung.

Hitlers Intervention im Mittelmeer

Wegen der ständigen Niederlagen seines Verbündeten mußte Hitler, der schon seit dem vergangenen Sommer den Rußlandfeldzug vorbereitete, seine Pläne verschieben. In Ungarn, Rumänien und Bulgarien, die sich gerade dem am 27. September 1940 zwischen Deutschland, Italien und Japan unterzeichneten Dreierpakt angeschlossen hatten, wurden starke deutsche Truppenverbände zusammengezogen. Von Hitler genötigt, trat auch die jugoslawische Regierung am 25. März 1941 dem Pakt bei. Doch die Ablehnung dieses Schrittes in allen Schichten der Bevölkerung war so groß, daß der junge König Peter II.* am übernächsten Tag mit Unterstützung treuer Offiziere selbst die Macht übernahm. Hitler entschloß sich sofort, Jugoslawien zu zerschlagen. Als die deutsche Offensive am 6. April begann, verfügte Jugoslawien nur über wenige schlecht ausgerüstete Divisionen. Innerhalb von zwölf Tagen war das Land besiegt. Die deutschen Truppen drangen nun über Makedonien und Bulgarien auch in Griechenland ein; Saloniki und Athen wurden genommen. Wieder war den Panzern der entscheidende Durchbruch gelungen. Während die britischen Soldaten, die Churchill aus Libyen abgezogen hatte, in aller Eile nach Kreta übersetzten, hißten die Deutschen ihre Flagge auf der Akropolis. Am 20. Mai bombardierte die Luftwaffe englische Flotteneinheiten, die in den Häfen von Kreta vor Anker lagen, und setzte auf allen strategischen Punkten der Insel Fallschirmjäger ab. Ein neuseeländisches Truppenkontingent leistete bis zum 31. Mai erbitterten Widerstand und fügte dem Angreifer schwere Verluste zu.

Hitler hatte inzwischen den General Erwin Rommel mit der Führung des Nordafrikafeldzuges betraut. Im März 1941 begann Rommel mit noch verhältnismäßig schwachen Kräften einen Überraschungsangriff gegen Tripolitanien, das Churchill in Verkennung der Lage nur von einer Brigade hatte sichern lassen. Rommel nahm El Agheila, Benghasi und die Mehrzahl der britischen Stellungen in der Cyrenaika und zwang die Engländer, sich in Tobruk einzuschließen. Nun erst konnte Hitler an die Durchführung von »Fall Barbarossa«* denken.

22. Juni 1941 — Fall »Barbarossa«

Bereits in seinem Buch »Mein Kampf« hatte Hitler den Gedanken ausgesprochen, in Rußland einzudringen, um im Osten neuen »Lebensraum« zu sichern. Darüber hinaus beunruhigte ihn die Nachbarschaft eines kommunistischen Landes. Der Abbruch der Luftschlacht um England und das Scheitern der Verhandlungen mit Franco beschleunigten Hitlers Angriffspläne.

Im Verlauf des Sommers 1941 hatte Hitler seinen Einfluß auf ganz Osteuropa ausgedehnt. Rumänien, das sich dem Dreimächtepakt unter der Herrschaft des Generals Antonescu* angeschlossen hatte, mußte dennoch an Bulgarien die Süddobrudscha und an Ungarn den Norden Siebenbürgens abtreten. Unter dem Vorwand, die Erdölfelder schützen zu müssen, wurden

(Photo Archiv Rencontre)

deutsche Truppen in Bukarest stationiert. Die Sowjets, über das deutsche Vordringen auf dem Balkan wenig erbaut, ließen die Beziehungen zu Deutschland einfrieren. Bereits im Dezember 1940 hatte das OKW an die Chefs der einzelnen Heeresgruppen die Rahmenbefehle für den Fall »Barbarossa« erteilt. Die Ereignisse auf dem Balkan hatten den Zeitplan um fünf Wochen zurückgeworfen.

Im Morgengrauen des 22. Juni lief zur völligen Überraschung Stalins, der trotz der vielfältigen Berichte und Warnungen die kolossalen Vorbereitungen nicht ernst genommen hatte, die große deutsche Offensive an. Etwa 180 deutsche, rumänische, ungarische und finnische Divisionen, zusammen mehr als 3 Millionen Soldaten, 2700 Flugzeuge und 3500 Panzer warfen sich in einen Kampf auf Leben und Tod. Der »Drang nach Osten«, der jahrhundertealte Konflikt zwischen Germanen und Slawen, lebte wieder auf.

Blitzkrieg im Osten

Die Heeresgruppe Nord unter Generalfeldmarschall Ritter von Leeb* rückte gegen die Armeen Woroschilows vor, ohne auf nennenswerten Widerstand zu stoßen. Riga wurde erreicht, und nach der Vernichtung einer sowjetischen Armee nahe des Ilmensees* auch Nowgorod. Im September begann die Belagerung Leningrads.

Die Heeresgruppe Mitte unter Generalfeldmarschall von Bock, mit der Panzergruppe Guderian voraus, nahm Brest-Litowsk, Minsk und am 16. Juli Smolensk. Es wurden fast eine halbe Million Gefangene gemacht. Nach schwierigerem Vormarsch schloß die Heeresgruppe Süd unter Generalfeldmarschall von Rundstedt die

(Photo Archiv Rencontre)

Das Unternehmen »Fall Barbarossa« wurde wegen der Intervention auf dem Balkan fünf Wochen nach dem ursprüng-
So folgte im November auf Regen und Schlamm eine Kältewelle, die den deutschen Vormarsch aufhielt und den
Rechts: Gefechtsszene westlich von Moskau, von den sowjetischen Stellungen aus gesehen.

Armeen Marschall Budjennys ein. Auf Befehl Hitlers stießen die Panzerverbände Guderians zur Heeresgruppe Süd. Mit ihrer Unterstützung wurden im Kessel von Kiew Mitte September fast 650 000 russische Soldaten gefangengenommen. Odessa fiel am 16. Oktober nach zweimonatiger Belagerung, das Donezbecken am 20., Charkow am 24. Die Schlacht um die Ukraine war beendet. Den Deutschen fielen gewaltige Vorräte und Rohstoffe — Getreide, Mangan, Eisen usw. — in die Hände.

An allen Frontabschnitten zeichneten sich russische Niederlagen ab. Die Sowjets konnten indessen Teile ihrer Industrieanlagen dadurch retten, daß sie die Fabriken demontierten und sie Teil für Teil per Eisenbahn in den Ural transportierten, um sie dort wieder aufzubauen.

(Photo Presseagentur Novosti)

Der Vormarsch nach Moskau

Die Zeit drängte, da der Feldzug später als vorgesehen begonnen hatte. Der schreckliche russische Winter, der schon über die Napoleonischen Armeen gesiegt hatte, stand unmittelbar bevor; überdies war im Oktober eine englisch-amerikanische Delegation in Moskau eingetroffen und hatte Stalin eine unbegrenzte Hilfe an Kriegsmaterial versprochen. Der Führer der Heeresgruppe Mitte, von Bock, erhielt von Hitler sofort den Befehl, die Offensive fortzusetzen und Moskau zu nehmen, bevor die russische Armee sich von den ersten Schlägen erholt hatte.

So wurden die deutschen Divisionen schwerpunktmäßig im Mittelabschnitt konzentriert. Die Nordarmee begnügte sich damit, Leningrad zu belagern. Am 2. Oktober griff die Panzergruppe Guderian die sich ihr entgegenstellenden Verbände der Roten Armee nach erprobter Taktik an: Durchführung eines frontalen Scheinangriffs, dann Umfassungsmanöver und Einkesselung. Wiederum sollte sich dieses Konzept glänzend bewähren. Am 8. Oktober wurde die russische Front trotz erbitterten Widerstandes zuerst in Brjansk*, dann in Wjasma aufgerollt.

Nach dieser neuen Niederlage ersetzte Stalin Timoschenko* durch General Schukow*, der sogleich die Verteidigung in der

lich vorgesehenen Datum (15. Mai) doch noch ausgeführt. Die verlorene Zeit ließ sich indessen nicht mehr einholen. Sowjets Gelegenheit gab, ihren Gegenangriff vorzubereiten. Links: Die heldenhafte Verteidigung Leningrads.

(Photo Presseagentur Novosti)

bewaldeten und sumpfigen Gegend um Kalinin* und im Westen der Hauptstadt um Moschaisk aufbaute.

Scheitern vor Moskau

Im Süden war von Rundstedt bis nach Rostow am Don vorgedrungen. Aber der Herbstregen stoppte seinen Vormarsch. Die Fahrzeuge versanken im Schlamm, die Nachschubkolonnen blieben stecken, die Soldaten waren erschöpft. Hinzu kamen die verdoppelten Anstrengungen der Partisanen, die schon die rückwärtigen Verbindungen sabotierten und sowohl die kämpfende Truppe als auch die Etappe beunruhigten.

Am 20. November setzte vor Moskau eine erste Kältewelle ein, begleitet von heftigen Schneestürmen, die die Divisionen von Kluges* und Guderians zur Unbeweglichkeit verdammten. Hitler hatte mit einem Winterfeldzug nicht mehr gerechnet. Die Soldaten, denen warme Bekleidung und Lebensmittel fehlten, erlitten zu Tausenden Erfrierungen. Auch das Material hatte unerwartet stark gelitten. Die Spitzen der Armeen standen nur noch 40 Kilometer vor Moskau und hatten im Süden bereits Tula erreicht. Dann starteten am 6. Dezember die Sowjets ihre erste Gegenoffensive. Vor den sibirischen Truppen Schukows, die vorzüglich gegen die mörderische Kälte ausgerüstet waren, mußte die Front um mehr als 100 Kilometer zurückgenommen werden. Am 5. Januar wurde ein deutsches Armeekorps bei Demjansk* eingeschlossen. Hitler war wütend, ließ mehrere Generäle, darunter so verdienstvolle wie von Brauchitsch*, Hoepner* und Guderian, die er für diese Niederlage verantwortlich machte, durch andere ersetzen und schickte von der Westfront abgezogene Verstärkungen nach Rußland. Während des ganzen Winters folgten erbitterte Kämpfe um Leningrad, am Wolchow*, um Cholm*, Welikije Luki* und Staraja Russa*, wo sich die Front festlief. Den sowjetischen Armeen gelang es nicht, die Dezembererfolge zu wiederholen. Die Wehrmacht hatte fast eine halbe Million Soldaten und einen großen Teil ihrer Panzer verloren. Sie wurde bis zu 150 Kilometer zurückgeworfen. An keinem Frontabschnitt konnte der Traum von einer entscheidenden siegreichen Schlacht Wirklichkeit werden.

Japans große Stunde

Die Dreierallianz, Deutschland, Italien und Japan, erstrebte die Teilung der Welt.

Japans imperialistische Absichten waren nicht neu, und es zog aus der französischen Niederlage vom Juni 1940 insofern Vorteil, als es Indochina besetzte. Mit dem Sieg der militaristischen Partei und mit dem Amtsantritt des Generals Tojo* als Ministerpräsident am 16. Oktober 1941 traten die expansionistischen Ziele Japans offen zutage. Die Armee Nippons, die über die modernste Flotte der Welt verfügte, sollte sich

Unten: Im Morgengrauen des 7. Dezember 1941 griffen japanische Torpedoflugzeuge den Stützpunkt Pearl Harbor an; Abwurf von Torpedos auf die acht im Hafen liegenden amerikanischen Schlachtschiffe. Japanische Luftaufnahme.

(Photo USIS)

mit einem Male der wohlhabendsten Gebiete Asiens — Hongkong, Malaya, Birma, Philippinen, Sumatra*, Java, Borneo — bemächtigten. Aber vorher war es nötig, den gefährlichsten Feind, die amerikanische Flotte im Pazifik, zu vernichten.

Wenn sich die Vereinigten Staaten noch zu Beginn des Krieges als überzeugte Anhänger der Neutralität gezeigt hatten, so war eine solche Einstellung im Jahr 1941 weitgehend geschwunden. Die zweite Wiederwahl Roosevelts und das am 11. März 1941 vom Kongreß verabschiedete Leih- und Pachtgesetz veränderte die Situation vollständig. Dieses Gesetz bevollmächtigte den Präsidenten, nach eigenem Ermessen die Staaten mit Kriegs- und Versorgungsgütern günstig zu beliefern, deren Verteidigung als für die Vereinigten Staaten lebensnotwendig betrachtet wurde. Die Soforthilfe, die vor allem England und Rußland erhielten, die Unterschriften von Roosevelt und Churchill unter die Atlantik-Charta vom 8. August 1941, in der die Kriegsziele dargelegt wurden, das amerikanische Erdölembargo gegen Japan und die Bedingungen, die ihnen für eine Wiederaufnahme der Handelsbeziehungen gestellt worden waren (Räumung Chinas und Indochinas, Anerkennung Tschiang Kai-schecks, Bruch des Dreierpaktes), brachten den Generalstab Japans dazu, für Ende des Jahres 1941 eine großangelegte Offensive zu starten.

Pearl Harbor

Der Angriff auf den amerikanischen Flottenstützpunkt Pearl Harbor auf den Hawaii-Inseln war von dem japanischen Admiral Yamamoto* bis ins kleinste vorberei-

(Photo Magnum)

Links: Präsident Roosevelt, der im November 1940 wiedergewählt worden war und an der Seite Englands in den Krieg einzutreten wünschte, vermochte durch den Schock dieses Angriffs die gesamte amerikanische Nation zu vereinen und zu einer Kriegsanstrengung ohnegleichen zu bewegen.

Unten: Der Stützpunkt Pearl Harbor nach dem Angriff. Am linken Hafenkai brennt der Kreuzer »Helena«.

(Photo USIS)

tet — 6 Flugzeugträger, begleitet von 2 Schlachtschiffen, 3 Kreuzern, 9 Zerstörern, 8 Troßschiffen und einer Anzahl von U-Booten unter dem Kommando von Vizeadmiral Nagumo*, der über 353 Trägerflugzeuge verschiedener Typen verfügte, liefen unbemerkt von den Kurilen-Inseln in Richtung Pearl Harbor. Am 7. Dezember um 7.55 Uhr Ortszeit bombardierte die erste Flugzeugstaffel die amerikanische Flotte und die Flughäfen; zwei weitere Angriffswellen folgten, und eine Stunde später waren zahlreiche Kreuzer, Zerstörer und kleinere Schiffe versenkt oder außer Gefecht gesetzt. Die Japaner hatten nur 29 Flugzeuge verloren. Aber wenn man die Bilanz des Schreckens zieht, war Pearl Harbor doch nur ein Pyrrhussieg für Japan, denn keiner der vier schweren Flugzeugträger der amerikanischen Pazifikflotte befand sich zur Zeit des Angriffs in den Gewässern von Hawaii.

Der amerikanische Kongreß entschied sich sofort für die Kriegserklärung an Japan; England zog noch am gleichen Tage nach. Am 11. Dezember begingen Deutschland und Italien den verhängnisvollen Schritt, im Namen des Dreimächtepaktes an Amerika den Krieg zu erklären. Japan indessen blieb dem Vertrag, den es im April 1941 mit der Sowjetunion geschlossen hatte, treu und verharrte in seiner neutralen Haltung gegenüber der UdSSR.

In den nächsten Wochen nach dem Angriff auf Pearl Harbor eroberten die Japaner die amerikanischen Stützpunkte Wake* und Guam*. Am 20. Dezember begannen sie mit dem Angriff auf die Philippinen. General MacArthur* hatte für die Verteidigung der Inselgruppe nur eine Division leichte Infanterie mit einigen Flugzeugen aufgeboten und mußte sich in aller Eile auf den Stützpunkt Corregidor* auf der Halbinsel Bataan zurückziehen. Manila hatte er bereits am 2. Januar 1942 räumen müssen. Vier Monate lang leisteten seine Truppen erfolgreich Widerstand. Als Präsident Roosevelt den General am 10. März 1942 abberief, um ihm die Verteidigung des Südpazifiks zu übertragen, schwor er seinen Soldaten, zurückzukehren. Am 6. Mai kapitulierte Corregidor.

(Photo Archiv Rencontre)

Rommel (links) begründete sein hohes militärisches Ansehen durch die taktisch meisterhafte Führung seiner deutsch-italienischen Panzerverbände in Libyen. Die 15., 21., 90. und 164. motorisierte Division schweißte er durch seine Persönlichkeit zu einer kampferprobten, schlagkräftigen Armee zusammen (unten). Nationalbibliothek, Paris.

In diesen vier Monaten hatte sich der Vorstoß der Japaner blitzartig vollzogen. Zu Weihnachten 1941 war mit relativ geringen Streitkräften Hongkong und der Norden von Malaya genommen worden. Die Briten hatten sich zu sehr auf die Verteidigung Singapurs konzentriert. Diese Stadt war allerdings nur von der Meeresseite her befestigt; einem Angriff vom Lande her war sie ziemlich schutzlos ausgeliefert. Die Japaner hatten diese Schwäche längst erkannt und begannen ihren Angriff zunächst damit, die großen englischen Schlachtschiffe »Prince of Wales« und »Repulse«, die Churchill zur Verteidigung Singapurs geschickt hatte, mit Hilfe ihrer Torpedoflugzeuge auszuschalten. Erst nach der Besetzung ganz Malayas traten sie in der Nacht vom 8. auf den 9. Februar 1942 zum Sturmangriff auf die Insel Singapur vom Festland an. Tag und Nacht bombardiert, ohne Wasser und Lebensmittel, ergab sich die Stadt am 15. Februar.

Blitzkrieg in Südostasien

Malaya war noch nicht ganz erobert, als die Japaner bereits damit begannen, Borneo, Celebes, Bali, Timor und Sumatra, also ganz Niederländisch-Indien, in ihre Hand zu bekommen. Die schwachen britischen und holländischen Truppen waren auf der Insel Java zusammengezogen worden. Batavia fiel am 5. März, und knapp eine Woche später kapitulierte die ganze Insel. Das niederländische Kolonialreich existierte nicht mehr.

Gleichzeitig bemächtigten sich die Japaner Ranguns und Birmas. Der Zugang nach Indien stand ihnen damit offen. Tokio beging einen verhängnisvollen Fehler, als es davon absah, mit Ausnahme eines Trägerangriffs auf Ceylon, zum Herzen des britischen Empires vorzustoßen. Der größte Teil Asiens war erobert. Innerhalb der nächsten vier Monate beherrschte Japan nach nur unbedeutenden Verlusten den ganzen asiatischen Südosten.

Rommels Sieg von Tobruk

Obwohl die Briten Äthiopien im Mai 1941 zurückerobern und Tobruk am 8. Dezem-

Churchill (rechts), hier an der Seite des neuseeländischen Generals Freyberg, schickte seine besten Truppen nach Ägypten. Auf seine Anregung hin wurde die britische Nilarmee zur 8. Armee. Sie gab den Streitkräften der Achsenmächte Schlag für Schlag zurück (unten).

(Photo Archiv Rencontre)

ber entsetzen konnten, war ihre Lage in Afrika ebenso bedenklich wie in Asien. Das britische Oberkommando hatte daraufhin seine Truppen um El Gazala* an der Küste und längs der Straßen im Landesinneren zusammengezogen und überließ der ersten freifranzösischen Brigade unter General Kœnig* die Sorge um die Verteidigung von Bir Hakeim*. Rommel sah seine Chance in einem kühnen Plan. Anstatt El Gazala frontal anzugreifen, wo ihn Engländer und Südafrikaner erwarteten, warf er sich am 27. Mai mit seinen Divisionen auf Bir Hakeim. Ein Teil des Afrikakorps sollte den französischen Truppen den Rückzug abschneiden, ein anderer ein Umfassungsmanöver durchführen, dann auf Tobruk zurückgehen, um die britische Armee von der Flanke her und im Rücken anzugreifen. Dieser zweite Teil der Operation gelang vollkommen. Die englischen Entlastungsangriffe waren zwecklos und weitläufig, konnten aber doch fast ein Drittel der deutschen Panzer ausschalten.

In Bir Hakeim stieß Rommel auf heftigen Widerstand der Franzosen, der erst am 10. Juni gebrochen werden konnte. Dann ging Rommel sofort zur Belagerung Tobruks über. Nach einer 48stündigen ununterbrochenen Bombardierung ergab sich die Besatzung am 22. Juni. Dieser aufsehenerregende Sieg brachte Rommel die Beförderung zum Generalfeldmarschall ein. Doch schon hatte er seine nächsten Angriffsziele festgelegt: Alexandria und Ägypten, wohin sich die britischen Kräfte zurückgezogen hatten.

Midway, Wendepunkt im Pazifikkrieg

Im Frühjahr 1942 markierten die Alliierten durch die Einnahme der von Japan besetzten Midway-Inseln den Wendepunkt des Krieges. Dort sollte die ununterbrochene Folge der japanischen Siege ein Ende nehmen. Die Umkehrung des Kräfteverhältnisses zeichnete sich ab. Den Anfang machte ein amerikanischer Trägerangriff auf die Marschall-Inseln und eine großangelegte U-Boot-Offensive des neuen Kommandanten der Pazifikflotte, Chester Nimitz*. Am 18. April flogen die Bomber des Flugzeugträgers »Hornet« den ersten Angriff auf Tokio.

(Photo Filmdienst der französischen Armee)

(Photo USIS)

Gleichzeitig hatten die Japaner in Neuguinea versucht, Port Moresby*, den letzten Stützpunkt vor Australien, vom Dschungel her einzunehmen. Die amerikanische Flotte hat das Unternehmen am 6. und am 7. Mai in der Seeschlacht im Korallenmeer verhindert. Admiral Yamamoto beschloß nun, um den Mittelpazifik weiter zu beherrschen, sich des Stützpunktes auf den Midway-Inseln zu bemächtigen. Die Amerikaner, denen es gelungen war, den japanischen Geheimcode zu entziffern, ließen die überlegene Flotte Yamamotos, die aus 4 Flugzeugträgern, 250 Flugzeugen und einem bedeutenden Begleitgeschwader bestand, abwehrbereit herankommen. Als am 4. Juni die Japaner den Kampf gegen das Atoll eröffneten, ließen die Flugzeugträger »Enterprise«, »Hornet« und »Yorktown«, die sich den Midway-Inseln vom Feinde unbemerkt genähert hatten, ihre Bomber aufsteigen. Innerhalb weniger Stunden waren vier der japanischen Flugzeugträger, die Pearl Harbor angegriffen hatten, sowie einige Schlachtschiffe und Kreuzer versenkt oder schwer beschädigt. Yamamoto gab dem Rest seiner Flotte den Befehl zum Abdrehen. Admiral Chester Nimitz blieb Herr des Pazifiks.

Am 7. August landeten amerikanische Marineinfanteristen auf Guadalcanal*, einer Insel der Salomonen, wo einige japanische Truppenverbände Stützpunkte eingerichtet hatten; die Schlacht dauerte ein halbes Jahr. In dieser Zeit lieferten sich die Flotten insgesamt sieben blutigen Gefechte ohne entscheidendes Ergebnis. Die Japaner, die in dieser langen Schlacht 15 000 Mann verloren hatten, verließen im Januar 1943 die Insel. Mit Guadalcanal errangen die Amerikaner ihren zweiten Sieg und waren der Wiedereroberung des gesamten Pazifiks einen großen Schritt näher gekommen.

El Alamein und die Landung der Alliierten in Nordafrika

Nach dem Verlust von Tobruk hatte Churchill wichtige Verstärkungen nach Ägypten geschickt. Montgomery* wurde zum Chef der dort stationierten 8. Armee ernannt. Im August wies er einen ersten Angriff Rommels gegen El Alamein* zurück, bis dann am 23. Oktober die Engländer die Offensive aufnahmen und es ihnen gelang, einen großen Teil der deutschen Panzerkräfte zu vernichten. Trotz dieser schweren Verluste harrte Rommel verbissen aus, aber der Mangel an Proviant, Munition und vor allem an Treibstoff machte sich bald bemerkbar. Am 2. November trat Montgomery zu einem erneuten Angriff an. Die

Links: Der japanische Angriff auf Pearl Harbor war in Wirklichkeit ein Pyrrhussieg, da die amerikanischen Flugzeugträger, die sich zur Zeit im Pazifik aufhielten, nicht ausgeschaltet werden konnten. Dank der gefürchteten Träger konnte General Nimitz im Frühjahr 1942 erfolgreich zum Gegenangriff übergehen.

Unten: Ebenso wie die Regierung von Vichy lag auch die französische Flotte zwischen zwei Feuern; am 27. November 1942 versenkte sie sich im Hafen von Toulon.

deutsch-italienische Front brach zusammen — Anfang des endgültigen Rückzuges nach Westen.

Um den Sowjets zu Hilfe zu kommen, führten die Alliierten zu diesem Zeitpunkt die Operation »Torch« durch, die von Churchill und Roosevelt befohlen und unter das Kommando General Eisenhowers* gestellt war. Die Landung alliierter Verbände begann am 8. November in Marokko und Algerien. Während Casablanca noch einige Zeit Widerstand leistete, kapitulierte Algier sofort. Angesichts dieser Ereignisse wechselte Admiral Darlan, der sich in Algier befand, aus dem Lager der Vichy-Regierung in das der Alliierten und gab der französischen Flotte in Toulon Befehl, nach Nordafrika auszulaufen. Die Flotte indessen blieb der Regierung des Marschalls treu. Erst als die Deutschen auch in das unbesetzte Frankreich einmarschierten und nach 16 Tagen den französischen Kriegshafen Toulon erreicht hatten, machte die Flottenbesatzung am 26. November ihre Schiffe selbst kampfunfähig. Einen Monat später wurde Darlan, der die französischen Überseebesitzungen wieder in den Krieg hatte eintreten lassen, ermordet. Sein Nachfolger als Hoher Kommissar des Kolonialrates in Algier wurde General Giraud. Die Amerikaner versuchten Giraud nun gegen de Gaulle auszuspielen, während deutsche Truppen inzwischen westlich von Tunis und Biserta Stellung bezogen hatten. Aber der einsetzende Winterregen hinderte die Alliierten daran, ihre letzte große Afrikaoffensive vor dem nächsten Frühjahr zu beginnen.

Die Schlacht um Stalingrad

Das Jahr 1942 sollte auch im Rußlandkrieg eine erste entscheidende Wendung bringen. Die Wehrmacht konnte weder im Nord- noch im Mittelabschnitt nennenswerten Gebietsgewinn erzielen. Deshalb wendete sich Hitler verstärkt der Südfront zu und

(Photo Archiv Rencontre)

(Photo Presseagentur Novosti)

gab für die geplante Sommeroffensive zwei Ziele an, um die Entscheidung zu erzwingen: die Eroberung der Krim und des Kaukasus. Neben der Kontrolle über die Wolga wollte er die Russen von ihren südkaukasischen Ölgebieten abschneiden. Im Mai eröffnete General Manstein die Offensive auf der Krim. Er nahm die Halbinsel Kertsch* und belagerte Sewastopol, das am 1./2. Juli erobert wurde.

Am 28. Juni war die Operation gegen den Kaukasus eingeleitet worden. Die schnellen Divisionen der Heeresgruppe A, unter Generalfeldmarschall List*, stießen bis über den Kuban* vor. Doch aus Treibstoffmangel sowie Nachschubschwierigkeiten an Proviant und Munition blieb die Offensive im einsetzenden Herbstregen stecken und mußte entlang der Schranke des Kaukasus und am Terek beendet werden. Tiflis und Baku blieben unerreichbar.

Gegen die Vorstöße an die Wolga hatte Hitler die Heeresgruppe B, Generaloberst von Weichs*, eingesetzt. Im August gelang es der 6. Armee unter General Paulus*, den Don zu überqueren und die Wolga, an der die Verteidigungsstellungen Tschuikows* entlangliefen, bei Stalingrad* zu erreichen.

Während des ganzen September und Oktober tobte die blutige Schlacht um Stalingrad in erbittertem Straßen- und Häuserkampf. Haus um Haus, Keller um Keller mußte freigekämpft werden. Schließlich gelang es den Deutschen, den größten Teil der Stadt einzunehmen. Am 19. November wurden die letzten Fabriken, Dserschinski und »Rote Barrikade«, besetzt. Die Sowjets entschlossen sich nun, in einer Großoffensive gegen die Nord- und Südflanke der deutschen Angriffskräfte vorzugehen, die von der 3. und der 4. rumänischen Armee gebildet wurden, um dann die 6. Armee des Generals Paulus einzuschließen. Die am 19. und am 20. November ausgelösten russischen Operationen verliefen rasch und erfolgreich. Die Front der Rumänen wurde durchstoßen, und hinter der 6. Armee schnappte eine tödliche Falle zu. General Manstein konnte die russische Front nicht mehr durchbrechen. Die Lage der über 280 000 Soldaten des Generals Paulus wurde von Tag zu Tag hoffnungsloser. Trotz des heldenhaften Einsatzes der Transportflieger der Luftwaffe gingen Tausende von Soldaten an Hunger, Kälte und der furchtbar wütenden Ruhr zugrunde. Entgegen den Befehlen Hitlers kapitulierte der eben zum Generalfeldmarschall beförderte Paulus am 31. Januar 1943.

Der 6. deutschen Armee unter General Paulus war es im Sommer 1942 gelungen, bis nach Stalingrad vorzudringen (links). Dort erlitt sie durch den sowjetischen Gegenangriff vom 19. und vom 20. November eine vernichtende Niederlage.

1943/44 — Wendepunkt des Krieges

Die Niederlage der deutschen Armee vor Stalingrad hatte dem Mythos ihrer Unbesiegbarkeit einen schweren Schlag versetzt. Außerdem verlor sie mit dem Jahr 1943 die Angriffsinitiative. Zu Beginn des Jahres richteten die U-Boote des Admirals Dönitz zwar noch beträchtlichen Schaden an, aber die amerikanischen Werften liefen auf Hochtouren, und bald überstieg die Zahl der neugefertigten Bruttoregistertonnen die der zerstörten. Hunderte der »Liberty Ships« (Freiheitsschiffe), begleitet von leichten Flugzeugträgern, überquerten bald unangefochten den Ozean.

Die Zahl der innerhalb der amerikanischen Luftwaffe Beschäftigten betrug fast zwei Millionen, eine Zahl, die es erlaubte, Deutschland immer stärkeren Luftangriffen

(Photo Presseagentur Novosti)

(Photo Presseagentur Novosti)

(Photo Presseagentur Novosti)

auszusetzen. Alle großen Städte, wie Berlin, Düsseldorf, Hamburg, Frankfurt, sowie die großen Industriezentren wurden pausenlos bombardiert. Mit der Erringung der Luftherrschaft über Deutschland gingen die Alliierten endgültig zur Offensive über.

Vom Januar bis zum Juli 1943 nahmen die russischen Angriffe um ein Vielfaches zu. Sie befreiten den Kaukasus, eroberten Rostow und Kursk* zurück. Hitlers Reaktionen äußerten sich in einem Angriffsbefehl, der den rechteckigen Fronteinbruch bei Kursk am 5. Juli bereinigen sollte. Der sowjetische Gegenstoß indessen war schwer und vernichtend. Die Armeen Rokossowskis* brachten den Angriff zum Stehen. Unter Verlust von Hunderten von Panzern, von 10 000 Gefallenen, Verletzten und Gefangenen, mußten sich die Deutschen am 13. Juli zurückziehen. Im August begannen die Armeen Rokossowskis, Konjews*, Malinowskis* und Tolbuchins*, unterstützt von Partisanen, die ihre Sabotageakte verdoppelten, ihren Vormarsch zum Dnjepr. Die Wiedereroberung Charkows am 23. August war der erste Schritt zur Befreiung der Ukraine. Kiew fiel im November.

Nachdem die Russen bereits zwei Monate vorher Smolensk wiedergewonnen hatten, war für Moskau selbst jede Gefahr beseitigt. Die Offensive wurde zu Beginn des Jahres 1944 wiederaufgenommen. Nach dem Entsatz Leningrads stand Estland ab

Links: Mit der Schlacht von Stalingrad begann der Rückzug der deutschen Armee, die als erstes den Norden des Kaukasus und die östliche Ukraine räumen mußte, wo sich den nachrückenden sowjetischen Truppen das traurige Schauspiel der »verbrannten Erde« bot.

Links unten: Die Reste der 6. Armee gehen in Gefangenschaft, Schicksal von mehr als 200 000 Mann, einer Handvoll von Generälen und des kurze Zeit vorher zum Generalfeldmarschall ernannten General Paulus.

Rechts oben: Die Truppen Rokossowskis und Jeromenkos übernehmen die heißumkämpfte Stadt.

Rechts unten: Vorbeimarsch sowjetischer Truppen in einer rumänischen Stadt im August 1944.

(Photo Presseagentur Novosti)

Januar 1944 offen. Im Süden wurde der deutsche Rückzug mit schweren Verlusten erkauft. Kriwoi Rog*, Sewastopol, Odessa, die ganze Krim mußten entgegen ausdrücklichen Führerbefehls verloren gegeben werden. Zum Ende des Frühjahrs drangen die Armeen Schukows im Rumänien ein. Im Mittelabschnitt hatten die Deutschen sich bemüht, Weißrußland zu halten, mußten aber der großen sowjetischen Junioffensive, in der fast 20 deutsche Divisionen vernichtet wurden, nachgeben. Im Juli 1944 war der Rußlandfeldzug praktisch zu Ende. Entmutigt, unzureichend versorgt, verließen die deutschen Truppen die letzten russischen Städte und zogen sich auf die Weichsellinie zurück. Allein das Baltikum konnte noch über längere Zeit gehalten werden.

Die Tragödie von Warschau

Am 31. Juli lagen die Russen bereits vor den Toren Warschaus. Mehr als jede andere Stadt hatte die polnische Metropole unter den Verwüstungen des Krieges gelitten. Am 23. Mai 1943 war der Gettoaufstand

(Photo Presseagentur Novosti)

Untenstehend: Im Sommer 1942 übernahm Montgomery in Nordafrika das Kommando über die 8. britische Armee vor El Alamein.

Rechts oben: Die alliierte Gegenoffensive vom Herbst 1942 führte im Mai 1943 zur Kapitulation der Achsenstreitkräfte in der Nähe von Tunis.

Rechts unten: Nach der Landung der englisch-amerikanischen Truppen in Nordafrika standen Roosevelt und Churchill auf der Konferenz von Casablanca im Januar 1943 vor dem heiklen Problem, zwischen den Generälen Giraud (links) und de Gaulle (rechts) wählen zu müssen.

im Blut erstickt worden. Von den ehemals 500 000 jüdischen Bewohnern waren ohnehin kaum noch 60 000 am Leben. Die übrigen waren in Konzentrationslagern oder an Hunger gestorben. Nach der Vernichtung dieser letzten Bewohner wurde das Warschauer Getto dem Erdboden gleichgemacht.

Obwohl die Russen zu Beginn des Krieges die östlichen Teile Polens besetzt und 1940 mehr als 4000 polnische Offiziere, deren Leichen man zum Teil erst drei Jahre später im Wald von Katyn* entdeckte, erschossen hatten, empfingen die Polen die Rote Armee doch als Befreierin. Am 1. August 1944 brach mit Zustimmung der polnischen Exilregierung in London der Aufstand in Warschau los. Stalin jedoch, der auf eine unabhängige, »bürgerliche« polnische Regierung keinen Wert legte, gab seinen Truppen den Befehl, für die Aufständischen keinen Finger zu rühren. Zwei Monate leisteten die Polen unter General Bór-Komorowski* heldenhaften Widerstand, waren aber durch die fehlende Unterstützung gezwungen, am 2. Oktober zu kapitulieren. Inzwischen hatten die Russen schon Rumänien und Bulgarien besetzt.

Mit der Verhaftung des Diktators Antonescu versuchte König Michael I.* von Rumänien seine Krone zu retten. Im September unterzeichnete er einen Waffenstillstandsvertrag mit Rußland; Finnland und wenig später Bulgarien folgten diesem Beispiel. Allein die verbündeten Ungarn, Kroaten und Slowaken standen noch unter Waffen.

Das Ende des Afrikakorps

Im Süden hatte sich ein Jahr vorher der Abfall Italiens abgezeichnet. Bevor die Alliierten die Eroberung Italiens in Angriff nehmen konnten, mußten die restlichen deutschen Truppen vom afrikanischen Boden vertrieben werden. Die im Januar 1943 durch die vom Tschad kommenden Kolonnen Leclercs* verstärkte Armee Montgomerys sollte Rommel angreifen und ihm Tripolitanien abnehmen, während die anderen englischen und amerikanischen Verbände ihre Offensive auf Tunesien richteten.

(Photo Archiv Rencontre)

Trotz schwacher Kräfte führte Rommel einen gewagten Plan aus. Am 23. Januar zog er sich von Tripolis nach Tunesien zurück, um zur Armee General von Arnims* zu stoßen und mit verstärkten Kräften im Westen anzugreifen. Die Amerikaner zogen sich im Februar bis auf Tébessa* zurück, doch der deutsche Erfolg war nur von kurzer Dauer. Vor dem Gegenangriff der Franzosen und Amerikaner mußte Rommel seine Offensive abbrechen. Er war auch nicht mehr in der Lage, dem Vormarsch Montgomerys im Süden Einhalt zu gebieten. Als Rommel im März einen Erholungsurlaub in Deutschland antrat, war der Untergang des Afrikakorps nicht mehr aufzuhalten. Die zur Heeresgruppe Tunis zusammengefaßten deutschen und italienischen Verbände hatten um Tunis und Biserta Stellung bezogen. Am 13. Mai war der Widerstand auch dieser Kräfte gebrochen. 230 000 Mann gingen in alliierte Gefangenschaft.

Vor der Landung in Italien hatten Churchill und Roosevelt zwischen den beiden französischen Kontrahenten de Gaulle, der von der Résistance unterstützt wurde, und Giraud, der in Algier die Kolonialtruppen

(Photo Filmdienst der französischen Armee)

befehligte, zu vermitteln versucht. Die beiden hatten sich im Januar 1943 in Casa-

(Photo Archiv Rencontre)

blanca getroffen. De Gaulle gab sich damit zufrieden, einen Vertreter des Komitees Freies Frankreich nach Algerien zu schikken. Erst im Juni erklärte er sich einverstanden, als zweiter Präsident des »Französischen Komitees zur nationalen Befreiung« (CFLN) zu fungieren, doch der Führer des Freien Frankreichs überspielte rasch seinen Gegner, der ein guter Soldat, aber der politischen Intrige nicht gewachsen war. Giraud zog es vor, sich mit der Aufstellung einer neugegliederten französischen Armee zu beschäftigen, die stark genug war, bei der Befreiungsschlacht um Nordafrika einen entscheidenden Beitrag zu leisten.

Der Sturz Mussolinis

Entmutigt durch die Mißerfolge in Rußland und Afrika, strebten die Italiener einen Separatfrieden mit den Alliierten an. Ein Treffen zwischen Hitler und Mussolini Anfang Mai 1943 hatte die Meinungsverschiedenheiten zwischen den beiden Diktatoren eher noch verschärft. Die Umgebung des

Obwohl im September 1943 deutsche Fallschirmjäger den Duce aus seinem Internierungsort auf dem Gran Sasso befreien konnten (unten links und rechts), bedeutete der Sturz Mussolinis den Zusammenbruch der Achse im Mittelmeerraum. Außerdem hatten das Scheitern in Libyen, in Ostafrika und auf dem Balkan sowie die alliierte Landung in Sizilien vom 10. Juli (rechts oben) zum Sturz des Diktators beigetragen. Die Bevölkerung Süditaliens empfing die alliierten Truppen mit Begeisterung, was auch diese britischen Soldaten der 8. Armee feststellen konnten (rechts unten).

italienischen Königs, gegen die faschistische Diktatur mehr und mehr eingenommen, begann gegen den Duce zu intrigieren. Mussolini, der wohl die Gefahr ahnte, entließ sämtliche Minister seines Kabinetts einschließlich des Außenministers, seines Schwiegersohnes Graf Ciano, und bot seinen Rücktritt an.

Die alliierte Invasion wurde durch die allgemeine Kriegsmüdigkeit der Bevölkerung erleichtert. Am 10. Juli 1943 landete die 7. amerikanische Armee unter General Patton* im Südosten Siziliens, während die 8. britische Armee Syrakus eroberte. Hitler, der einen Angriff auf den Balkan erwartete, hatte nur vier Divisionen zur Verteidigung der Insel zurückgelassen, die Mitte August schnell überwältigt werden konnten. In Rom fand am 24. Juli 1943 die Versammlung des Faschistischen Großen Rates statt, auf der die inneren Meinungsverschiedenheiten deutlich zutage traten. Die Mehrheit, unter der sich auch Grandi* und Ciano befanden, verabschiedete eine gegen Mussolini gerichtete Resolution, die in der Forderung gipfelte, das Oberkommando der Armee wieder in die Hände des Königs zu legen und die faschistische Diktatur abzuschaffen. Am nächsten Tag, am 25. Juli, berief der König Mussolini zu sich und teilte ihm seine Entlassung mit. Marschall Badoglio wurde zum neuen Ministerpräsidenten ernannt. Als der Duce den Palast verließ, wurde er verhaftet. Ein unblutiger einfacher Staatsstreich ließ die mehr als zwanzigjährige Diktatur widerstandslos zusammenbrechen. Obwohl das neue Regime Hitler seinen Beistand auch weiterhin versprach, nahm es Kontakte mit den Alliierten auf. Am 3. September unterzeichnete die Regierung Badoglio in Syrakus einen geheimen Waffenstillstand, von dem die Welt erst fünf Tage später erfuhr. Gegenmaßnahmen Deutschlands folgten auf dem Fuße. Rom wurde besetzt; der König und die Regierung flüchteten sich zu den Alliierten.

Am 12. September landete am Internierungsort Mussolinis, beim Campo Imperatore auf dem Gran Sasso*, dem höchsten Teil der Abruzzen, ein Geschwader deutscher Segelflugzeuge. Vor den wie versteinert stehenden Wachen entführten deutsche Fallschirmjäger den Duce und brachten ihn ins Führerhauptquartier bei Rastenburg*. Hitler diktierte ihm seine Bedingungen, die

(Photo Archiv Rencontre)

(Photo Archiv Rencontre)

(Photo USIS)

auf die Wiederherstellung einer von Deutschland abhängigen italienischen, nationalsozialistischen Republik hinausliefen.

Mutlos und krank beugte sich Mussolini. In der kleinen Stadt Salo*, am Ufer des Gardasees, trat er an die Spitze einer aus ehemaligen fanatischen Faschisten zusammengesetzten neuen italienischen Regierung. Im Januar 1944 wurde gegen fünf Mitglieder des ehemaligen Faschistischen Großen Rates, die gegen den Duce gestimmt hatten, in Verona der Prozeß eröffnet. Alle fünf wurden erschossen, und Mussolini unternahm nichts, um das Leben seines Schwiegersohnes Graf Ciano zu retten.

(Photo USIS)

(Photo Filmdienst der französischen Armee)

Die Befreiung Italiens

Inzwischen gingen die Alliierten im Süden weiter vor. Am 3. September landete Montgomery in Kalabrien, ohne auf Widerstand zu stoßen. Sechs Tage später griffen englische und amerikanische Truppen Salerno an. General Kesselring* mußte Neapel Anfang Oktober räumen und sich hinter eine befestigte Linie von der Mündung des Garigliano* bis jenseits des Monte Cassino* zurückziehen. Während des regnerischen Winters gelang es den Alliierten nicht, diese Linie zu durchbrechen. Erst im Frühjahr 1944 wurde die Offensive wiederaufgenommen. An der Seite der anglo-amerikanischen und exilpolnischen Truppen kämpften vier französische Divisionen unter dem Kommando von General Juin*. Am 22. Januar landeten die Alliierten in Anzio*, südlich von Rom, von wo aus sie unmittelbar die rückwärtigen Versorgungslinien der deutschen Front bedrohten. Kesselring konnte sie zwar nicht zum Meer zurückdrängen, aber die Alliierten waren ihrerseits nicht imstande, aus der Landeoperation größere strategische Vorteile zu ziehen. Im Februar begann General Clark* die erste große Offensive gegen den Monte Cassino, dessen berühmte Benediktinerabtei von den Alliierten in Schutt und Asche gelegt wurde. Obwohl der Ort täglichen Luftangriffen ausgesetzt war, wurde er drei Monate lang von den Deutschen gehalten. Doch nachdem es den Franzosen am 12. Mai gelungen war, die deutsche Front zu durchstoßen, entschloß sich Kesselring, den Süden Italiens aufzugeben. Rom wurde zur offenen Stadt erklärt. Am 4. Juni hielten die Alliierten ihren siegreichen Einzug in die Ewige Stadt. Im August hatten sie den gesamten Mittelteil der Halbinsel erobert. Allein die Poebene blieb in deutscher Hand. Die Aktionen der aus den

Unter der Führung General Juins (links, mit Barett, im Gespräch mit General Giraud) spielte das französische Expeditionskorps, das in Nordafrika aufgestellt worden war, im Winter 1943/44 an der italienischen Front eine entscheidende Rolle. Außerdem trug es im Mai zum entscheidenden Durchstoß westlich von Cassino bei. General Clark, der Chef der 5. amerikanischen Armee, legte Wert darauf, daß Juin beim Einzug in Rom an seiner Seite war (unten).

Alpentälern heraus operierenden italienischen Partisanen forderten die Deutschen zu härtesten Gegenmaßnahmen heraus.

Die nationalen Widerstandsbewegungen und die Partisanen

Jugoslawien war es vor allem, das sich den umfangreichsten nationalen Widerstand aufgebaut hatte. Er war nach 1941 von den zwei rivalisierenden Bewegungen des Kommunisten Tito* und des gemäßigten Generals Mihajlovic* organisiert und getragen worden. Die Mehrzahl ihrer Anhänger waren Serben. Aus Mißtrauen gegen die Kommunisten unterstützten die Engländer zuerst Mihajlovic, doch angesichts seiner Untätigkeit und der nachgewiesenen Kollaboration einiger seiner Anhänger mit den Deutschen hatten sie keine Bedenken mehr, sich Tito zuzuwenden. Die kommunistischen Partisanen bildeten kleine bewaffnete Gruppen in den Bergen Bosniens, Montenegros, Serbiens, Makedoniens und griffen aus den Wäldern den Feind überraschend an, beunruhigten seine rückwärtigen Verbindungen und verübten zahlreiche Sabotageakte. Die Kapitulation Badoglios ermöglichte ihnen, das ganze italienische Kriegsmaterial zu übernehmen und den Kampf mit größerem Nachdruck fortzusetzen. Mit seinen 300 000 Partisanen bot Tito den deutschen Divisionen bis zum Schluß die Stirn und befreite sein Land ohne Hilfe ausländischer

(Photo Filmdienst der französischen Armee)

(Photo Filmdienst der französischen Armee)

Mächte. In Griechenland führte die »Nationale Volksbefreiungsarmee« (ELAS*), die mit den Kommunisten sympathisierte, zusammen mit anderen Widerstandsorganisationen einen ähnlich hartnäckigen Kampf gegen die deutsche Besatzung. In Polen hatte die sogenannte Heimatarmee die Führung der Widerstandsbewegungen sowie des militärischen Nachrichtenwesens übernommen. Energisch mußte sie sich gegen das kommunistische Lubliner Komitee, eine in der UdSSR geschaffene Kampforganisation, durchsetzen. Belgien und Holland waren von einem dichten Netz von Stützpunkten ihrer Widerstandsorganisationen überzogen. In Frankreich hatte der Aufruf Lavals, der die Stellung französischer Arbeitskräfte für Deutschland gefördert und die Verbindung der Vichy-Regierung mit der Besatzung befürwortet hatte, das Regime in Verruf gebracht. Vor allem die Duldung der Judendeportationen hatten die Entstehung einer unabhängigen Widerstandsbewegung begünstigt.

Am 27. Mai 1943 gründete Jean Moulin*, ehemaliger Präfekt von Chartres, den General de Gaulle nach Frankreich eingeschleust hatte, um die Tätigkeit der verschiedenen Widerstandsorganisationen zu koordinieren, den »Conseil national de la Résistance«, den »Nationalen Widerstandsrat«, und übernahm dessen Vorsitz. Drei Monate später wurde er verhaftet und starb auf dem Transport nach Deutschland. Georges Bidault* wurde sein Nachfolger.

In den »Forces françaises de l'Intérieur« (FFI), den Résistance-Verbänden, zusammengefaßt, kämpften die Widerständler gemeinsam mit den kommunistischen »Francs-tireurs et Partisans« (FTP), den französischen Freischärlern. Die beiden Gruppen sorgten für eine Reihe von Attentaten gegen Kollaborateure und Mitglieder

(Photo Filmdienst der französischen Armee)

In allen von den Truppen der Achsenmächte besetzten Ländern entstanden starke Widerstandsbewegungen, Nachrichtendienste und Sabotagetrupps (links). Doch die Widerstandskämpfer mußten ihre Aktionen oft mit dem Leben bezahlen (unten) oder mit der Einweisung in Konzentrationslager (rechts).

der Gestapo, sprengten Eisenbahnverbindungen, Brücken, Straßen und übermittelten den Alliierten wichtige Nachrichten. Dagegen erlitt der »Maquis« auf der Hochebene von Glières* in Hochsavoyen und im Vercors* eine vernichtende Niederlage, als die Widerstandskämpfer von überlegenen deutschen Einheiten aufgerieben wurden. Auf die französische Widerstandsbewegung antworteten die Deutschen mit massivem Terror. In seinem Buch »Der SS-Staat« (1946) hat Eugen Kogon, der von 1939 bis 1945 im KZ Buchenwald interniert war, eine erschütternde Beschreibung der systematischen körperlichen und geistigen Unterdrückung in den Konzentrationslagern gegeben. Die Ausdehnung des Nationalsozialismus über ganz Europa führte zur Einrichtung zahlreicher Konzentrationslager. Die Namen dieser Lager haben noch heute einen erschreckenden Klang: Auschwitz*, Lublin, Maidanek*, Riga, Stutthof*, Struthof-Natzweiler*, Bergen-Belsen* und eine Reihe kleinerer Lager. Es gibt kein Quellenmaterial, das mit Sicherheit aussagt, wie hoch die Gesamtzahl der Menschen war, die in nationalsozialistischen KZ festgehalten wurden. Die Verschiebung der Häftlinge von einem Lager zum anderen macht eine zuverlässige Erfassung äußerst schwierig. Man kann sich nur auf Schätzungen stützen, die auf einigermaßen sicheren Tatsachen beruhen. Zweifellos sind im Verlaufe der zwölf Jahre nationalsozialistischer Herrschaft Millionen Menschen durch die Lager gegangen. Wenn man die etwa 4 Millionen Toten von Auschwitz zur Grundlage einer Schätzung heranzieht, so ist zu vermuten, daß die Gesamtzahl der Häftlinge sich auf 10 bis 12 Millionen belaufen haben muß. Durchschnittlich waren jeweils zu einem bestimmten Zeitpunkt eine Million Menschen inhaftiert. Die großen ständigen Lager, wie Dachau, Buchenwald und Sachsenhausen* mit allen ihren Nebenlagern, hatten selten mehr als je 200 000 Gefangene. Ein weiterer Anhaltspunkt ergibt sich aus einem Befehl Himmlers aus den ersten Märztagen 1945. Himmler wies den Chef des Gesundheitsdienstes der SS und die Polizei an, den Gesundheitszustand der 120 000 (von insgesamt 600 000, die noch in den Lagern waren) arbeitsun-

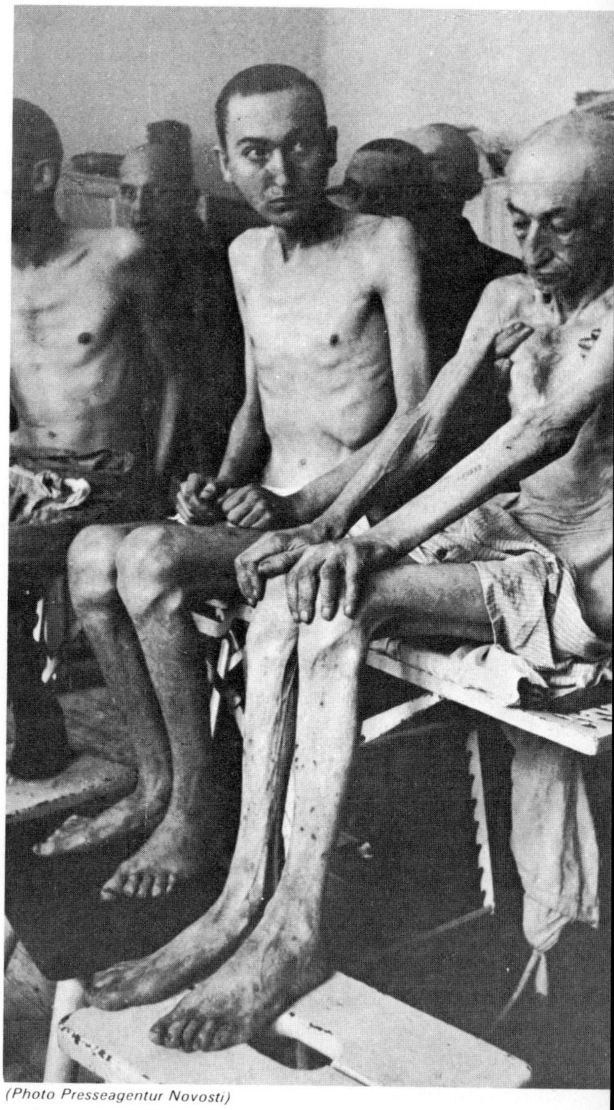

(Photo Presseagentur Novosti)

fähigen Häftlinge unverzüglich zu verbessern.

Auf diese 10 oder 12 Millionen Menschen kamen nur 500 000 Überlebende!

Die Operation Overlord

Während eines Treffens in Quebec im Jahre 1943 hatten Churchill und Roosevelt vereinbart, daß die Landung der Alliierten an der Normandieküste im Frühjahr 1944

(Photo Robert Capa Magnum)

unter amerikanischem Kommando stattfinden sollte. Stalin wurde von der Operation Overlord* während der Konferenz von Teheran im November 1943 unterrichtet. Lange Zeit schon hatte er die Eröffnung der zweiten Front gegen Deutschland gefordert. Aber er mußte sich bis nach der Besetzung Italiens und Nordafrikas gedulden. Die Invasion wurde aufs genauste vorbereitet und dem Kommando General Eisenhowers anvertraut. Doch die Briten waren es, auf denen die Hauptlast der Verantwortung lag. Sie hatten für die reibungslose technische Durchführung der eigentlichen Landung zu sorgen. Dreieinhalb Millionen Soldaten wurden in Großbritannien zusammengezogen. Gigantische Materialmengen wurden angehäuft. Den Deutschen konnte das Projekt nicht verborgen bleiben, aber sie vermuteten den Landungsort in der Nähe von Calais.

Die deutsche Westarmee, kommandiert von Generalfeldmarschall von Rundstedt, war in der Tat äußerst verletzbar. Sie enthielt einen hohen Prozentsatz älterer sowie kriegsunerfahrener jüngerer Soldaten, während sich die voll einsatzfähigen kampferprobten Truppen an der russischen Front befanden. Rommel, der damit beauftragt war, die Atlantikfront zu inspizieren, hatte klar erkannt, daß die deutsche Niederlage dann unvermeidlich war, wenn die alliierte Landung gelang. Er bat Hitler, ihm genügend Panzerkräfte zu überlassen, mit denen die Landung zurückgeschlagen werden konnte. Aber der Führer weigerte sich, seiner Bitte Folge zu leisten.

Am 5. Juni 1944 offenbarte Churchill de Gaulle, daß die Landung an der normannischen Küste für den nächsten Tag vorgesehen war. Entrüstet über dieses Mißtrauen, das ihn vor vollendete Tatsachen stellte, ließ de Gaulle wissen, daß die neuen Autoritäten eines befreiten Frankreich trotzdem von ihm allein abhängig sein würden.

(Photo Robert Capa–Magnum)

Durch den Überraschungseffekt und die Ausnutzung eines überlegenen, der Lage angemessenen Materials gelang den alliierten Streitkräften am 6. Juni 1944 die größte kombinierte See-Land-Operation der Geschichte.
Das stürmische Wetter und der heftige deutsche Widerstand indessen erschwerten den Angriff auf »Omaha-Beach« bei Vierville.
Erst am Nachmittag war der Abschnitt genommen und der Brückenkopf gebildet (rechts oben).
Bereits im Morgengrauen hatten amerikanische Fallschirmspringer einen Teil der Halbinsel Cotentin unter Kontrolle (links unten).

Der langste Tag

(Photo Robert Capa–Magnum)

Am 5. Juni gab General Eisenhower trotz ziemlich ungünstigen Wetters seiner Flotte den endgültigen Befehl zum Auslaufen. Mehr als 5000 Schiffe setzten sich von den englischen Häfen aus in Bewegung auf die fünf vorher festgelegten Invasionszonen, die zwischen der Halbinsel Cotentin und der Mündung der Seine lagen. Drei Divisionen Luftlandetruppen wurden in der Nacht vom 5. zum 6. Juni vorausgeschickt und konnten mehrere wichtige Punkte entlang der Orne* und auf Cotentin besetzen.

Im Morgengrauen gegen 6.30 Uhr begann die große Operation. Den Engländern und Kanadiern gelang es, ohne große Verluste an ihren Zielpunkten zwischen Arromanches* und der Mündung der Orne zu landen. Die Amerikaner nahmen ohne Schwierigkeiten den Strandabschnitt, den sie »Utah-Beach«* getauft hatten, und erreichten Sainte-Mère-Eglise*, das einige Stunden vorher von Fallschirmspringern eingenommen worden war. Bevor sie jedoch den Küstenstreifen »Omaha-Beach«*, der durch Panzersperren, Minen und starken, auf den umliegenden Steilküsten aufgestellten Küstenbatterien verteidigt wurde,

(Photo Robert Capa–Magnum)

(Photo Robert Capa–Magnum)

freikämpfen konnten, mußten sie sich mit den Deutschen erbitterte Gefechte liefern. Die Alliierten konnten durch ihre Überlegenheit an Flugzeugen und Artillerie den deutschen Widerstand verhältnismäßig schnell brechen.

Am Abend des 6. Juni waren 100 000 Soldaten gelandet. Die Invasion war geglückt. Der weitere Aufmarsch ging erheblich langsamer vor sich. Rommel hatte eine wirksame Verteidigung aufgebaut, und das waldige Bocagegebiet bremste das rasche Vordringen der Panzer. Trotzdem fiel Cherbourg am 26. Juni und Saint-Lô am 10. Juli. Am 7. des gleichen Monats startete Montgomery, der einen Monat lang nicht von der Stelle kam, eine Großoffensive auf Caen, das zwei Tage später nach erbitterten Kämpfen genommen wurde.

Der 20. Juli 1944

Die Lage der Deutschen war vor allem durch die alliierte Luftüberlegenheit äußert kritisch geworden. Rommel und von Rundstedt schlugen Hitler vor, zurückzuweichen. Aber der Führer weigerte sich kategorisch und ersetzte Rundstedt durch von Kluge. Während eines Bombenangriffs am 17. Juli schwer verletzt, mußte Rommel die Westfront verlassen. In den Reihen des deutschen Generalstabs wuchs die Unzufriedenheit, und der Gedanke einer Verschwörung gegen Hitler keimte auf. Die Anhänger des Widerstandes gegen Hitler hatten beschlossen, im Führerhauptquartier »Wolfsschanze«, bei Rastenburg in Ostpreußen, eine Bombe explodieren zu lassen. Oberst Graf von Stauffenberg*, der mit der Aufgabe betraut war, die Bombe während einer Führerbesprechung selbst zu deponieren, war das Haupt der Widerstandsbewegung. Die Explosion der Bombe tötete indessen nur einige Teilnehmer der Lagebesprechung, während Hitler selbst nur einen Schock davontrug und noch in der Lage war, über den Rundfunk zu sprechen. Die anderen Widerstandskämpfer, mit Beck* und Goerdeler* an der Spitze, die versucht hatten, eine provisorische Regierung zu bilden, wurden nach dem Scheitern des Attentates erschossen. Auch über ihre Anhänger brach das vernichtende Strafgericht Hitlers herein. Marschall Rommel, der ihnen seine Sympathien nicht verhehlt hatte, mußte zwischen einem öffentlichen Prozeß und Selbstmord wählen. Er

Nach der Invasion am 6. Juni verteidigten die deutschen Streitkräfte bis Mitte Juli erbittert jedes Dorf von Caen bis Saint-Lô (links). Doch die Offensive der 1. amerikanischen Armee im Süden dieses Ortes brachte am 25. Juli den entscheidenden Durchstoß und schließlich die Vernichtung der 7. und der 15. deutschen Armee.

gab sich selbst den Tod und wurde im Oktober 1944 mit allen militärischen Ehren beigesetzt.

Die Befreiung von Paris

Am 25. Juli brach die deutsche Front auf der Halbinsel Cotentin im Süden von Saint-Lô zusammen. Die Alliierten drängten unerbittlich weiter. Fünf Tage später nahmen sie Coutances und Avranches*. Bereits im August war die Bretagne befreit. Die Deutschen hielten nur noch die großen Häfen, während die alliierten Divisionen nach und nach Laval*, Le Mans, Orleans, Lisieux besetzten und die Truppen Kluges zwangen, immer weiter aus der Normandie

(Photo Robert Capa–Magnum)

(Photo USIS)

abzuziehen, um eine ähnliche Einkreisung wie die von Falaise* zu verhindern.

Während des deutschen Rückzugs befreiten sich ganze Gebiete Mittelfrankreichs und des Südostens spontan unter Mitwirkung der Widerstandsorganisationen. Am 20. Juli mußte die Regierung Vichy verlassen. Pétain und Laval wurden nach Deutschland gebracht. Tausende von Kollaborateuren flüchteten aus Frankreich, um in Sigmaringen* einen vorläufigen Unterschlupf zu finden.

Als die Alliierten nördlich der Loire auf Paris zu marschierten, landeten in der Nacht zum 15. August die französisch-amerikanischen Truppen der Generäle Patch* und de Lattre de Tassigny* von italienischen und algerischen Häfen aus an den Küsten der Provence. Marseille, Toulon, Grenoble und Lyon wurden rasch befreit, und Mitte September hatten die Alliierten ganz Burgund besetzt.

Hitler hatte General von Choltitz* damit beauftragt, Paris unter allen Umständen zu halten. Doch für den General war der Krieg verloren und die Zerstörung der Hauptstadt ein unnützes Opfer. Als am 21. August nach dem Aufruf des Befreiungskomitees der Aufstand in Paris losbrach, nahm Choltitz bis zum Herannahen regulärer französischer und alliierter Truppen eine abwartende Stellung ein. Drei Tage später zog General Leclerc in der Stadt ein, bejubelt von der Bevölkerung, die am 26. August auch de Gaulle einen triumphalen Empfang bereitete. Ende des Monats hatten die Alliierten Somme und Maas überschritten. Am 1. September drangen die Engländer und Kanadier in Belgien

(Photo Filmdienst der französischen Armee)

Links: Der Blitzdurchstoß der Alliierten zwischen Loire und Seine; ihm folgte die französisch-amerikanische Landung in Südfrankreich am 15. August 1944.

Links unten: Henry Cabot-Lodge im Gespräch mit Eisenhower und General de Lattre de Tassigny, dem Chef der 1. französischen Armee.

Rechts oben: Die 2. französische Panzerdivision drang am 24. August in Paris ein und nahm am nächsten Tag die Kapitulation der deutschen Besatzung entgegen (unten links).

Rechts unten: Im ganzen hatte der Sommerfeldzug im Westen der deutschen Armee mehr als eine Million Menschen gekostet. Fast die Hälfte davon wurde im August zwischen Loire und Seine gefangengenommen.

ein, befreiten Brüssel und Antwerpen. Am 12. gelang den Truppen, die in der Normandie gelandet waren, die Vereinigung mit den aus der Provence vorstoßenden in der Nähe von Montbard* in Burgund. Die Rückeroberung des Elsaß begann. Am 17. besetzten alliierte Fallschirmjäger in den Niederlanden südlich Nimwegens überraschend einige Abschnitte an Maas und Rhein und befreiten im Norden Limburg und Brabant. Doch in einer letzten gewaltigen Kraftanstrengung ließen die Deutschen den Vormarsch bei Arnheim* festlaufen. Die Engländer erlitten schwere Verluste. Schon drei Monate lang wurden V1, ferngesteuerte »fliegende Bomben« mit Staustrahlantrieb, und V2-Raketen, auf die Hitler seine letzten Hoffnungen gesetzt hatte, auf England gerichtet. Doch die militärische Überlegenheit der Alliierten war zu drückend, als daß noch eine entscheidende Wende möglich gewesen wäre.

Seeland wurde im November entsetzt; de Lattre befreite am 20. und am 21. November Belfort und Mülhausen, während Leclerc am 23. Straßburg erreichte. Hitler

(Photo Filmdienst der französischen Armee)

startete am 16. Dezember seine große Ardennenoffensive, die nach einigen Anfangserfolgen schließlich doch zusammenbrach. Am 9. Februar 1945 mußten die letzten deutschen Truppen das Elsaß verlassen. Nach der Einnahme Colmars war

(Photo Filmdienst der französischen Armee)

(Photo Filmdienst der französischen Armee)

fast ganz Frankreich befreit. Am 12. Januar hatten auch die Russen die Offensive an der Ostfront wiederaufgenommen. Die Eroberung Deutschlands hatte begonnen. Auch in Asien nahte die Stunde des alliierten Sieges.

(Photo USIS)

Kampf um Inseln und Dschungel

Vom Sommer 1943 an hatte Admiral Chester Nimitz die Salomonen zurückgewonnen. MacArthur war in Neuguinea und auf Neubritannien* (September bis Dezember 1943) gelandet. Der Angriff auf Japan nahm genauere Umrisse an: Die Flotte von Nimitz eroberte die wichtigsten Inselgruppen, während die Armeen MacArthurs nach Sicherung der Dschungelstraßen sich an die noch unbesetzten Gebiete Neuguineas heranwagten. Als nächstes wurden den Japanern die Molukken und die Philippinen entrissen.

Im November 1943 fielen nach und nach die kleinen Inseln des Gilbert-Archipels. Nimitz wagte im Februar 1944 einen Angriff auf die Marshall-Inseln. Am 15. Juni folgte die Eroberung der Marianen. Admiral Nagumo hatte hier den Hauptteil der japanischen Flotte konzentriert. Die Luftschlacht von Saipan* endete mit einer totalen Niederlage der Japaner. Sie verloren 315 Flugzeuge sowie zwei Flugzeugträger und mußten die Basen von Saipan, Guam und Tinian* räumen. Die Amerikaner kontrollierten sämtliche Seeverbindungen zwischen den Inseln.

Vom April bis Juni 1944 besetzte MacArthur Neuguinea und stürmte die Molukken. Im Herbst vereinigten sich die beiden Hauptstreitkräfte des Pazifiks und beschlossen, ihre gemeinsamen Anstrengungen auf Leyte*, eine der Hauptinseln der Philippinen, zu richten. Die erbitterten Seeschlachten im Oktober 1944 um die Philippinen endeten mit einer erneuten

(Photo USIS)

Während sich in Europa die Verschiebung der Kräfteverhältnisse immer deutlicher abzeichnete, erhielt auch der Krieg im Pazifik eine entscheidende Wende.
Während Admiral Nimitz im mittleren Pazifik eine Luft-See-Gegenoffensive startete, nahm MacArthur (links) 1943/44 die Inselgruppe der Salomonen ein.
Das Bild links unten zeigt die Landung auf der Insel Bougainville.
Dann verfolgte er seinen Vormarsch an der nördlichen Küste von Neuguinea (untenstehend).
Die Insel wurde im Sommer 1944 endgültig erobert.

(Photo USIS)

Niederlage der Japaner, die sämtliche Flugzeugträger und ihre besten Schlachtschiffe verloren hatten.

Die Stunde des Verzweiflungskampfes war gekommen. Ende des Jahres 1944 warfen sich die ersten »Kamikaze«-Flieger mit ihren Maschinen auf die Kommandobrükken der amerikanischen Kriegsschiffe. Währenddessen hatte Lord Mountbatten* die Japaner aus Birma zurückgeworfen und stellte im Indischen Ozean damit die direkte Verbindung zu China wieder her. Danach machte er sich an die Rückeroberung Malayas und entsandte eine Flotte in den Pazifik, die der von Admiral Nimitz zur Seite stehen sollte. Im Januar 1945 griff MacArthur die Hauptinsel der Philippinen, Luzon, an. Bis auf die Gebiete um Manila, wo die Japaner noch einen Monat lang erbitterten Widerstand leisteten, konnte die Insel rasch besetzt werden. Nachdem Nimitz Iwojima* besetzt hatte, wagte er sich an die letzte große Insel heran, die den Zugang nach Japan selbst versperrte, Okinawa*. Um die Landung zu verhindern, stürzten sich am 6. April 1945 360 »Kamikaze« auf die amerikanische Flotte, ohne ihr jedoch stärkere Verluste zuzufügen. Einen Tag später versuchte die japanische Flotte eine letzte Schlacht und verlor die meisten ihrer Schiffe. Die Amerikaner landeten auf der Insel und vernichteten die japanischen Divisionen. Mehr als 1500 »Kamikaze«-Todesflieger weihten sich in in den folgenden Tagen dem Untergang. Japan hatte in den Schlachten um Okinawa fast 8000 Flugzeuge eingebüßt, die Amerikaner hingegen nur einige Dutzend ihrer Kriegsschiffe. Sie waren jetzt imstande, Japan täglich zu bombardieren. Am 9. März kamen in Tokio 90 000 Menschen um. Osaka, Nagoya, Kobe und Yokohama wa-

(Photo Presseagentur Novosti)

ren wiederholt Ziele heftiger Luftangriffe und wurden fast restlos zerstört. Die Invasion in Japan war nur noch eine Frage von Tagen. 3 Millionen Soldaten sollten daran teilnehmen. Aber Amerika verfügte schon über seine schrecklichste Waffe — die Atombombe.

Der Untergang der Diktatoren

In Berlin mußte Hitler dem Angriff auf Deutschland von seinem Bunker in der Reichskanzlei aus ohnmächtig zusehen. In der Nacht vom 13. auf den 14. Februar 1945 ging Dresden durch einen entsetzlichen alliierten Bombenangriff in Flammen auf. Mehr als 135 000 Menschen fanden den Tod. Am 7. März überquerte eine Division der 1. amerikanischen Armee bei Remagen* den Rhein und errichtete auf dem rechten Ufer einen Brückenkopf. Während die Franzosen im April in die Pfalz, nach Baden und über den Schwarzwald vorstießen, besetzte Montgomery Ende März Westfalen. Am 18. März kapitulierten an der Ruhr mehr als 300 000 deutsche

Durch den Zweifrontenkrieg brach das Dritte Reich am 8. Mai 1945 nach der Eroberung Berlins (links) durch die Sowjets, dem Vormarsch der Engländer und Amerikaner bis zur Elbe und dem der Franzosen und Amerikaner in die österreichischen Alpen endgültig zusammen.

Unten: Vorbeimarsch der Roten Armee in Moskau am 24. Juni 1945.

Soldaten. Am 22. April stoppte General Eisenhower den siegreichen Vormarsch der Alliierten. Unter Einhaltung der Beschlüsse über die Grenzen der russischen Besatzungszone, die während der Konferenz von Jalta* festgelegt worden waren, verzichtete er auf den Vorstoß nach Berlin und begnügte sich damit, seine Spitzen nach Sachsen, Böhmen und Bayern vordringen zu lassen. Die italienischen Armeen gingen bis zum Brenner und zum Isonzo vor, wo sie mit den Jugoslawen zusammentrafen.

Die Sowjets hatten inzwischen Budapest erreicht. Im Januar fiel Warschau, und im März überschwemmten bereits die Millionenarmeen Schukows und Konjews Pommern und Schlesien. Sie standen an der Oder, als sich Malinowski Wien näherte. Am 17. April begann die Schlacht um Berlin. Die Sowjets hatten mehr als 150 Divisionen, Tausende von Panzern, »Stalinorgeln« und Geschützen herangeführt. Trotz des verzweifelten Widerstandes wurde Ber-

(Photo Presseagentur Novosti)

Der ungebrochene japanische Kampfwillen und die Unerbittlichkeit des kaiserlichen Oberkommandos zeigten sich gegen Ende des Krieges in den selbstmörderischen Aktionen der Kamikazeflieger. Eines der Todesflugzeuge explodierte im Frühjahr 1945 auf dem Deck des amerikanischen Flugzeugträgers »Franklin« (links). Diese Entschlossenheit überzeugte das amerikanische Oberkommando davon, wie gewagt eine klassische Landung in Japan sei, und so entschloß man sich, die Atombombe einzusetzen, die am 6. August auf Hiroschima abgeworfen wurde (rechts).

lin am 25. April vollständig eingeschlossen. Am selben Tag reichten sich Russen und Amerikaner an der Elbe bei Torgau die Hand. Gleichzeitig besetzten die Engländer Bremen. Am 30. April beging Hitler im Bunker der Reichskanzlei Selbstmord. Wenige Tage vorher war Mussolini am Comer See auf der Flucht verhaftet worden. Italienische Partisanen erschossen ihn und stellten seinen Leichnam am 28. April in Mailand aus. Am 7. Mai kapitulierte Deutschland im amerikanischen Hauptquartier zu Reims bedingungslos, in der nächsten Nacht wiederholte sich die Zeremonie im russischen Hauptquartier Marschall Schukows in Karlshorst am Rande von Berlin. Generalfeldmarschall Keitel unterzeichnete die bedingungslose Kapitulation, die die Wehrmacht verpflichtete, die letzten besetzten Gebiete zu räumen: Norwegen, Dänemark, Teile der Niederlande, von Böhmen und Mähren, Slowenien sowie Nordwestitalien, Kurland und die letzten Stützpunkte am Atlantikwall*. Die meisten deutschen Großstädte waren in Schutt und Asche gesunken. Während ihres Vormarsches hatten die Alliierten die gräßlichen Zustände in den Konzentrationslagern von Neue Bremm*, Mauthausen*, Buchenwald, Dachau, Ravensbrück*, Auschwitz, Bergen-Belsen, Neuengamme*, Nordhausen* und Flossenbürg* entdeckt. Die letzten, zu Skeletten abgemagerten Überlebenden konnten befreit werden. Sie waren die Bestätigung für den Tod von Millionen Juden, Verschleppten und politischen Opfern, die in den Gaskammern, an Hunger, Folter oder Krankheit gestorben waren.

Hiroschima

Während die amerikanische Marine sich auf die Landung in Japan vorbereitete, erprobten die Wissenschaftler in der Wüste von New Mexico die erste Atombombe. Da Japan bisher keine konkreten Kapitulationsangebote vorgelegt hatte, entschloß sich Präsident Truman*, der die Nachfolge des am 12. April verstorbenen Präsidenten Roosevelt angetreten hatte, noch vor der geplanten Invasion von der neuen furchtbaren Waffe Gebrauch zu machen. Am 6. August steuerte am wolkenlosen Himmel eines der riesigen B-29-Flugzeuge auf den Hafen von Hiroschima zu. Um 8.15 Uhr explodierte die Bombe, vernichtete die Stadt zu zwei Dritteln. Am 9. August erlitt Nagasaki das gleiche tragische Schicksal. Am darauffolgenden Tag akzeptierte der Tenno, der an der Spitze seines Volkes zu bleiben wünschte, die Kapitulation. Am 2. September 1945 unterzeichneten die japanischen Bevollmächtigten in Anwesenheit MacArthurs und aller alliierten Delegationen an Bord des Schlachtschiffes Missouri, das vor Yokohama ankerte, die bedingungslose Kapitulation ihres Landes. Der Zweite Weltkrieg war zu Ende.

Die drei großen Verbündeten, Roosevelt, Churchill und Stalin, hatten sich zum erstenmal am 28. November 1943 in Teheran getroffen. Ein Jahr später wurde in Dumbarton Oaks* in der Nähe von Washington die Organisation der Vereinten Nationen gegründet, der alle Nationen mit Ausnahme der besiegten angehören sollten. Wegen der Schwierigkeiten, die der heran-

(Photo Filmdienst der französischen Armee)

MacArthur (links) überwachte die offizielle Unterzeichnung der Kapitulationsurkunde am 2. September 1945 an Bord der »Missouri«. Er unterzeichnete im Namen der Vereinigten Staaten zusammen mit Admiral Nimitz. General Leclerc unterzeichnete das Dokument im Namen der französischen Regierung.

nahende Frieden mit sich brachte, vereinbarten die drei Alliierten ein weiteres Treffen, das im Februar 1945 in Jalta zustande kam. Sie beschlossen, daß Deutschland von den drei Großmächten verwaltet werden sollte, und setzten für jeden der Alliierten die Grenzen seiner Besatzungszone fest. Berlin sollte vorerst ungeteilt bleiben. Es begann nun das große Feilschen um den Einfluß der Großmächte in Europa. Auf Drängen der Engländer verließ Stalin Griechenland, forderte aber, trotz des Versprechens von freien Wahlen, eine kommunistische Regierung in Polen. Auch den anderen von der Roten Armee besetzten Ländern Osteuropas wurden demokratische Staatsformen zugesichert. Doch diese Versprechungen erwiesen sich angesichts der unversöhnlichen Haltung der kommunistischen Großmacht als illusorisch. Drei Monate nach der Kapitulation Deutschlands traten die Russen in den Krieg gegen Japan ein. Beunruhigt über die ungeheure russische Macht, die Europa von der Elbe bis zur Adria beherrschte, schlug Churchill die Aufnahme Frankreichs als Siegermacht in die internationalen Konferenzen und Organisationen vor. Im Juli 1945 fand in Potsdam eine Konferenz statt, die allerdings noch nicht zu einer endgültigen Friedensregelung führte. Sie bestätigte nur die Teilung Europas in zwei Blöcke, deren Gegensätze in der Folgezeit sich immer mehr verschärfen und zum kalten Krieg zwischen den ehemaligen Verbündeten führen sollten. Die Alliierten kamen darin überein, die entsprechenden Kriegsdokumente und Akten von ihren Außenministern prüfen zu lassen und die Verantwortlichen von einem internationalen Gericht, das seinen Sitz in Nürnberg* erhielt, als Kriegsverbrecher aburteilen zu lassen. 61 Nationen und fast 100 Millionen Mann hatten am Zweiten Weltkrieg teilgenommen. 40 Millionen Menschen waren in dieser gigantischen Katastrophe umgekommen. Europa ging zerstört und verarmt aus diesem Krieg hervor, der das Nationalgefühl der farbigen Völker geweckt hatte. Von nun an teilten sich zwei Großmächte in die Herrschaft der Welt: die Sowjetunion und die Vereinigten Staaten von Nordamerika.

Die japanische Delegation ging an Bord des amerikanischen Schlachtschiffes »Missouri«, das in der Bucht von Tokio vor Anker lag.

ANHANG

Datum	Ereignisse	Schlachten	Wissenschaft, Entdeckungen, Verschiedenes
1936	Hitler besetzt das entmilitarisierte Rheinland. Wahlsiege der Volksfront in Frankreich und Spanien. Verkündigung einer neuen Sozialgesetzgebung in Frankreich. Rebellion der spanischen Armee. Deutsch-italienische Intervention auf der Iberischen Halbinsel. Abschluß der Besetzung Äthiopiens durch Mussolini. Säuberungsprozesse Stalins. Wiederwahl Präsident Roosevelts. Abdankung Eduards VIII., Georg VI. wird König von England.	Belagerung von Toledo. Erste Schlacht um Madrid.	Die deutsche Industrie entwickelt für die Wirtschaft des Dritten Reiches synthetische Produkte, wie Benzol, künstlichen Kautschuk (Buna) und Chemiefasern. Letzte Olympiade vor dem Krieg in Berlin.
1937	Bildung der Achse Berlin–Rom. Stalin säubert die Rote Armee. Angriff Japans auf China. Neville Chamberlain britischer Premierminister. Antikominternpakt. Italien verläßt den Völkerbund.	Jarama. Guadalajara. Brunete. Aragonien.	Weltausstellung in Paris.
1938	Anschluß Österreichs. Sudetenkrise. Münchener Abkommen. Polen annektiert Teschen, Ungarn besetzt den Süden der Tschechoslowakei. Judenverfolgungen in Deutschland (Kristallnacht).	Teruel, Aragonien, Ebro.	Entwicklung der Nylonfaser.
1939	Ende des Spanischen Bürgerkrieges. Hitler annektiert Böhmen und Mähren. Die Slowakei erklärt ihre Unabhängigkeit. Ungarn besetzt Ruthenien. Das Memelland wird wieder deutsch. Mussolini marschiert in Albanien ein. Deutsch-sowjetischer Nichtangriffspakt. Großbritannien garantiert die Grenzen Polens. Beginn des Zweiten Weltkrieges: Hitler greift Polen an. England und Frankreich erklären Deutschland den Krieg. Unfähigkeit Italiens, auf sich selbst gestellt Krieg zu führen. Vierte Teilung Polens. Russisch-finnischer Krieg (sogenannter Winterkrieg).	Radom, Bzura, Warschau. Rio de la Plata. Karmelien.	Albert Einstein unterrichtet Roosevelt über die Möglichkeit der militärischen Verwendung von Atomenergie. Erste Urankernverschmelzung durch die deutschen Atomforscher Hahn und Meitner.

Datum	Ereignisse	Schlachten	Wissenschaft, Entdeckungen, Verschiedenes
1940	Ende der russisch-finnischen Krieges. Die Deutschen besetzen Dänemark und Norwegen. Beginn des Westfeldzuges. Besetzung der Niederlande, Belgiens und Luxemburgs. Churchill britischer Premierminister. Kapitulation der niederländischen und der belgischen Armee. Italien tritt in den Krieg ein. Kapitulation Frankreichs gegenüber Deutschland und Italien. Großbritannien allein im Krieg gegen Deutschland. Gründung des Freien Frankreich. Vichy wird Sitz der Regierung Marschall Pétains. Anschluß Äquatorialafrikas und der Pazifikgebiete an das Freie Frankreich. Ungarn erhält den Norden Siebenbürgens. Treffen Hitler–Franco in Hendaye und Hitler–Pétain in Montoire. Abschluß des Dreimächtepaktes. Italienisch-griechischer Krieg.	Narvik. Ardennen, Maas, Flandern. Dünkirchen. Luftschlacht um England. Britische Gegenoffensive in der Cyrenaika.	Die Engländer benutzen die Erfindung des Radars zur Flugabwehr. Medizinische Anwendung des Penizillins.
1941	Roosevelt verkündet das Leih- und Pachtgesetz. Landung Rommels in Libyen. Jugoslawien tritt dem Dreimächtepakt bei. Gegen-Maßnahmen König Peters II. Die Streitkräfte der Achse und ihrer Verbündeten dringen in Jugoslawien und Griechenland ein. Aufteilung Jugoslawiens. Befreiung Äthiopiens durch die Briten. Angriff Hitlers auf die Sowjetunion. Roosevelt und Churchill treffen sich an Bord der Schiffe »Augusta« und »Prince of Wales«. Verkündung der Atlantikcharta. Japan tritt in den Krieg ein.	Belagerung von Tobruk. Eroberung Kretas. Keren, Massaua. Bialystok, Minsk. Uman. Smolensk. Ukraine. Wjasma. Moskau. Formierung der jugoslawischen Widerstandsgruppen. Pearl Harbor.	
1942	Eisenhower wird Oberbefehlshaber der alliierten Truppen in Europa. Unternehmen »Torch«. Deutsche Sommeroffensive an der Wolga und im Kaukasus. Ausdehnung der Rassengesetze auf die von Deutschland	Fall Singapurs, Eroberung Birmas, der Philippinen und Niederländisch-Ostindiens. Bir Hakeim. Tobruk. Schlacht im	Enrico Fermi gelingt die erste atomare Kettenreaktion. Deutschland entwickelt den ersten Düsenmotor.

Datum	Ereignisse	Schlachten	Wissenschaft, Entdeckungen, Verschiedenes
	besetzten Gebiete. Verkündung der Arbeitsdienstpflicht. Landung der englisch-amerikanischen Truppen in Französisch-Nordafrika. Deutschland besetzt die Südzone Frankreichs. Rückzug der Deutschen an der Ostfront bis auf den Donez. Räumung des nördlichen Kaukasus.	Korallenmeer, auf den Midways und um Guadalcanal. Stalingrad. El Alamein. Tunesien.	
1943	Rommel muß Tripolitanien preisgeben. Einnahme von Tunis durch die Alliierten, die wenig später in Sizilien landen. Badoglio setzt Mussolini ab. Italien bittet um Waffenstillstand. Bildung des Französischen Komitees der Nationalen Befreiung. Vorsitzender: General de Gaulle. Konferenz der drei Großmächte in Teheran.	Mareth-Linie. Sbeitla, Kasserine. Salerno. Volturno. Kursk. Orel. Kiew. Sowjetische Gegenoffensive am Dnjepr.	
1944	Einnahme Roms. Alliierte Landung an der Normandieküste. Landung in der Provence. Befreiung Mittelitaliens und Westeuropas. Das Französische Komitee der Nationalen Befreiung stellt in Frankreich die Republik wieder her. Sowjetische Offensive auf dem Balkan und in Weißrußland. Rumänien, Bulgarien und Finnland verlangen den Waffenstillstand. Englisch-amerikanisches Währungsabkommen von Bretton Woods.	Cassino. Anzio. Garigliano. Saipan. Neuguinea. Philippinen. Normandie. Warschau. Arnheim. Elsaß. Ardennen.	Erster Einsatz der V2-Raketen und der neuentwickelten Düsenflugzeuge.
1945	Jalta-Konferenz. Kapitulation Deutschlands. Befreiung Hollands, Dänemarks und Norwegens. Die Deutschen verlassen Kroatien-Slowenien, Böhmen und Lettland. Konstituierende Sitzung der Vereinten Nationen. Tod Roosevelts. Truman amerikanischer Präsident. Potsdamer Konferenz. Wahlsieg der Labour Party in Großbritannien. Abwurf der ersten Atombomben: Hiroschima, Nagasaki. Kapitulation Japans.	Übergang über den Rhein, die Oder. Berlin. Iwojima. Okinawa.	Erste Atomversuche in der Wüste von New Mexico.

DIE PRÄSIDENTEN DER VEREINIGTEN STAATEN

Zeitpunkt der Wahl	Präsident	Partei	Vizepräsident	Gegenkandidat
1880	Garfield	Republikaner	Arthur*	Hancock
1884	Cleveland	Demokrat	Hendricks	Blaine
1888	Harrison	Republikaner	Morton	Cleveland
1892	Cleveland	Demokrat	Stevenson	Harrison, Weaver
1896	McKinley	Republikaner	Hobart	Bryan
1900	McKinley	Republikaner	T. Roosevelt	Bryan
1904	T. Roosevelt	Republikaner	Fairbanks	Parker
1908	Taft	Republikaner	Sherman	Bryan
1912	Wilson	Demokrat	Marshall	T. Roosevelt, Taft
1916	Wilson	Demokrat	Marshall	Hughes
1920	Harding	Republikaner	Coolidge*	Cox
1924	Coolidge	Republikaner	Dawes	Davis, La Follette
1928	Hoover	Republikaner	Curtis	Smith
1932	F. Roosevelt	Demokrat	Garner	Hoover
1936	F. Roosevelt	Demokrat	Garner	Landon
1940	F. Roosevelt	Demokrat	Wallace	Willkie
1944	F. Roosevelt	Demokrat	Truman*	Dewey

* Vizepräsidenten, die im Laufe ihrer Amtszeit Präsident geworden sind.

DIE PRÄSIDENTEN DER DRITTEN FRANZÖSISCHEN REPUBLIK

Thiers (Chef der Exekutive)	1871–1873	Fallières	1906–1913
Mac-Mahon	1873–1879	Poincaré	1913–1920
Grévy	1879–1887	Deschanel	1920
Carnot	1887–1894	Millerand	1920–1924
Casimir-Périer	1894–1895	Doumergue	1924–1931
Faure	1895–1899	Doumer	1931–1932
Loubet	1899–1906	Lebrun	1932–1940

DEUTSCHE REICHSPRÄSIDENTEN

Ebert	1919–1925	Hitler	1934–1945
Hindenburg	1925–1934		

ÖSTERREICHISCHE BUNDESKANZLER

Mayr	1920–1921	Schober	1929–1930
Schober	1921–1922	Vaugoin	1930
Seipel	1922–1924	Ender	1930–1931
Ramek	1924–1926	Buresch	1931–1932
Seipel	1926–1929	Dollfuß	1932–1934
Streeruwitz	1929	Schuschnigg	1934–1938

ENGLISCHE KÖNIGE

Eduard VII.	1901–1910
Georg V.	1910–1936
Eduard VIII.	1936
Georg VI.	1936–1952

BELGISCHE KÖNIGE

Albert I.	1909–1934
Leopold III.	1934–1951

DIE KÖNIGE SERBIENS UND JUGOSLAWIENS

Peter I.	1903–1921
Alexander I.	1921–1934
Peter II.	1934–1945
Paul (Prinzregent)	1935–1941

RUMÄNISCHE KÖNIGE

Carol I.	1881–1914
Ferdinand I.	1914–1927
Michael I.	1927–1930
Carol II.	1930–1940
Michael I.	1940–1947

BULGARISCHE KÖNIGE

Ferdinand I.	1908–1918
Boris III.	1918–1943
Simeon II.	1943–1946

GRIECHISCHE KÖNIGE

Georg I.	1863–1913
Konstantin I.	1913–1917
Alexander I.	1917–1920
Konstantin I.	1920–1922
Georg II.	1922–1924
(Republik)	1924–1935
Georg II.	1935–1947

TÜRKISCHE SULTANE

Mustafa III.	1757–1773
Abd ul-Hamid I.	1774–1789
Selim III.	1789–1807
Mustafa IV.	1807–1808
Mahmud II.	1808–1839
Abd ul-Medschid I.	1839–1861
Abd ul-Asis	1861–1876
Murad V.	1876
Abd ul-Hamid II.	1876–1909
Mehmed V.	1909–1918
Mehmed VI.	1918–1922

JAPANISCHE KAISER

Mutsohito	1868–1912
Yoshihito	1912–1926
Hirohito	1926–

PÄPSTE

Pius VII.	1800–1823
Leo XII.	1823–1829
Pius VIII.	1829–1830
Gregor XVI.	1831–1846
Pius IX.	1846–1878
Leo XIII.	1878–1903
Pius X.	1903–1914
Benedikt XV.	1914–1922
Pius XI.	1922–1939
Pius XII.	1939–1958

KARTEN

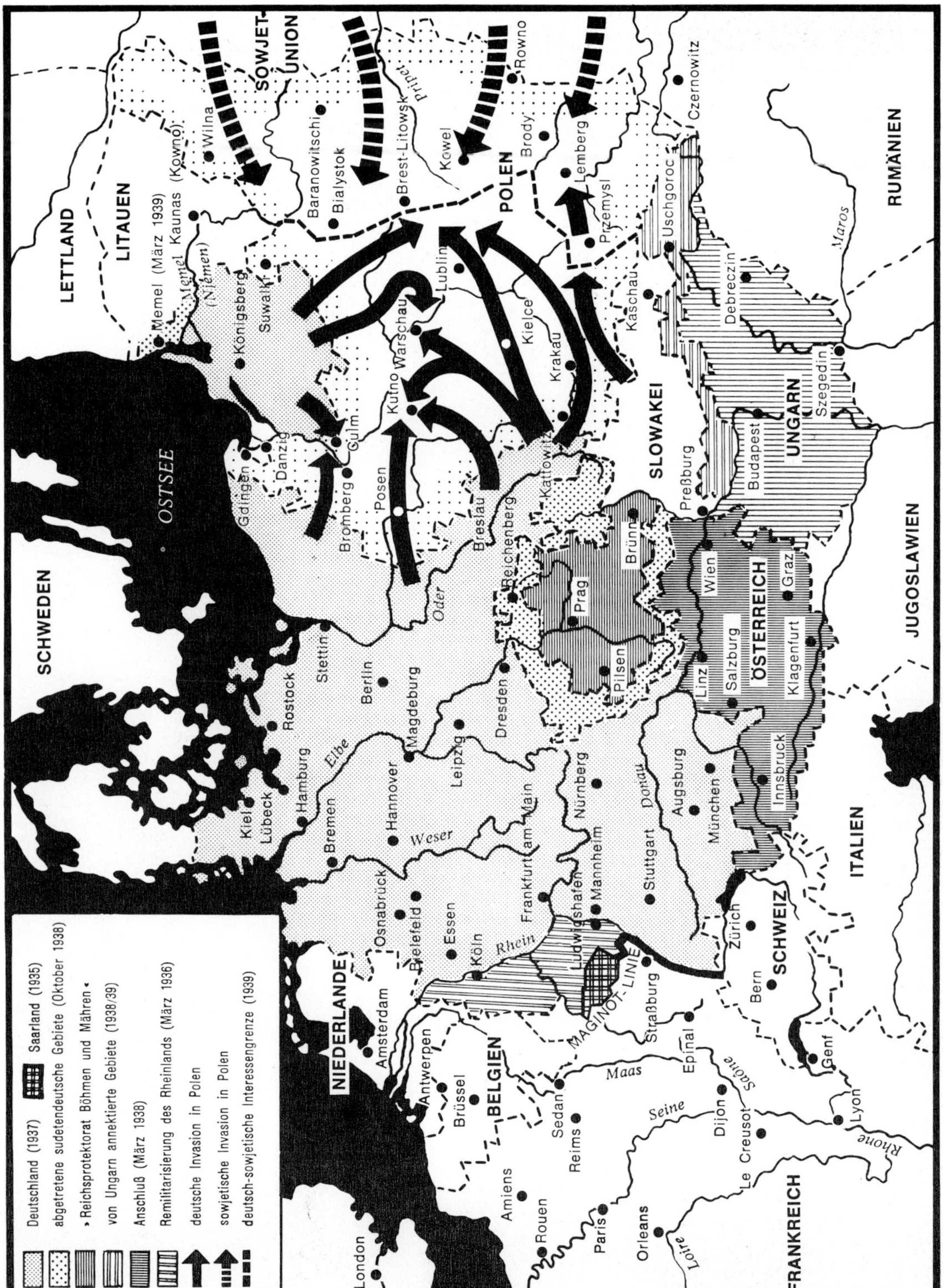
Deutschland (1937)
Saarland (1935)
abgetretene sudetendeutsche Gebiete (Oktober 1938)
»Reichsprotektorat Böhmen und Mähren«
von Ungarn annektierte Gebiete (1938/39)
Anschluß (März 1938)
Remilitarisierung des Rheinlands (März 1936)
deutsche Invasion in Polen
sowjetische Invasion in Polen
deutsch-sowjetische Interessengrenze (1939)
SCHWEDEN
OSTSEE
LETTLAND
LITAUEN
SOWJET-UNION
POLEN
SLOWAKEI
UNGARN
RUMÄNIEN
ÖSTERREICH
JUGOSLAWIEN
ITALIEN
SCHWEIZ
FRANKREICH
BELGIEN
NIEDERLANDE
MAGINOT-LINIE
Memel (März 1939)
Kaunas (Kowno)
Wilna
Königsberg
Suwalki
Danzig
Gdingen
Bromberg
Culm
Posen
Kutno
Warschau
Bialystok
Baranowitschi
Brest-Litowsk
Lublin
Kowel
Rowno
Brody
Lemberg
Przemysl
Kielce
Krakau
Kattowitz
Breslau
Reichenberg
Prag
Pilsen
Brünn
Preßburg
Kaschau
Uschgorod
Czernowitz
Debreczin
Budapest
Szegedin
Wien
Linz
Salzburg
Graz
Klagenfurt
Innsbruck
Stettin
Berlin
Rostock
Hamburg
Kiel
Lübeck
Bremen
Hannover
Magdeburg
Leipzig
Dresden
Osnabrück
Bielefeld
Essen
Köln
Frankfurt am Main
Ludwigshafen
Mannheim
Nürnberg
Stuttgart
Augsburg
München
Zürich
Bern
Genf
Straßburg
Epinal
Amsterdam
Antwerpen
Brüssel
Sedan
Reims
Amiens
Rouen
Paris
Orleans
London
Dijon
Le Creusot
Lyon
Elbe
Oder
Weser
Rhein
Donau
Memel
(Njemen)
Pripet
Maros
Maas
Seine
Saône
Rhone
Loire

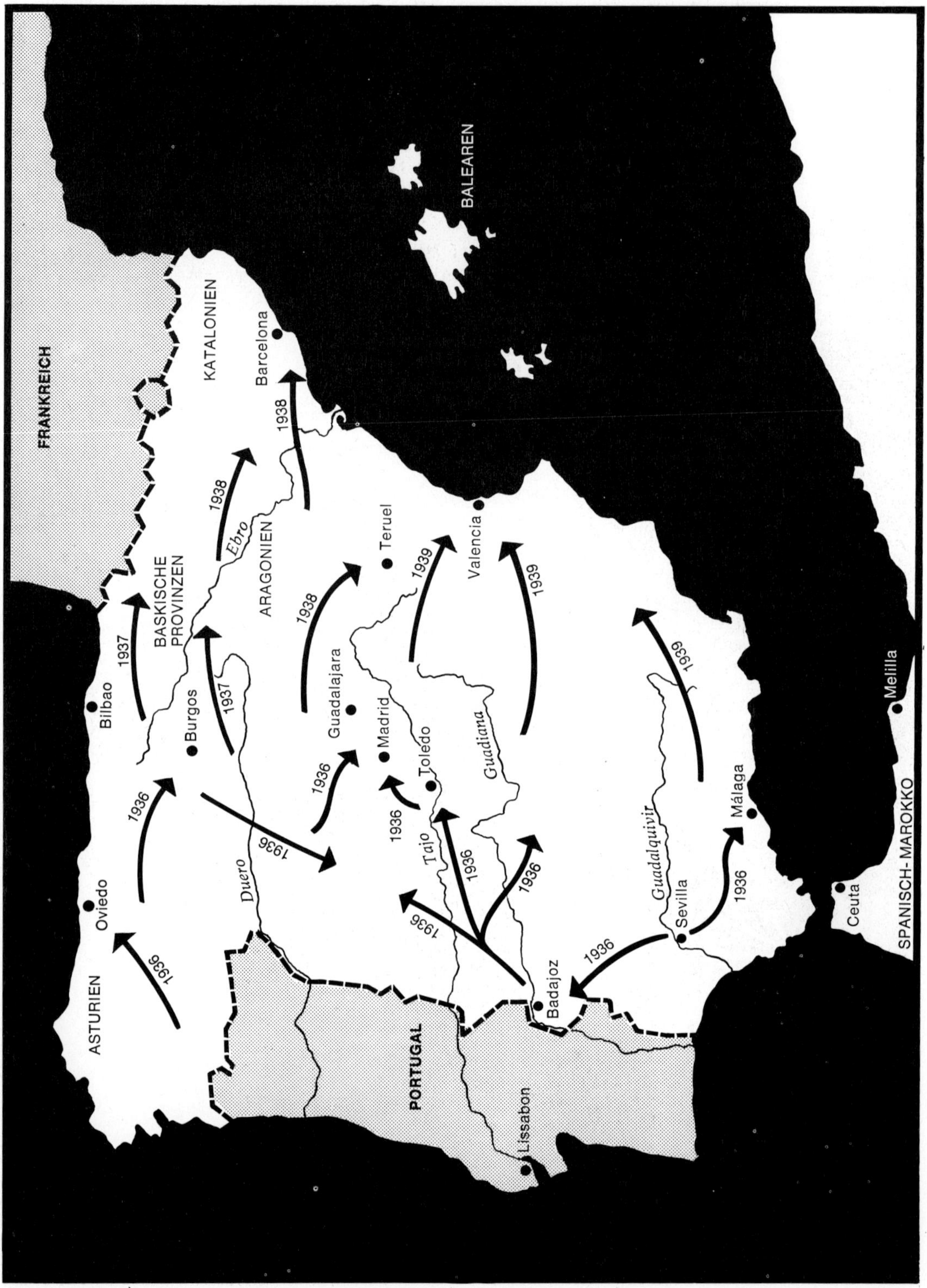
FRANKREICH
KATALONIEN
Barcelona
BALEAREN
1938
Ebro
1938
ARAGONIEN
BASKISCHE PROVINZEN
Teruel
1938
1939
Valencia
1939
1937
Bilbao
Burgos
1937
Guadalajara
Madrid
Toledo
Guadiana
1939
Melilla
1936
1936
1936
Oviedo
Duero
1936
1936
Tajo
1936
1936
1936
Guadalquivir
Málaga
ASTURIEN
1936
Badajoz
1936
Sevilla
1936
Ceuta
SPANISCH-MAROKKO
PORTUGAL
Lissabon

Landungen der Alliierten
Vormarsch der Alliierten
Landungen der Deutschen
Vormarsch der Deutschen
Grenze vom 30. 11. 1939
Grenze vom 13. 3. 1940
Nordkap
Hammerfest
Petsamo
Poljarny
Murmansk
Nautsi
14. ARMEE
Narvik 28. 5.
Kiruna
20. GEB.-ARMEE
Kuolajärvi
Gällivare
Bodö 2 6.
Kemijärvi
ATLANTISCHER OZEAN
Mosjöen
9. ARMEE
Suomussalmi
Oulu
BOTTNISCHER MEERBUSEN
Namsos 4. 5.
Steinkjer
Nurmes
8. ARMEE
Molde
Drontheim 9. 4.
Korpiselkä
Andalsnes 2. 5.
SCHWEDEN
FINNLAND
Kitelä
Dombas 30. 4.
FINNISCHE ARMEE
15. ARMEE
NORWEGEN
Tampere
Lillehammer
Wiborg
Gol
Hamar
Turku
Helsinki
7. UND 13. ARMEE
Leningrad
Bergen 9. 4.
Kronstadt
Oslo 9. 4.
Hanko
Uppsala
Reval
Stavanger 9. 4.
Stockholm
ESTLAND
Arendal
Egersund
Göteborg
Riga
Alborg
LETTLAND
DÄNEMARK
Malmö
OSTSEE
LITAUEN
Kopenhagen 9. 4.
Königsberg
Kiel
Stralsund
Gdingen
Danzig
Rostock
NIEDERLANDE
Emden
Hamburg
Swinemünde
DEUTSCHLAND

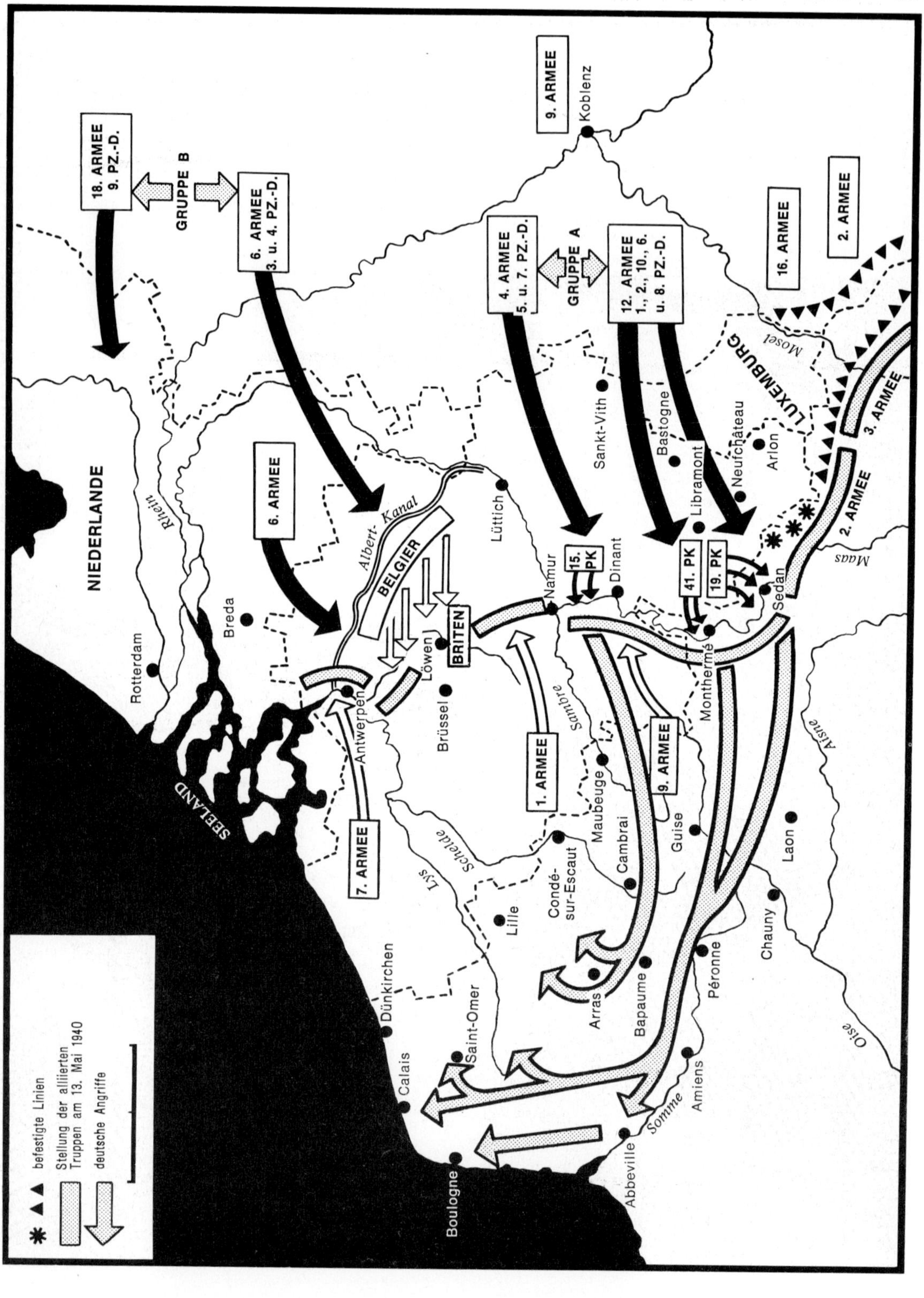

befestigte Linien
Stellung der alliierten Truppen am 13. Mai 1940
deutsche Angriffe
18. ARMEE 9. PZ.-D.
GRUPPE B
6. ARMEE 3. u. 4. PZ.-D.
9. ARMEE
Koblenz
4. ARMEE 5. u. 7. PZ.-D.
GRUPPE A
12. ARMEE 1., 2., 10., 6. u. 8. PZ.-D.
16. ARMEE
2. ARMEE
3. ARMEE
NIEDERLANDE
Rhein
Rotterdam
Breda
6. ARMEE
Albert-Kanal
BELGIER
BRITEN
Antwerpen
Löwen
Brüssel
Lüttich
Namur
Dinant
15. PK
41. PK
19. PK
Sankt-Vith
Bastogne
Libramont
Neufchâteau
Arlon
LUXEMBURG
Mosel
Maas
Sedan
Monthermé
1. ARMEE
9. ARMEE
Sambre
Maubeuge
Cambrai
Guise
Laon
Aisne
SEELAND
7. ARMEE
Schelde
Lys
Lille
Condé-sur-Escaut
Arras
Bapaume
Péronne
Chauny
Oise
Dünkirchen
Saint-Omer
Calais
Boulogne
Abbeville
Somme
Amiens

AFRIKA WÄHREND DES KRIEGES (1940-1943)

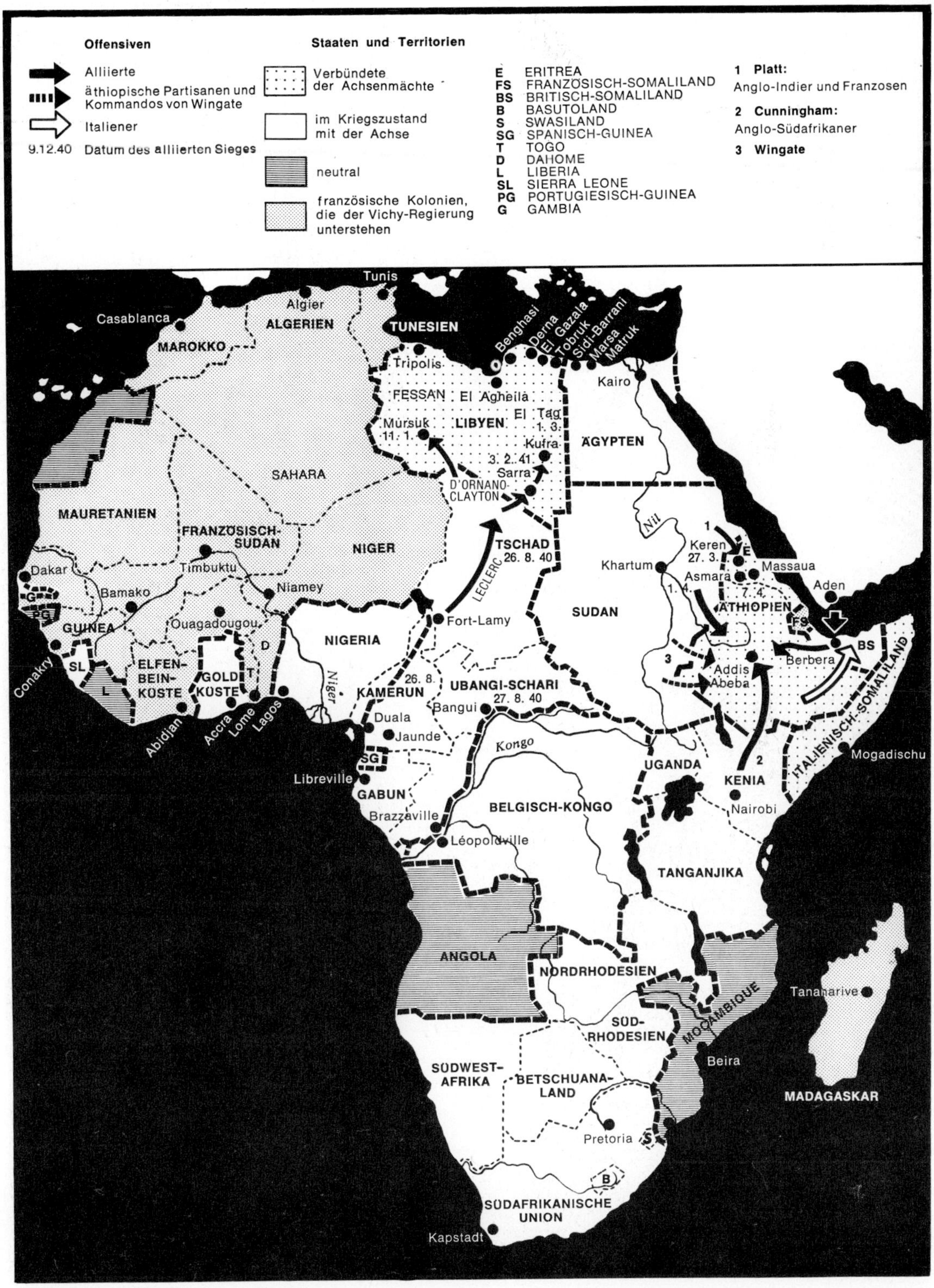

DER RUSSLANDFELDZUG (1941)

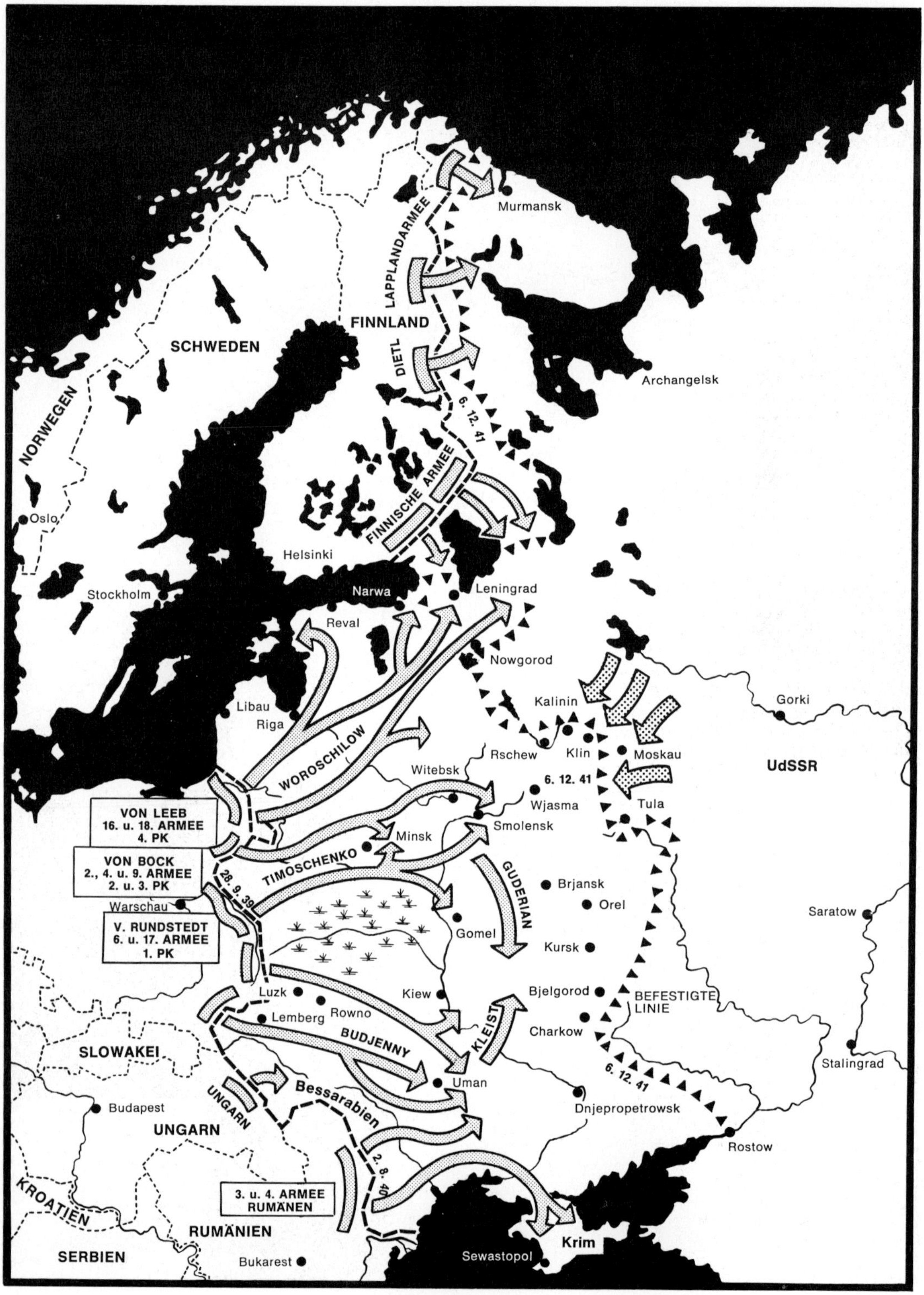

DIE INVASION DER ALLIIERTEN

DIE LAGE IM WESTEN (JUNI 1944)

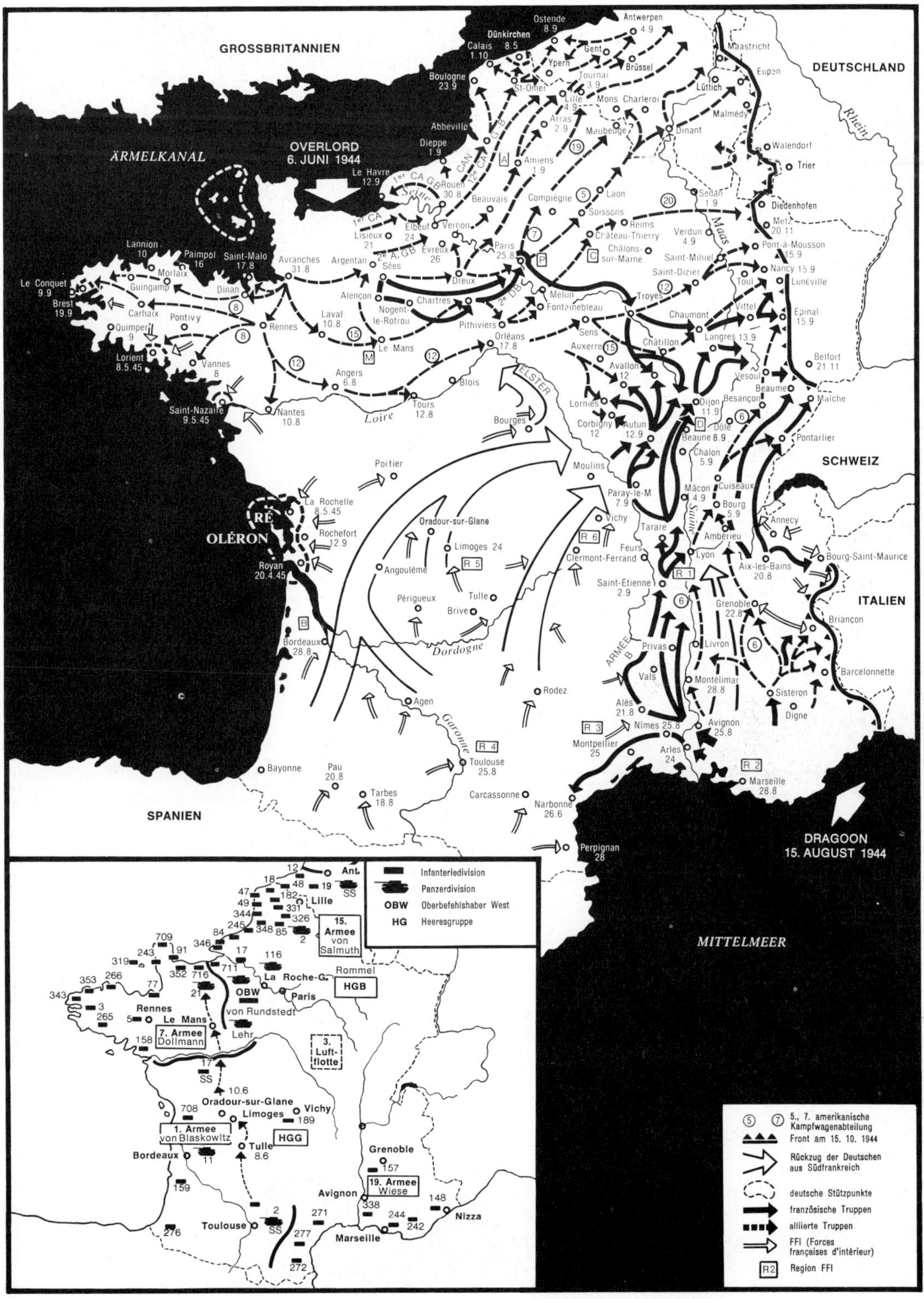

DER KAMPF UMS ELSASS (HERBST/WINTER 1944)

DIE ALLIIERTE LANDUNG IN SÜDFRANKREICH (AUGUST 1944)

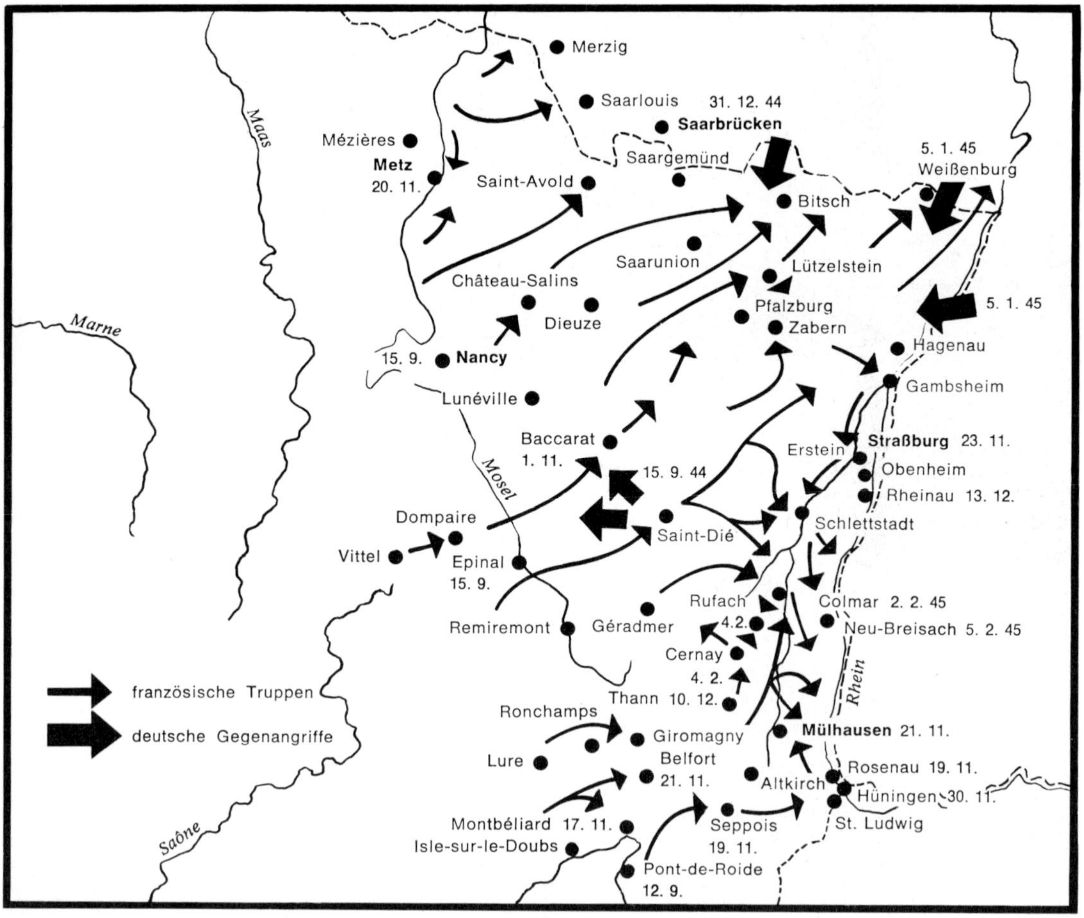

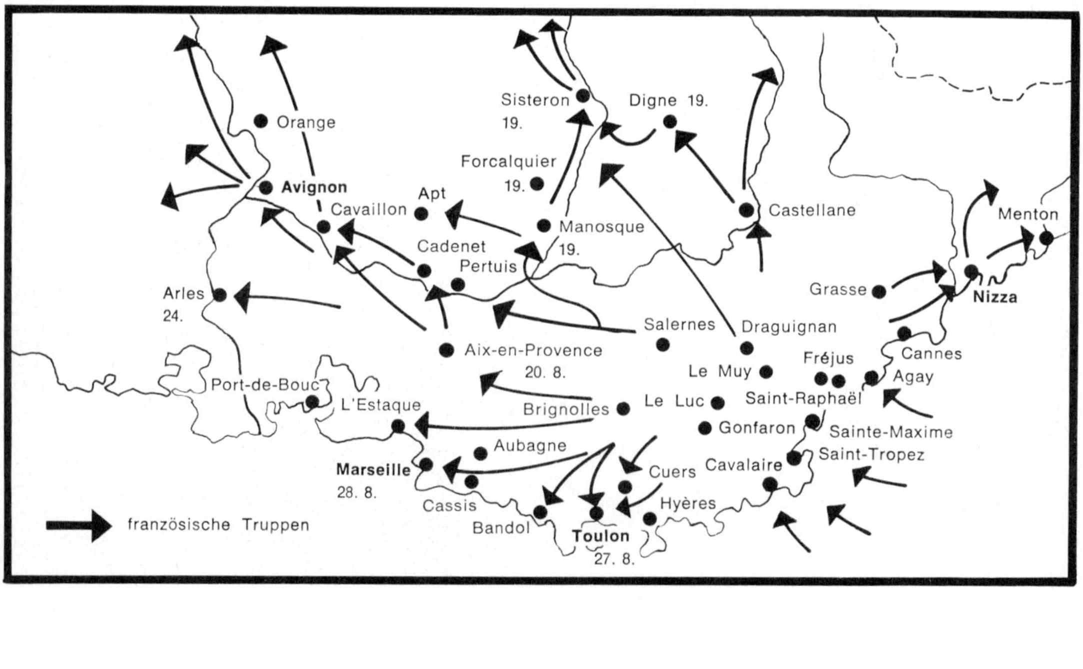

KARELISCHE FRONT
Petrosawodsk
Swir
FINNLAND
FRONT VON LENINGRAD
Kronstadt
Leningrad
Reval
Narwa
18. ARMEE
WOLCHOW-FRONT
Pernau
16. ARMEE
2. BALTIKUM-FRONT
Pleskau
(Pskow)
Wolga
Oka
Riga
Moskau
Welikije Luki
Polangen
Memel
1. BALTIKUM-FRONT
Polozk
Kaunas
Witebsk
3. Pz.-Arm.
Tula
Tilsit
Smolensk
Danzig
Orscha
Memel
3. WEISSRUSSISCHE FRONT
Suwalki
Grodno
Borissow
Minsk
4. ARMEE
2. WEISSRUSSISCHE FRONT
Baranowitschi
Bialystok
Sluzk
Bobruisk
Weichsel
1. WEISSRUSSISCHE FRONT
2. ARMEE
9. ARMEE
Warschau
Pripet
Pinsk
Gomel
Kursk
Lodz
Sümpfe
Don
Dnjepr
Lublin
Kowel
1. UKRAINISCHE FRONT
Sandomir
4. Pz.-Arm.
Luzk
Krakau
Charkow
Schitomir
Kiew
Rowno
Jaroslaw
2. UKRAINISCHE FRONT
Lemberg
Berditschew
Przemysl
Tarnopol
Korsun
Poltawa
Woroschilowgrad
(Lugansk)
1. Pz.-Arm.
Wien
Preßburg
Kamenez-Podolski
Uman
Stalino (Donezk)
Stanislaw
Kriwoj Rog
3. UKRAINISCHE FRONT
Rostow
Budapest
13.2.
Theiß
Czernowitz
Beresnegowaty
Saporoschje
UNGARN
Snigirewka
Klausenburg
Kischinew
Nikopol
4. UKRAINISCHE FRONT
Jassy
Szegedin
Nikolajew
Melitopol
6. ARMEE
Kaposvár
Fünfkirchen
Baja
Subotica
RUMÄNIEN
Odessa
Kertsch
Krim
Focşani
Ismail
Galatz
Belgrad
Turnu Severin
Ploeşti
Tulcea
Sewastopol
Bukarest
Konstanza
JUGOSLAWIEN
Donau
Nisch
Sofia
SCHWARZES MEER
Skopje
BULGARIEN
Ende 1943
Oktober 1944
April bis Juni 1944
Februar 1945
9. August 1944

DIE VIER BESATZUNGSZONEN (MAI 1945)

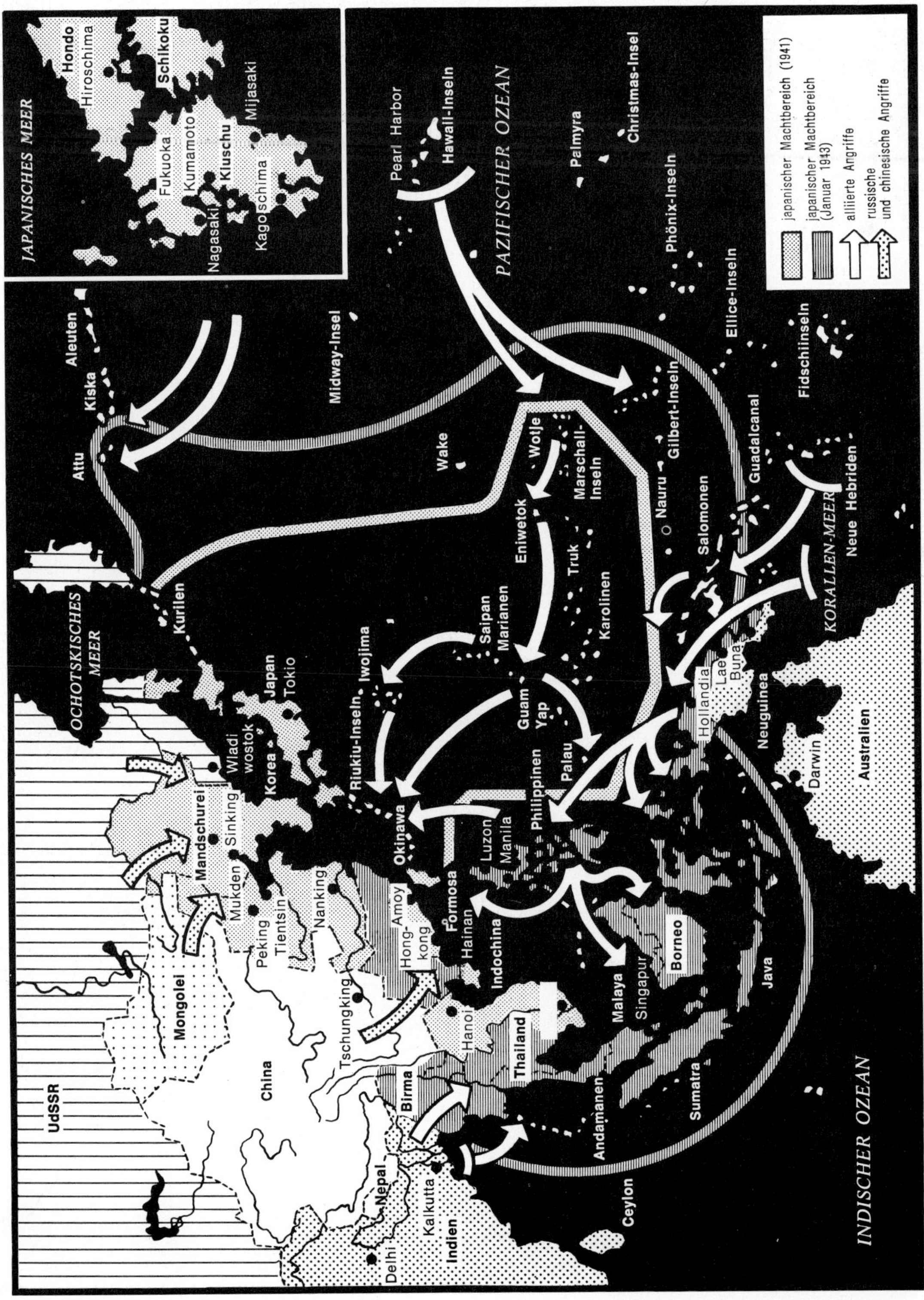

JAPANISCHES MEER
Hondo
Hiroschima
Schikoku
Fukuoka
Kumamoto
Kiuschu
Mijasaki
Nagasaki
Kagoschima
PAZIFISCHER OZEAN
Pearl Harbor
Hawaii-Inseln
Christmas-Insel
Palmyra
Phönix-Inseln
Ellice-Inseln
Fidschiinseln
japanischer Machtbereich (1941)
japanischer Machtbereich (Januar 1943)
alliierte Angriffe
russische und chinesische Angriffe
Aleuten
Kiska
Attu
Midway-Insel
Wake
Wotje
Marschall-Inseln
Eniwetok
Gilbert-Inseln
Nauru
Salomonen
Guadalcanal
Neue Hebriden
KORALLEN-MEER
Truk
Karolinen
Saipan
Marianen
Kurilen
OCHOTSKISCHES MEER
Iwojima
Japan
Tokio
Guam
Yap
Palau
Hollandia
Lae
Buna
Neuguinea
Darwin
Australien
Riukiu-Inseln
Wladiwostok
Korea
Okinawa
Philippinen
Luzon
Manila
Mandschurei
Sinking
Mukden
Formosa
Amoy
Hongkong
Hainan
Nanking
Peking
Tientsin
Indochina
Borneo
Java
Malaya
Singapur
Hanoi
Thailand
Tschungking
Mongolei
UdSSR
China
Birma
Andamanen
Sumatra
Nepal
Kalkutta
Indien
Delhi
Ceylon
INDISCHER OZEAN

LEXIKON

Abetz, Otto (1903–1958) Abetz war anfänglich Lehrer für Kunsterziehung und stammte aus Baden. Er organisierte zwischen 1928 und 1932 die französisch-deutsche Aussöhnung innerhalb der deutsch-französischen Jugendbewegungen und wurde 1934 Frankreich-Referent in der Reichsjugendführung. Nach einigem Zögern hatte er sich der nationalsozialistischen Bewegung angeschlossen. Er wurde nach der Machtergreifung Hitlers nach Paris gesandt, um die vorher geknüpften Beziehungen aufrechtzuerhalten. Im Juli 1939 wurde er von der französischen Regierung wegen angeblich umstürzlerischer Tätigkeit in dem von ihm gegründeten französisch-deutschen Komitee des Landes verwiesen. Am 3. August 1940, nach der Niederwerfung Frankreichs, kehrte er als deutscher Botschafter nach Frankreich zurück. In seinem Pariser Domizil trafen sich die eifrigsten Kollaborateure. Der Diplomat gewann den Vizepräsidenten Laval für sich und organisierte mit ihm das Zusammentreffen Hitlers mit Pétain in Montoire. Seinem Gesprächspartner machte er Hoffnungen auf eine baldige Normalisierung der Beziehungen zwischen Frankreich und Deutschland, zwischen der Nord- und der Südzone sowie auf ein erträgliches Los der französischen Kriegsgefangenen. Abetz hielt sich meist in Paris, nicht in Vichy auf, weil er bei der französischen Regierung der Südzone nicht offiziell akkreditiert war. Seine Ernennung brachte nur den Willen Ribbentrops zum Ausdruck, so eng wie möglich mit den französischen Angelegenheiten verbunden zu sein. Abetz' Tätigkeit bis 1944 erstreckte sich nicht nur auf das Gebiet der Diplomatie, sondern auch auf wirtschaftliche und militärische Probleme. 1945 wurde er von den französischen Behörden, die ihm strafbare Handlungen vorwarfen, verhaftet und 1949 zu 20 Jahren Zwangsarbeit verurteilt. Im April 1954 wurde er begnadigt.

Acre Brasilianischer Staat im äußersten Westen des Landes, grenzt an Peru und Bolivien. Bis 1903 gehörte er größtenteils zu Bolivien.

Alcalá Zamora, Niceto (1877–1949) Aus Andalusien gebürtiger liberaler Parlamentarier. Alcalá Zamora war 1917 Arbeitsminister, später Kriegsminister. Als Gegner Primo de Riveras trug er 1930 zum Rücktritt des Diktators bei und sorgte im folgenden Jahr mit für die Abdankung Alfons' XIII. Ab 14. April 1931 war er Ministerpräsident und ab Dezember Präsident der Republik. Die Staatsverfassung nahm durch die Anerkennung der baskischen und katalanischen Eigenständigkeit föderalistischen Charakter an. Der traditionell rot-gold gestreiften Nationalflagge wurde ein violetter Streifen hinzugefügt. Unter seiner Amtsführung wurden die linken Parteien besonders aktiv. In Asturien brach selbst der Aufstand aus. Die Wahlen vom Februar 1936 führten zum Sieg der Volksfront, die nun einen der Ihrigen an der Spitze des Staates sehen wollte. Alcalá galt für zu gemäßigt und wurde am 7. April 1936 gezwungen, sein Amt niederzulegen.

Alessandri, Arturo (1868–1950) Linksliberaler chilenischer Staatsmann. 1920 wurde er mit den Stimmen der gemäßigten, sozial schwach gestellten Landbevölkerung und mit Unterstützung der Gewerkschaften zum Staatspräsidenten gewählt. Noch im gleichen Jahr erließ er ein neues Arbeitsrecht. 1924 durch einen Militärputsch gestürzt, kam er im folgenden Jahr wieder zur Macht, mußte aber kurze Zeit später von neuem der militärischen Gewalt des Generals Ibáñez del Campo weichen, wurde 1932 zurückgeholt und blieb bis 1938 Präsident.

American Federation of Labor (AFL) Dieser gewerkschaftliche Dachverband wurde 1881 in Pittsburgh von Samuel Gompers gegründet, der bis zu seinem Tode 1924 an dessen Spitze blieb. William Green und William Meany führten anschließend den mächtigen Verband weiter. 1936 spaltete sich die radikale CIO (Congress of Industrial Organizations) unter der Leitung von John Lewis von der AFL ab. Im Jahre 1956 verschmolzen beide Gewerkschaftsverbände aufs neue.

Antonescu, Ion (1882–1946) Rumänischer General und Politiker, ab 1933 Generalstabschef der rumänischen Armee. Antonescu sympathisierte nach dem Erfolg der faschistischen Bewegung in Italien und des Nationalsozialismus in Deutschland mit den Achsenmächten und kritisierte offen die parlamentarische Staatsform seines Landes. König Carol II. enthob ihn im Jahre 1937 seiner militärischen Ämter. Die politischen Krisen in Europa und die Gebietsrückforderungen Ungarns und Bulgariens jedoch ließen es dem Monarchen geraten erscheinen, den energischen General bereits im folgenden Jahr wieder zu berufen und ihm darüber hinaus das Verteidigungsministerium zu übertragen. Im September 1940 berief der König Antonescu zum Ministerpräsidenten mit außerordentlichen Vollmachten. Der General zwang Carol II., am 6. September zugunsten seines Sohnes Michael abzudanken. Der junge König bestätigte die Stellung Antonescus als »Führer« (Conducătorul). Antonescu schaffte das parlamentarische System ab, umgab sich mit Ratgebern, die seine politischen Auffassungen teilten, und mit Männern der »Eisernen Garde« von Sima Horia. Rumänien schloß sich unter seiner Führung auf Gedeih und Verderb der Achse an, duldete im Herbst 1940 deutsche Truppen auf seinem Territorium und trat selbst dem Dreierpakt bei. Im Januar 1941 konnte der Conducătorul eine Revolte der »Eisernen Garde« niederschlagen, deren Führer ins Exil gingen. Im Juni 1941

(Photo Keystone)

Ion Antonescu.

nahm Antonescu mit zwei Armeen am Rußlandfeldzug teil und wurde im August 1941 Marschall. Über Bessarabien rückte er in die Ukraine ein und beteiligte sich an der Besetzung des Landes sowie an der Eroberung der Krim. Während des Sommers 1942 kämpften die Rumänen im Don-Wolga-Abschnitt. Im November wurden beide Armeen in der Schlacht um Stalingrad vernichtet. Das war der Anfang einer Reihe von Rückschlägen, in deren Verlauf sich die Rumänen im August 1944 wieder nach Bessarabien zurückziehen mußten. Als am 23. August die Sowjets die Moldau überschritten, wurde Antonescu von König Michael verhaftet. Der Marschall wurde von der kommunistischen rumänischen Volksregierung als Kriegsverbrecher am 1. Juni 1946 hingerichtet.

Anzio Kleiner italienischer Hafen in Latium, ungefähr 60 Kilometer südöstlich von Rom und 3 Kilometer westlich von Nettuno. Am 22. Januar 1944 landeten hier die amerikanischen Truppen und bildeten einen Brückenkopf, bis sie sich Anfang Mai mit den alliierten Kräften, die in der Gegend von Cassino gebunden waren, vereinigen konnten.

Armeegruppe Nr. 1 Französische Heeresabteilung. Während die Armeegruppen Nr. 2 (General Prételat) und Nr. 3 (Besson) die Maginot-Linie besetzt hielten, hatte Gamelin der Armeegruppe Nr. 1 (General Billotte) die Sicherung des nichtbefestigten Sektors der französisch-belgischen Grenze — von der Gegend von Montmédy bis Dünkirchen — anvertraut. Dieser Gruppe unterstanden die 2. Armee (Huntziger), die 9. Armee (Corap), die 1. Armee (Blanchard), die 7. Armee (Giraud) und das britische Expeditionskorps (Gort). Diese Kräfte sollten im Falle eines deutschen Angriffs über Belgien nach dem Plan »Dyle« vorgehen.

Arnheim (Arnhem) Hauptstadt der niederländischen Provinz Geldern, am rechten Ufer des Lek, 17 Kilometer nördlich von Nimwegen. Die britischen Fallschirmjäger hielten den Ort vom 17. bis zum 27. September 1944 besetzt.

Arnim, Hans-Jürgen von (1889–1962) Sproß eines märkischen Adelsgeschlechts, aus dem zahlreiche Diplomaten und Soldaten sowie der deutsche Dichter der Romantik, Achim von Arnim, hervorgegangen sind. Hans-Jürgen von Arnim hatte die Offizierslaufbahn eingeschlagen und war in der Wehrmacht zum General aufgestiegen. Ende 1942 übertrug ihm Hitler das Kommando über die Truppen, die den am 8. November 1942 gelandeten englisch-amerikanischen Streitkräften entgegengesetzt werden sollten. Arnim übernahm die 5. Panzerarmee und am 9. Dezember an Stelle von General Nehring den Befehl über die deutschen Truppen in Tunesien. Ab 23. Februar 1943 Rommel unterstellt, folgte er ihm am 10. März in der Führung des Afrikakorps. Beim Zusammenbruch der Front in Afrika, am 13. Mai kapitulierten die letzten noch kämpfenden Kräfte, wurden Generaloberst von Arnim und 252 000 Mann, davon die Hälfte Deutsche, von den Alliierten auf der Kap-Bon-Halbinsel gefangengenommen.

Arromanches Kleines Seebad an der Normandieküste, 29 Kilometer nordwestlich von Caen und 10 Kilometer nordöstlich von Bayeux. Dieser Ort war von den Alliierten für einen der zwei künstlichen Häfen im Unternehmen »Overlord« vorgesehen. Britische Soldaten legten den Hafen an, der zu Ehren Churchills, der den Bau angeregt hatte, den Namen Port-Winston erhielt. Nach der Zerstörung der künstlichen amerikanischen Hafenanlagen von Saint-Laurent-sur-Mer durch ein heftiges Unwetter zwischen dem 19. und dem 23. Juni 1944 mußte Arromanches den ganzen alliierten Nachschubverkehr während der Schlacht in der Normandie übernehmen. Bis zur Instandsetzung der zerbombten Hafenanlagen von Cherbourg spielte der kleine Hafen eine wichtige Rolle.

Atlantikwall Küstenbefestigung, die die Deutschen von 1942 bis 1944 entlang der holländischen, belgischen und französischen Küste angelegt hatten. Der Atlantikwall hatte die Aufgabe, eine Großlandung der Alliierten zu verhindern oder zumindest stark zu verzögern. Während der Invasionsschlacht 1944 wurde er jedoch wegen der großen Luftüberlegenheit der Alliierten durchbrochen.

Auschwitz Stadt in Polen, 60 Kilometer westlich von Krakau. Das Konzentrationslager, das der Stadt eine traurige Berühmtheit bewahrt, lag in einem Sumpfgelände an der Oberweichsel. Es war eines der Hauptvernichtungslager des Dritten Reiches.

Avesnes Französische Stadt im Departement Nord zwischen den Oberläufen der Sambre und der Oise, 18 Kilometer südlich von Maubeuge.

Avranches Französischer Ort

im Departement Manche, am Ostufer der Bucht von Mont-Saint-Michel.

Azaña y Díaz, Manuel (1880–1940) Spanischer Staatsmann und Schriftsteller. Er war zuerst liberaler Monarchist, dann ab 1930 Republikaner. Azaña übernahm im Kabinett Zamora Anfang 1931 das Kriegsministerium. Bereits im April des gleichen Jahres erhielt er das Amt des Ministerpräsidenten, das er bis September 1933 innehatte. Nachdem er sich dem linken Flügel der republikanischen Regierung angeschlossen hatte, wurde Azaña infolge des Wahlsieges der Volksfront im Februar 1936 Präsident der Republik (10. Mai 1936). Von linksextremistischen Elementen überspielt, übte der Staatschef einen nur noch nominellen Einfluß auf die Staatsführung aus. Die Bedrohung Madrids zwang ihn, die Regierung 1938 nach Barcelona zu verlegen. Nach der Invasion Kataloniens durch Truppen Francos floh Azaña am 27. Februar 1939 nach Frankreich. Er hatte die Staatsgewalt der Militärjunta General Miajas übertragen. Im November 1940 verstarb er in Montauban.

Bad Godesberg Kurort am linken Rheinufer, südlich von Bonn. Hitler und Chamberlain trafen sich hier am 22. und am 23. September 1938.

Bardia Hafenstadt im Osten der Cyrenaika, etwa 30 Kilometer nordwestlich der ägyptischen Grenzstadt Salum (Sollum).

Barthou, Jean-Louis (1862–1934) Französischer Rechtsanwalt und Politiker. Er war ab 1899 gemäßigter Abgeordneter seines Heimat-Departements Basses-Pyrénées, 1894 und 1906 Arbeitsminister; zwischendurch, von 1896 bis 1898 Innenminister. 1913 wurde Barthou Ministerpräsident. Er setzte beim Parlament die Verlängerung des Militärdienstes auf drei Jahre durch. 1917 wurde er Außenminister, fünf Jahre später Justizminister, dann, bis 1926, Präsident der Reparationskommission. Im selben Jahr war er wieder Justizminister, 1930 Kriegsminister, vier Jahre später Außenminister. Es war die Zeit, wo die deutsche Wiederbewaffnung und der Mord an Dollfuß künftige diplomatische und politische Verwirrungen fürchten ließen. Um ihnen die Stirn bieten zu können, bemühte sich Barthou um Bündnisse mit verschiedenen Ländern Mittel- und Osteuropas. Als er am 9. Oktober 1934 König Alexander I. von Jugoslawien empfing, starb er an der Seite seines Gastes unter den Kugeln kroatischer Nationalisten.

Batista y Zaldívar, Fulgencio Kubanischer Politiker. Als Sohn armer Eltern 1901 in der Provinz Oriente, im Süden Kubas, geboren, verlor Batista mit 14 Jahren Vater und Mutter. Mit 20 Jahren trat er mittellos in die Armee ein, arbeitete zäh an sich selbst und stieg 1928 zum Sergeanten auf. Im Zuge der Revolution des 4. September 1933 gegen Machado wurde er zum Oberst befördert. Nachdem der ehrgeizige Offizier als Stabschef einen Streik in den Zuckerraffinerien und den Pflanzungen auf brutale Weise niedergeschlagen hatte, wurde er zwei Jahre später zum General befördert. Von diesem Augenblick an galt Batista als der starke Mann Kubas. 1940 wurde er zum Präsidenten der Republik gewählt. Über die Insel senkte sich ein autoritäres Regime, das sich im Laufe der Jahre durch eine allmächtige Polizei und Armee wie durch die zügellose Korruption der Verwaltung auszeichnete. Batista selbst gab in schamloser Weise das beste Beispiel. 1944 mußte er für vier Jahre ins Exil nach den Vereinigten Staaten gehen. 1952 wurde er durch einen Staatsstreich erneut Präsident, mußte aber unter dem Druck des Aufstands unter Fidel Castro am 1. Januar 1959 zurücktreten.

Beaverbrook, William Maxwell Aitken, Lord (1879–1964) Aus Kanada stammender britischer Politiker und Zeitungsverleger, der sich als junger Millionär in Großbritannien niederließ. Von 1910 bis 1916 war er konservatives Mitglied des Unterhauses. Als Besitzer mehrerer großer Tageszeitungen, zum Beispiel des auflagehöchsten Blattes der Welt, »Daily Express«, konnte er auf die Politik Einfluß nehmen und stark imperialistisch gefärbte Anschauungen verbreiten. Diese Haltung wie seine erklärte Gegnerschaft gegenüber dem Nationalsozialismus sicherten ihm die Freundschaft mit Winston Churchill. Dieser übertrug dem loyalen Lord Beaverbrook während des Zweiten Weltkrieges zuerst das Ministerium für Flugzeugherstellung, dann, im Februar 1942, das Ministerium für Materialbeschaffung.

Beck, Józef (1894–1944) Polnischer Politiker. Während des Ersten Weltkrieges war er Kampfgenosse von Marschall Piłsudski. Er verließ die Armee 1923 im Rang eines Obersten. Unter Piłsudski erhielt Oberst Beck einen immer größer werdenden Einfluß. 1932 wurde er Außenminister; diesen Posten bekleidete er bis 1939. Der Diplomat aus Leidenschaft betrieb die Anlehnung an Deutschland und forderte während der Sudetenkrise für sein Land die Bergwerksbezirke von Teschen. Im Frühling 1939 jedoch, als sich Hitler anschickte, die Danzig-Frage aufzuwerfen, bat der Oberst in London und Paris um Unterstützung. Er glaubte, daß die westlichen Zusagen ihm derart den Rücken stärken würden, daß er es sich erlauben könnte, alle Ansprüche des deutschen Reichskanzlers zurückzuweisen und eine standhafte Haltung einzunehmen. Nach der Niederwerfung seines Landes flüchtete er nach Rumänien und wurde dort Führer der polnischen Emigranten. Während des Krieges interniert, starb er am 6. Juli 1944.

Beck, Ludwig (1880–1944) Deutscher Generaloberst. Im Ersten Weltkrieg war er Generalstabsoffizier der 5. Armee an der Westfront, 1930 wurde er General. Ludwig Beck erhielt 1933 den verantwortungsvollen Posten als Chef des Truppenamtes, zwei Jahre später wurde er Generalstabschef des Heeres. Als Realist war er sich bewußt, daß Hitler ab 1936 eine äußerst risikoreiche Politik betrieb. Der General sah den tragischen Ausgang voraus und brachte 1938 seine Bedenken und seine Kritik Hitler gegenüber deutlich zum Ausdruck. Beck mußte nach der Sudetenkrise die Führung des Generalstabs an General Halder abtreten. Während des Krieges hielt sich Beck im Hintergrund, organisierte aber durch seine Verbindung in der Armee den Widerstand gegen Hitler, der im Attentat vom 20. Juli 1944 gipfelte. Nach dessen Scheitern versuchte sich der General, der als Staatsoberhaupt vorgesehen war, in Berlin zu erschießen, wurde aber dann durch einen Unteroffizier getötet.

Bergen-Belsen Nationalsozialistisches Konzentrationslager bei Celle in Niedersachsen.

Béthouart, Antoine-Marie-Emile (geboren 1889). Dieser General führte im April 1940 das französische Expeditionskorps im Kampfabschnitt Narvik. Es gelang ihm, beim britischen Kommando seine taktischen Pläne durchzusetzen. Mit polnischen und norwegischen Truppenteilen führte er die Landungsbewegungen durch, die die Einnahme des kleinen Hafens am 28. Mai ermöglichten. Nach dem Norwegen-Unternehmen nach Marokko versetzt, unterstützte der General die Widerstandsbewegung von Lemaigre-Dubreuil, die die alliierte Landung vom 8. November 1942 begünstigte. Auf Befehl General Noguès' wurde Béthouart festgenommen, aber wenig später von den Amerikanern befreit. Im nächsten Jahr war er Generalstabschef der französischen Armee in Marokko. 1944/45 führte er das 1. Korps der 1. französischen Armee in der Provence und im Schwarzwald. 1945 bis 1950 war er Kommandant der französischen Besatzungstruppen und Hochkommissar in Österreich.

Bidault, Georges (geboren 1899) Französischer Politiker. Er war Geschichtslehrer, aktives Mitglied der katholischen Jugendbewegung und vor dem Krieg Journalist bei der Zeitschrift »L'Aube«. Als Georges Bidault am 31. August 1941 in die Südzone zurückkehrte, trat er der Widerstandsbewegung bei, in der er bald führend wurde. Er knüpfte vielfältige Kontakte unter den Widerstandskämpfern und trat den führenden Gremien der Bewegung bei: dem »Combat« (Kampf) und dem »Front national« (Nationale Front). Jean Moulin vertraute ihm 1942 das Informationsbüro und die Presse an. Bidault wurde einer seiner engsten Mitarbeiter. Nach der Verhaftung Moulins stieg Bidault zum Präsidenten des Nationalen Widerstandsrates auf. Vom September 1944 bis Januar 1946 war er Außenminister, zunächst unter de Gaulles, dann unter Gouin. Vom Juni bis November 1946 und vom Oktober 1949 bis Juni 1950 war der ehemalige Chef der Résistance französischer Ministerpräsident. Seit den Wahlen von 1945 Abgeordneter des Departements Loire, gründete er die Republikanische Volksbewegung (Mouvement républicain populaire, MRP). Er nahm an den wichtigsten internationalen Kriegsverhandlungen teil, half mit bei der Gründung der NATO und entwarf zusammen mit Robert Schumann die Grundzüge der Europäischen Wirtschaftsgemeinschaft (EWG). Von Juni 1953 bis Juni 1954 von neuem Außenminister, mußte er sich mit der Indochina-Krise bis zur französischen Niederlage von Dien Bien Phu auseinandersetzen. Bidault widersetzte sich der Algerien-Politik de Gaulles und trat in die Bewegung »Französisches Algerien« ein. Nach dem Sieg der gaullistischen Politik ging er von 1962 bis 1968 außer Landes.

(Photo Keystone)
Georges Bidault, um 1946.

Billotte, Gaston-Henri (1875–1940) Französischer General. Er gehörte zusammen mit den Generälen Gamelin, Weygand, Georges und Huntziger zu den angesehensten Militärs der französischen Armee. Gamelin hatte ihn im Herbst 1939 mit dem Kommando der Armeegruppe Nr. 1 betraut, die bei einem Angriff Deutschlands nach Belgien vorzustoßen hatte. Nachdem am 20. Mai 1940 der deutsche Panzerkeil über die Maas, die Ardennen bis zur Mündung der Somme vorgestoßen war und seine Armeegruppe abgeschnitten hatte, versuchte General Billotte der Lage allein Herr zu werden. Bei der Rückfahrt von einer alliierten Lagebesprechung in Ypern am 23. Mai kam er bei einem Autounfall ums Leben.

Bir Hakeim Altes türkisches Fort in der Cyrenaika, 60 Kilometer südwestlich von Tobruk, das die beiden Wüstenstraßen nach Acroma und Bir el-Gobi kontrollierte. Der Ort war im Frühjahr 1942 von der britischen Libyenarmee als ihr südlichster Stützpunkt stark befestigt und mit Minenfeldern umgeben worden. Rommel umging am 26. Mai 1942 die Stellung im Süden und griff am 2. Juni Bir Hakeim im Rücken an. Die freifranzösische Brigade General Kœnigs hielt die Stellung bis in die Nacht vom 10. auf den 11. Juni.

Bock, Fedor von (1880–1945) Deutscher Generalfeldmarschall. Er stammte aus einer alten preußischen Adelsfamilie und nahm an dem Neuaufbau der deutschen Armee unter dem nationalsozialistischen Regime teil, dem er sich vorbehaltlos zur Verfügung stellte. Im März 1938 leitete er die militärische Besetzung Österreichs. Im Polenfeldzug, September 1939, war er Chef der Heeresgruppe Nord. Im Mai 1940 führte von Bock die über Holland und Flandern vordringende Heeresgruppe B. Er war anschließend bis zum Waffenstillstand an den Operationen an der Somme, der unteren Seine und in Westfrankreich beteiligt. Im Juli wurde er zum Generalfeldmarschall ernannt und genoß bei Hitler hohes Ansehen. Er übernahm 1941 das Kommando über die Heeresgruppe Mitte, die auf der Linie Minsk–Smolensk bis nach Moskau vorstoßen sollte. Das Scheitern des Vormarschs im Dezember 1941 hatte seine Ablösung zur Folge. Im Frühjahr 1942, als Kommandeur der Heeresgruppe Süd wiederverwendet, leitete der Marschall die Sommeroffensive bis zur Wolga. Als er deren Aussichtslosigkeit erkannte und diese Tatsache dem OKW schonungslos mitteilte, wurde er im Herbst seines Kommandos enthoben. Kurz vor Kriegsende kam der Marschall am 3. Mai 1945 bei einem Tieffliegerangriff in Schleswig-Holstein ums Leben.

Bór-Komorowski, Tadeusz (1895–1966) Polnischer General und Politiker. General Bór-Komorowski war ab 1943 Chef der in der Untergrundbewegung kämpfenden »Heimatarmee«. Im August 1944 leitete er den Warschauer Aufstand, der nach 62 Tagen mit der Kapitulation endete. Bór-Komorowski geriet in deutsche Gefangenschaft. 1947 bis 1949 war er Ministerpräsident der polnischen Exilregierung.

Borodin, Michail Markowitsch (1884–1951?) Sowjetischer Politiker. Er hieß eigentlich Michael Grusenberg, hatte sich der russischen revolutionären Bewegung frühzeitig angeschlossen und war von den zaristischen Behörden einige Male verhaftet worden. 1917 kehrte er aus der sibirischen Verbannung nach Sankt Petersburg zurück und nahm an der bolschewistischen Oktoberrevolution teil. 1923 wurde er zum Chef der sowjetischen Mission in China ernannt. Er bemühte sich, die kommunistischen revolutionären Aktionen im Reich der Mitte wirkungsvoller zu gestalten, indem er die Bewegung der Kuomintang durch Erfassung in politische Zellen dem sowjetischen Einfluß unterzuordnen suchte. Tschiang Kai-schek verjagte ihn 1927 aus China. Nachdem Borodin eine Propagandaschrift der Komintern geleitet hatte, verlor der Exrevolutionär plötzlich alle seine Funktionen und verschwand auf geheimnisvolle Weise.

Brauchitsch, Walther von (1881–1948) Deutscher Generalfeldmarschall. Zur Zeit der Machtergreifung Hitlers war von Brauchitsch Generalinspekteur der Artillerie in der Reichswehr, dann kommandierender General des ostpreußischen Armeekorps. 1938 übernahm er als Nachfolger des Freiherrn von Fritsch das Oberkommando des Heeres (OKH). Der kühle, zurückhaltende Aristokrat war ein fähiger Truppenführer, der sich darüber hinaus nicht scheute, Hitler schonungslos die Wahrheit zu sagen. In einer leidenschaftlichen Lagebesprechung vom 5. November 1939 zählte von Brauchitsch alle schwachen Punkte der Wehrmacht auf und riet Hitler von einem Angriff im Westen ab. Von Brauchitsch verlor daraufhin fast jedes Vertrauen bei Hitler, obwohl er im Juni 1940 den Marschallstab erhielt. Im Dezember 1941, als die Heeresgruppe Mitte vor Moskau steckengeblieben war, nahm von Brauchitsch seinen Abschied. Hitler selbst trat die Nachfolge an.

Brjansk Russische Stadt an der Desna, etwa 400 Kilometer südwestlich von Moskau auf halbem Weg nach Kiew.

Calles, Plutarco Elías (1877–1945) Mexikanischer General und Politiker indianischer Herkunft. Calles war von 1924 bis 1928 Staatspräsident der Republik Mexiko, anschließend mehrfach Minister. Er kämpfte gegen die katholische Kirche, die sich seinen Reformen im Erziehungswesen heftig entgegenstellte. Die Staatsgewalt mußte die nichtklerikalen Lehrer einige Male gegen die aufgebrachten, aggressiven Priester und gegen bewaffnete Revolten schützen. Zwischen 1932 und 1935 zwang er der Geistlichkeit seinen Willen auf und entzog das Unterrichtswesen endgültig dem Einfluß der katholischen Kirche. Gleichzeitig bewies er allerdings seine konservative Haltung, als er die während seiner Wahlkämpfe versprochenen Agrarreformen immer wieder aufschob. 1934 beendete Präsident Cárdenas die Herrschaft von Calles, der von 1936 bis 1941 ins Exil gehen mußte.

Calvo Sotelo, José (1893–1936) Spanischer Rechtsanwalt und Politiker. Er war von 1925 bis 1930 Finanzminister unter Primo de Rivera und in der Zweiten Republik der Sprecher der rechten Opposition in den Cortes. Seine Ermordung am 13. Juli 1936 bot den unmittelbaren Anlaß für die nationale Erhebung unter General Franco.

Cárdenas, Lázaro (geboren 1895) Mexikanischer Politiker. Der spätere Staatspräsident Cárdenas stammt aus Jiquilpan, im Staat

(Photo Keystone)

Lázaro Cárdenas.

Michoacán. Er trat in die Armee Carranzas ein und stieg auf Grund seiner Intelligenz und seines Fleißes rasch auf. Bereits im Alter von 20 Jahren war er Oberst, 1928, mit 33 Jahren, General. 1934 hielt es Calles für geraten, die Präsidentschaftskandidatur dieses fähigen dynamischen und doch bescheidenen Militärs zu unterstützen. Noch ahnte niemand, daß der ruhige, umsichtige und maßvolle Cárdenas das Zeug zu einem großen Politiker hatte. Nach seiner Wahl hatte er indessen nichts Eiligeres zu tun, als sich seines ehemaligen Gönners Calles zu entledigen und ihn am 17. April 1936 des Landes zu verweisen. Dann nahm Cárdenas ein Reformprogramm in Angriff. Er übergab das unbebaute kultivierte Land armen Bauern und enteignete 1938 die britischen und nordamerikanischen Erdölgesellschaften, die in den Besitz der mexikanischen Organisation Pemex übergingen. Von 1942 bis 1945 war er Verteidigungsminister, dann Oberbefehlshaber der mexikanischen Armee.

Carranza, Venustiano (1859–1920) Mexikanischer Revolutionär und Staatsmann. Carranza, der aus dem nördlichen mexikanischen Staat Coahuila stammte, war unter der Diktatur Porfirio Díaz' Senator. Im Jahr 1913, nachdem Huerta die Macht übernommen hatte, schloß Carranza sich Zapata, Pancho Villa und Obregon an, um gegen den Usurpator gewaltsam vorzugehen. Im August 1914 konnte man schließlich den Diktator ausschalten, doch schon machte Carranza mit Obregon gemeinsame Sache gegen seine beiden früheren Gesinnungsgenossen. 1916 wurde er vorläufiger Staatspräsident; im darauffolgenden Jahr wurde Carranza offiziell gewählt. Im Mai 1920 wurde er von politischen Gegnern, die mit seiner starren, wenig beweglichen Politik unzufrieden waren, ermordet.

Cassino Italienische Stadt in der Provinz Frosinone in Latium. Im Februar bis Mai 1944 war Cassino als Schlüsselstellung hart umkämpft und wurde zerstört.

Cholm Ort in der Sowjetunion an der Lowat, gut 100 Kilometer südlich des Ilmensees.

Choltitz, Dietrich von (1894–1966) Deutscher General. 1940 kommandierte Choltitz ein Bataillon des 16. Infanterieregiments, das am 13. Mai eine der Maasbrücken in Rotterdam besetzte, was erheblich zur Kapitulation am nächsten Tag beitrug. Während der Eroberung Sewastopols 1942 wurde der Offizier verletzt und zum General befördert.

(Photo Harlingue-Viollet)

Staatspräsident Carranza.

(Photo Keystone)

Dietrich von Choltitz.

Nachdem er der Heeresgruppe Mitte zugeteilt worden war, führte Choltitz 1943/44 einen Rückzug durch, in dessen Verlauf er unerbittlich das Prinzip der »verbrannten Erde« anwandte. Als kommandierender General des 84. Armeekorps in der Normandie stand er der 1. amerikanischen Armee gegenüber, die im Verlauf des entscheidenden Durchstoßes über die Halbinsel Cotentin seine Verbände aufrieb. Der energische General konnte den Vormarsch der Amerikaner längere Zeit aufhalten und bekam am 2. August 1944 den Oberbefehl über Groß-Paris. Mit nur schwachen Kräften konnte er den Pariser Volksaufstand vom 19. bis zum 24. August so lange unter Kontrolle halten, bis die 2. Division General Leclercs in die Stadt einmarschierte und ihm am 25. eine ehrenvolle Kapitulation ermöglichte. Nach seiner Entlassung aus französischer Kriegsgefangenschaft im Jahre 1947 ließ sich der General in Baden-Baden nieder, wo er bis zu seinem Tode lebte.

Clark, Mark Wayne (geboren 1896) Amerikanischer General. 1942 war Clark während der Vorbereitung der alliierten Landung in Nordafrika maßgebender Mitarbeiter Eisenhowers. In geheimer Mission nahm er im Oktober in der Nähe von Cherchell mit

(Photo Keystone)

Mark Clark.

den Vertretern des französischen Widerstandes Kontakt auf. Diese Widerstandsgruppen standen dem zu dieser Zeit in Paris weilenden General Giraud nahe. Am 8. November kam Clark gleichzeitig mit Giraud in Algier an und führte im Namen Eisenhowers Verhandlungen mit Admiral Darlan, die zur Feuereinstellung am 11. November führten. Im September 1943 übernahm Clark das Kommando über die 5. amerikanische Armee, die am 9. September in Salerno landete, im Oktober Neapel einnahm, um von dort aus über die Gebirgskette bei Monte Cassino vorzustoßen. Während des Winters 1944/45 befehligte er die englisch-amerikanischen Truppen in Italien. Nach dem Krieg wurde der General Hochkommissar in Wien und förderte die Friedensverhandlungen für Österreich. Von 1952 bis 1953 führte er die UNO-Truppen in Korea.

Columbia-Universität Sie befindet sich in New York auf der Halbinsel Manhattan. Sie gehört zu den ältesten und bedeutendsten Universitäten der USA und ist aus dem 1754 gegründeten King's College hervorgegangen.

Companys Jover, Luis (1883–1940) Katalanischer Nationalist, Advokat und Journalist. Companys plädierte 1931 für die Autonomie seiner Heimatprovinz und erreichte von der republikanischen Regierung in Madrid die Anerkennung Kataloniens als eigenständiger Teilstaat, dessen Präsident er 1934 wurde. Ohne Erfolg versuchte Companys den Arbeiteraufstand von 1934 zu einer Erweiterung seiner Macht auszunutzen. Während des Bürgerkrieges hielt er Katalonien fest im republikanischen Lager. 1939 flüchtete er nach Frankreich, wurde aber im folgenden Jahr von der Regierung in Vichy an Franco ausgeliefert und 1940 in Spanien hingerichtet.

Congress of Industrial Organizations (CIO) Dieser gewerkschaftliche Verband spaltete sich 1935 unter der Führung des Vorsitzenden der Bergarbeitervereinigungen, John Lewis, von der AFL ab. Radikaler als die AFL, beschäftigte sich die CIO auch mit politischen Fragen und machte aus ihrer Sympathie für die Demokraten kein Hehl. Im Februar 1955 eröffnete der Präsident der CIO, Walter Reuther, mit William Meany, dem Chef der AFL, Verhandlungen, in deren Folge die beiden Organisationen wieder vereinigt wurden.

Coolidge, Calvin (1872–1933) Er war der Sohn eines Kolonialwarenhändlers aus Plymouth (Neuengland) und erhielt eine strenge Erziehung. Am Amherst-College studierte Coolidge die Rechte und ließ sich in Northampton als Anwalt nieder. Er wurde Abgeordneter am kommunalen Gerichtshof Northamptons, 1907 Mitglied des Gerichtshofes von Massachusetts, 1910 Bürgermeister von Northampton und im folgenden Jahr Senator des Staates Massachusetts. 1919 wurde er zum Gouverneur gewählt. Bei seiner Wiederwahl genoß Coolidge den Ruf eines rechtschaffenen Mannes und ausgezeichneten Verwaltungsfachmannes. Bei den Präsidentschaftswahlen von 1920 hätten es einflußreiche Mitglieder der Republikanischen Partei, der Coolidge beigetreten war, gern gesehen, wenn er ins Weiße Haus eingezogen wäre. Der Nationalkonvent der Partei zog indessen Harding vor und nominierte Coolidge nur zum Kandidaten für die Vizepräsidentschaft. Der Tod Hardings am 2. August 1923 brachte ihn in das höchste Amt. Diese Amtszeit und die Jahre von 1924 bis 1928 zählen zu den gedeihlichsten Zeiten der Vereinigten Staaten. Der Begriff des »Coolidge-Wohlstandes« prägte diese Epoche. Da er an den verfassungsmäßigen Bestimmungen peinlich festhielt, respektierte er, was Wirtschaft und Handel anbetraf, rückhaltlos den Wirtschaftsliberalismus. Er ernannte Kellogg zum Staatssekretär, dem es allerdings nicht gelang, das schwierige Problem der deutschen Reparationszahlungen zu lösen. Als Coolidge seine reguläre Amtsperiode 1929 beendete, sah er in dem Wohlstand des Landes seine Aufgabe für erfüllt und zog sich aus dem politischen Leben zurück.

(Photo Keystone)

Calvin Coolidge.

Corap, André-Georges (1878–1953) Französischer General. Im Alter von 20 Jahren ging Corap aus der Militärschule von Saint-Cyr als Major hervor. Corap diente während des Ersten Weltkrieges im Generalstab von Marschall Foch und Pétain. Zusammen mit Gouraud nahm er in Marokko gegen die Rifkabylen teil und konnte im Mai 1926 den aufständischen marokkanischen Emir Abd el-Krim gefangennehmen. 1939, an der Spitze der 9. Armee, mußte er mit Reserveeinheiten und ungenügend bewaffneten und motorisierten Verbänden einen Abschnitt an der Maas, von Mézières bis südlich Namur, halten. In Monthermé und im Norden von Dinant wurde er am 13. Mai 1940 frontal angegriffen und von einem deutschen Panzerkeil, der bei Sedan durchgebrochen war, vom rechten Flügel her aufgerollt. Nach zwei Kampftagen war die 9. Armee Coraps aufgerieben. Der General wurde für diese Niederlage verantwortlich gemacht und am 15. Mai durch General Giraud ersetzt.

Corregidor Inselfestung in der Bucht von Manila. Die Truppen unter Führung General MacArthurs und später General Wainwrights leisteten hier bis zum 6. Mai 1942 Widerstand, als die Japaner den letzten amerikanischen Philippinen-Stützpunkt eroberten. Am 16. und 17. Februar 1945 wurde die Festung von den Amerikanern zurückerobert.

Cox, James (1870–1957) Amerikanischer Politiker. Er wurde am 28. Juni 1920 nach 44 Wahlgängen vom demokratischen Konvent in San Francisco nominiert, um das Werk des scheidenden Präsidenten Wilson fortzuführen. Der Kandidat für die Vizepräsidentschaft hieß Franklin D. Roosevelt. Doch Wilsons Unpopularität war inzwischen so groß — besonders auf dem Gebiet der internationalen Verpflichtungen —, daß Harding sich damit begnügen konnte, einige wenige Wahlkampfreisen zu unternehmen, auf denen er regelmäßig die Ideen Wilsons verurteilte. Trotz all seiner Anstrengungen konnte Cox das Gefühl des Isolationismus bei seinen Landsleuten nicht besiegen und wurde von Harding klar geschlagen.

Dakar Stadt in Westafrika; Hauptstadt von Senegal (seit 1959). Nach der Vereinigung der vier Gebiete Französisch-Äquatorialafrikas, die von de Gaulle Ende August 1940 veranlaßt worden war, bemühte sich der General, auch den Zusammenschluß Französisch-Westafrikas zu erreichen. In Zusammenarbeit mit der britischen Admiralität sollte Dakar durch eine militärische Operation am 23. September 1940 eingeschlossen werden. Doch der starke Widerstand des Generalgouverneurs Boisson, der dem Vichy-Regime treu ergeben war, ließ diese Aktion nach einigen Seekämpfen, die sich bis zum 25. September hinzogen, scheitern.

Darlan, François (1881–1942) Französischer Admiral und Politiker. Nach Absolvierung der Marineschule wurde Darlan, Sohn eines ehemaligen Ministers, Seeoffizier. Ab 1926 war er als Verteidigungsminister verschiedener Kabinette tätig. Er nutzte seinen Einfluß, um die französische Kriegsflotte durch ein überlegtes Aufbauprogramm zu erneuern. Als Oberbefehlshaber der Flotte vom September 1939 bis Juni 1940 und als Marineminister im Kabinett Marschall Pétains, genoß Darlan in Vichy den Ruf eines unbeugsamen Offiziers. Nach der Entlassung des Außenministers Flandin und dem Scheitern der Politik Lavals spielte er eine von den Deutschen nicht genau erkannte, aber politisch immer bedeutsamer werdende Rolle. Am 10. Februar 1941 wurde er zum Außenminister ernannt; wenig später übernahm er auch das Innenministerium. Sein Einfluß vergrößerte sich ständig; er wurde designierter Nachfolger Marschall Pétains. Obwohl er fast unangefochten in der Führungsspitze des unbesetzten Frankreichs stand, fehlte dem Admiral jedoch die nötige Erfahrung im politisch-diplomatischen Kräftespiel der Zeit. Seine eng angelegten strategischen Konzeptionen sowie sein offen zutage tretender Mangel an Wagemut und ein geradezu krankhafter Haß gegen die Engländer ließen den Admiral keine klare politische Linie finden. Da ihm an einem guten Verhältnis mit Deutschland gelegen war, unterzeichnete er am 6. Mai 1941 die Pariser Protokolle, die dem deutschen Militär die Möglichkeit einräumten, französische Überseebasen zu benutzen. Als Laval im April 1942 wieder an die Macht kam, trat Darlan von seinen Ministerämtern zurück und erhielt den Oberbefehl über die französischen Land-, See- und Luftstreitkräfte. Nachdem die alliierten Truppen im November 1942 in Nordafrika gelandet waren, schloß Darlan einen Waffenstillstand mit den Amerikanern, ging zu ihnen über und lieferte Französisch-Nordafrika aus. Marschall Pétain verurteilte ihn zwar offiziell wegen seiner Handlungen und enthob ihn aller seiner Ämter; insgeheim jedoch hatte er Darlan freie Hand für die Waffenstillstandsverhandlungen gelassen. Pétain hatte die Absicht, über Darlan von Französisch-Nordafrika aus eine glatte Überleitung des Vichy-Regimes in eine neue französische Regierung zu ermöglichen. Am 24. Dezember 1942 wurde Darlan jedoch von Bonnier de La Chapelle, einem fanatischen Anhänger de Gaulles, in seinem Amtsraum in Algier ermordet.

(Photo Editions Rencontre)

Admiral Darlan.

Davis, John (1873–1955) Amerikanischer Politiker. Er wurde 1924 von der Demokratischen Partei zum Präsidentschaftskandidaten nominiert, unterlag aber bei der Wahl dem Republikaner Calvin Coolidge, der einen überwältigenden Sieg davontrug.

Déat, Marcel (1894–1955) Französischer Philosophieprofessor und Politiker, ab 1914 Mitglied der Sozialistischen Partei. Der aktive Sozialist kam 1926 ins Parlament, löste sich jedoch sieben Jahre später von seiner Partei. 1936 wurde Déat Luftfahrtminister und nahm eine profaschistische Haltung ein. Am Vorabend des Krieges ergriff er offen für die Achsenmächte Partei. Er wandte sich gegen den Eintritt Frankreichs in den Krieg und begründete seine Meinung mit einem aufsehenerregenden Artikel in der Zeitschrift »L'Œuvre« mit dem Titel: »Ist es nötig, für Danzig zu sterben?« Als im Juli 1940 die Zeitung wieder erschien, predigte Déat bis zum August 1944 die Notwendigkeit einer engen französisch-deutschen Zusammenarbeit. In diesem Sinne gründete er im Februar 1941 den Nationalen Volksverband (Rassemblement national populaire, RNP). Als er am 27. August 1941 an der Seite Lavals in Versailles bei einem Festakt für die Legion der französischen Freiwilligen gegen den Bolschewismus sich zurückgesetzt fühlte, verurteilte Déat die Regierung in Vichy wegen ihrer politischen Unbeweglichkeit. Um Déat zu beruhigen und ihn gleichzeitig zum Schweigen zu bringen, ernannte Laval den Chef der RNP im März 1944 zum Staatssekretär im Arbeitsministerium. Von Nancy aus, wohin er sich am 18. August 1944, nachdem er Paris verlassen mußte, geflüchtet hatte, ließ sich der Staatssekretär in Baden-Baden, dann in Sigmaringen nieder, wo er in dem französischen Exilkomitee das Arbeitsministerium erhielt. Ab 1945 hielt er sich, in Frankreich in Abwesenheit zum Tode verurteilt, unerkannt in Norditalien auf.

Demjansk Russische Stadt südöstlich des Ilmensees, an den Waldai-Höhen.

Dinant Belgische Stadt an der mittleren Maas in der Provinz Namur. Am 13. Mai 1940 überquerte die 7. Panzerdivision Rommels hier die Maas in der Höhe von Leffe.

Dönitz, Karl (geboren 1891) Deutscher Admiral. Er kam in Grünau bei Berlin auf die Welt, trat in die Kadettenschule ein, verließ sie als Offizier und spezialisierte sich ab 1916 auf die U-Boot-Waffe. Im Range eines Admirals schloß er sich dem nationalsozialistischen Regime an. Nach dem englisch-deutschen Seeabkommen wurde er von Hitler mit dem Aufbau einer U-Boot-Flotte beauftragt. Dönitz war die Triebfeder für den von 1939 an geführten U-Boot-Einsatz gegen die alliierte Handelsschiffahrt. Auf dem Höhepunkt des Kampfes, 1942, löste der zum Großadmiral ernannte Dönitz Admiral Raeder an der Spitze der Kriegsmarine ab. Am 30. April 1945, das Ende klar vor Augen, übertrug Hitler seinem Großadmiral die Regierungsgewalt. Dönitz stellte in Flensburg-Mürwick unter dem Grafen Schwerin von Krosigk eine provisorische Reichsregierung zusammen, die sich durch Verhandlungen mit Engländern und Amerikanern um eine sofortige Beendigung des Krieges bemühte. Bis zum 22. Mai wurde Dönitz von den Alliierten anerkannt. Am 23. Mai wurde der Großadmiral und seine Regierung an Bord des britischen Schiffes »Patria« unter unnötiger Demütigung festgenommen. Auf Grund von Befehlen an die U-Boot-Besatzungen, Handelsschiffe zu torpedieren und den Schiffbrüchigen nicht zu Hilfe zu kommen, wurde Dönitz, der sich auf Befehlsnotstand und auf die »Notwendigkeiten des Krieges« berief, vom Nürnberger Tribunal zu zehn Jahren Haft verurteilt, die er in Spandau verbüßte.

Doriot, Jacques (1898–1945) Französischer Offizier und Politiker. Als Sohn eines Schmiedes geboren, erlernte Doriot das Schlosserhandwerk. 1916 trat er der sozialistischen Jugendbewegung bei. Im folgenden Jahr, zum Militärdienst eingezogen, wurde er 1918 an der Front in Lothringen ausgezeichnet. Nachdem er gegen Ende des Ersten Weltkriegs an die Ostfront versetzt worden war, nahm Doriot an der Besetzung Ungarns teil. Dort kam er mit der marxistischen Revolution des Béla Khun in Berührung. Wieder Zivilist, schloß er sich 1920 nach dem Kongreß von Tours der kommunistischen Bewegung an. Er wurde für seine illegale Tätigkeit inhaftiert, konnte aber als einer der 25 Deputierten durch die Wahlen von 1924 das Gefängnis verlassen. Doriot war eine kraftvolle Persönlichkeit und mitreißender Redner, der innerhalb wie außerhalb des Parlaments erheblichen Einfluß erlangte. Als er 1926 China bereiste, kamen ihm Zweifel an der stalinistischen Unfehlbarkeit. Im Innern der Kommunistischen Partei Frankreichs erregte der Abgeordnete von Saint-Denis (ab 1924) das Mißtrauen von Maurice Thorez. Die Gegensätze zwischen den beiden Männern wurden immer größer. Die Krise kam offen zum

(Photo Harlingue-Viollet)

Jacques Doriot.

Ausbruch, als Doriot im April 1934 bei den Kommunalwahlen in Saint-Denis über den offiziellen Kandidaten der Kommunistischen Partei, Jacques Duclos, den Sieg davontrug. Von der Partei ausgeschlossen, gründete der neue Bürgermeister von Saint-Denis am 28. Juni 1936 die Französische Volkspartei (Parti populaire francais — PPF). Dem volkstümlichen, gewandten Mann folgten 10 000 ehemalige Kommunisten. Nach der Demobilisierung schloß sich Doriot an Marschall Pétain an. Mit deutscher finanzieller Unterstützung versuchte er, die PPF in der Nordzone stärker zur Geltung zu bringen. Die Zeitschrift »Le Cri du Peuple« (Volksruf) sollte eine Sammelbewegung gegen den Bolschewismus einleiten. Doriot forderte die Gründung einer Freiwilligenarmee, die er aus Anhängern der PPF als »Légion tricolore« 1941 bis 1942 in Rußland führte. Der eigensinnige Doriot, der davon träumte, einen französischen Nationalsozialismus aufzubauen, war indessen Laval und Abetz ebenso suspekt wie den deutschen verantwortlichen Behörden. In dieser unerquicklichen Lage erbat der Chef der PPF einen neuerlichen Einsatz an der Ostfront. Er kämpfte dort vom März 1943 bis zum Februar 1944. Nach dem Zusammenbruch der deutschen Besatzung in Frankreich floh er im August in die Pfalz. Mit seinem Freund, Gauleiter Bürckel, beabsichtigte er, eine französische nationalsozialistische Regierung zu gründen. Er stellte sich hiermit in Gegensatz zu dem Präsidenten des französischen Exilkomitees in Sigmaringen, Fernand de Brinon. Doriot fand bei einem Tieffliegerangriff am 22. Februar 1945 in der Nähe von Konstanz den Tod.

Dreimächtepakt Bündnis zwischen den Achsenmächten und Japan, das am 27. September 1940 in Berlin abgeschlossen wurde. Der auf zehn Jahre begrenzte Pakt sah die Aufrichtung einer »neuen Ordnung« in wirtschaftlicher und politischer Hinsicht vor und garantierte die Interessengebiete der unterzeichnenden Staaten. Bis 1942 traten noch Ungarn, Rumänien, die Slowakei, Dänemark, Finnland, Nanking-China, Bulgarien und Kroatien bei.

Dumbarton Oaks Landsitz in Washington (D.C.), Vereinigte Staaten. Vom 21. August bis 7. Oktober 1944 war Dumbarton Oaks Tagungsort einer Konferenz von diplomatischen Vertretern der Vereinigten Staaten, Großbritanniens, der Sowjetunion und Chinas (ab 29. September), die sich bemühten, dem Projekt einer Weltorganisation, der späteren UNO, erste Umrisse zu geben.

Eden, Anthony (geboren 1897) Englischer Politiker, ehemaliger Etonschüler. Eden studierte in Oxford und galt ab 1924 als eine der aktivsten politischen Gestalten der jungen konservativen Generation in England. Der vornehme, für seine Eleganz bekannte Abgeordnete erfuhr dank der Unterstützung Austen Chamberlains und später Winston Churchills, deren politische Auffassungen er teilte, einen raschen Aufstieg. Von 1931 bis 1933 war er Unterstaatssekretär des Auswärtigen. Im darauffolgenden Jahr Lordsiegelbewahrer, dann Minister für Völkerbundsangelegenheiten. Der junge Diplomat zeichnete sich durch seine kluge Reserviertheit den Achsenmächten gegenüber aus, eine Zurückhaltung, die ab 1938 derart in Feindseligkeit umschlug, daß Neville Chamberlain ihn im Februar aufforderte, seinen Abschied zu nehmen. Von diesem Zeitpunkt an gehörte Eden zusammen mit Churchill zu den heftigsten Kritikern der Regierung Chamberlain. Im September 1939 als Staatssekretär für die Dominions ins Kabinett zurückberufen, erhielt Eden im Mai 1940 unter Churchill zunächst das Kriegsministerium und im Dezember wieder das Außenministerium. Er behielt dieses Amt bis zum Juli 1945 und nahm somit

(Photo Keystone)

Anthony Eden, um 1957.

an den alliierten Hauptkonferenzen teil. Von 1951 bis 1955 wiederum Minister des Äußeren, wurde er 1955 Premierminister und Führer der Konservativen Partei. Der routinierte Diplomat war indessen den Aufgaben eines Premiers nicht gewachsen. Er war eher der »glänzende Zweite«. Seine Verdienste als Außenminister waren sicher größer als die des Regierungschefs. Sein Verhalten während der Sueskrise brachte ihn darüber hinaus in Gegensatz zu Amerika. Das Scheitern der französisch-britischen Operation 1956 bedeutete das Ende der Karriere Sir Anthony Edens. Anfang 1957 sah er sich zum Rücktritt gezwungen. Von Königin Elisabeth II. 1961 in den Grafenstand (Earl of Avon) erhoben, wurde Eden Mitglied des Oberhauses.

Eisenhower, Dwight David (1890–1969) Amerikanischer General und Politiker. In Texas geboren, verbrachte Eisenhower seine Kindheit in Kansas. 1911 trat er in die Militärakademie West Point ein. 1915 wurde er Unterleutnant, 1918 war er bereits Major. Sieben Jahre später erhielt er das Diplom als Generalstabsoffizier. Von 1935 bis 1939 übernahm Eisenhower ein Kommando unter MacArthur auf den Philippinen. 1941 wurde er Oberst,

(Photo Keystone)

Eisenhower, im Jahr 1968.

zeichnete sich während der Operationen der 3. Armee aus und erhielt auf Anregung des Generalstabschefs, General George Marshall, wenige Zeit später seine Beförderung zum Brigadegeneral. Nach kurzer Tätigkeit in der Abteilung für Kriegsplanung in Washington — wieder auf Vorschlag Marshalls — wurde er am Tage nach dem japanischen Angriff auf Pearl Harbor Chef der Operationsabteilung. Im März 1942 erfogte seine Beförderung zum Generalmajor. Eisenhower führte im Frühjahr 1942 die ersten Verhandlungen mit England über die Eröffnung einer zweiten Europafront. Umsichtig und diplomatisch meisterte der General diese schwierige Aufgabe. Als im Juni ein Oberbefehlshaber für Europa bestimmt werden mußte, zögerte Marshall nicht, General Eisenhower für diesen Posten vorzuschlagen. Er hätte keinen fähigeren Mann dafür finden können. Auch die menschlichen Qualitäten Eisenhowers standen außer Zweifel. Überlegen führte der General die erste Angriffsoperation auf Europa aus: die Landung in Französisch-Nordafrika. Die Feldzüge in Tunesien, Sizilien und Süditalien machten ihn allgemein bekannt. Mit der Operation »Overlord« stellte Eisenhower seine militärischen Führungsqualitäten erneut unter Beweis. Der General führte diese größte Landungsoperation der Geschichte zu Wasser wie zu Lande mit äußerster Präzision durch. Nach der Invasion war die Niederwerfung Deutschlands nur noch eine Frage der Zeit. Exakt wurden die Angriffspläne, die aus seinem Hauptquartier in Versailles und Reims kamen, in die Tat umgesetzt. Am 7. Mai 1945 nahm Eisenhower in Reims die Kapitulation des deutschen Oberkommandos entgegen und erhielt im Dezember den höchsten Militärrang als »General of the Army«. Von Juli bis November 1945 war Eisenhower Oberbefehlshaber der Besatzungstruppen in Deutschland. Das hohe Ansehen, das der General in Europa, bei den Sowjets und auch in den Vereinigten Staaten selbst genoß, wollten sowohl die Demokraten wie die Republikaner jeweils für ihre politischen Pläne ausnutzen. Aber General Eisenhower hielt sich nach dem Krieg noch eine gewisse Zeit lang vom politischen Geschehen fern. Nach der Unterzeichnung des Nordatlantikpaktes im Jahre 1949 wurde ihm im folgenden Jahr das Oberkommando der NATO-Streitkräfte übertragen. 1952 wurde »Ike« im ersten Wahlgang vom Nationalkonvent der Republikanischen Partei zum Präsidentschaftskandidaten ernannt. Seinen demokratischen Gegenkandidaten Stevenson konnte er klar schlagen. Trotz der Verschärfung des kalten Krieges durch seinen Außenminister, John Foster Dulles, galt Präsident Eisenhower als ein Mann des Friedens, der entscheidend dazu beitrug, 1953 den Koreakrieg zu beenden, der sich im folgenden Jahr für eine gerechte Lösung in Indochina einsetzte und sich in Camp David mit Nikita Chruschtschow in versöhnlichem Geiste traf. Doch gleichzeitig wurde unter Führung von Dulles die Politik zur Eindämmung des Kommunismus durch Bündnisse im Nahen Osten und Südostasien fortgesetzt. Die hegemoniale Stellung der Vereinigten Staaten war überall unbestritten. Die zweite Amtsperiode Eisenhowers von 1956 bis 1960 war weit weniger erfolgreich als die erste. Einmal wegen des schlechter werdenden Gesundheitszustandes des Präsidenten, zum anderen auch wegen des plötzlich erkennbaren Vorsprungs der Sowjets in der Weltraumforschung nach dem Abschuß des ersten Weltraumsatelliten »Sputnik« im Oktober 1957. In der Innenpolitik waren es Probleme der Rassentrennung, die Eisenhower zu lösen suchte. Hier hatte er mit fast unüberwindlichen Schwierigkeiten zu kämpfen. Der Präsident sah das Ende seiner zweiten Amtszeit (eine zweite Wiederwahl ist nach dem 22. Zusatz zur amerikanischen Verfassung unmöglich) vielleicht mit einiger Erleichterung herannahen. Nachdem er Nixon die Führung der Republikanischen Partei anvertraut hatte, zog er sich auf seine Farm in Gettysburg zurück. Nach mehreren Herzanfällen starb der große Soldat und Staatsmann am 28. März 1969.

El Agheila Ort im Westen der Cyrenaika an der Großen Syrte.

El Alamein Ort in Ägypten, 100 Kilometer südwestlich von Alexandria. Der Vormarsch der deutsch-italienischen Armee unter Rommel blieb am 30. Juni 1942 in der El-Alamein-Stellung durch Nachschubmangel stecken. Die 8. britische Armee unter Montgomery eröffnete im Oktober 1942 gegen den durch die Truppen der Achse gebildeten Abwehrriegel einen Großangriff, der Rommel am 4. November 1942 zum Rückzug seiner Armee zwang.

ELAS Abkürzung für die griechische »Nationale Volksbefreiungsarmee«. Die kommunistische ELAS bildete die militärische Abteilung der politischen Organisation EAM (Abkürzung für »Griechische Befreiungsfront«). Letztere versuchte im Herbst 1944 ohne Erfolg, an die Macht zu kommen, und organisierte den Bürgerkrieg gegen die Anhänger der royalistischen Regierung. 1947 wurde die EAM verboten.

El Gazala Kleiner Hafenort in der Cyrenaika, ungefähr 60 Kilometer westlich von Tobruk. Im Frühjahr 1942 bezogen britische Truppen auf der Linie El Gazala–Bir Hakeim, das 60 Kilometer südlich liegt, eine Riegelstellung, die von einem ausgedehnten Minenfeld geschützt wurde. Um den Riegel zu brechen, faßte Rommel den Plan, Bir Hakeim am 26. Mai zu umgehen.

Falaise Französische Stadt in der Normandie im Departement Calvados, südöstlich von Caen. Mitte August 1944 verloren die 7. und die 15. deutsche Armee im Kessel von Falaise mehr als 200 000 Mann. Die Einkesselung wurde von überlegenen englischen und kanadischen Truppen durchgeführt, die von Caen abgezogen worden waren, und von der 1. amerikanischen Armee, die in der Nähe von Avranches durchgebrochen und in östlicher Richtung nach Argentan vorgedrungen war.

Fall Barbarossa Deckname für den Angriffsplan auf die Sowjetunion, der am 22. Juni 1941 zur Ausführung kam.

Fall Gelb Nach dem »Fall Weiß«, dem Polenfeldzug von 1939, arbeitete das OKH im Herbst des Jahres 1939 einen Angriffsplan für den Westfeldzug aus, der den Decknamen »Fall Gelb« erhielt. Geheime Dokumente über diesen Offensivplan waren den Belgiern in die Hände gefallen, so daß nach der Übereinkunft zwischen Hitler und von Manstein am 17. Februar 1940 der »Fall Gelb« in »Sichelschnitt« umgewandelt wurde, der den Hauptstoß über die Ardennen vorsah.

Fermi, Enrico (1901–1954) Italienischer Physiker. Er war Professor in Florenz, Rom, ab 1939 an der Columbia-Universität in New York und ab 1946 in Chicago. Er befaßte sich mit der Quantentheorie und Kernphysik; 1938 erhielt er den Nobelpreis für Physik. Bei Ausbruch des Kriegs flüchtete der Wissenschaftler in die Vereinigten Staaten. Fermi war maßgeblich bei den ersten Atombombenversuchen beteiligt.

(Photo Editions Rencontre)

Enrico Fermi.

Fitzgerald, Francis Scott Key (1896–1940) Amerikanischer Schriftsteller aus Minnesota im Mittelwesten. Fitzgerald gilt als einer der begabtesten Vertreter der »verlorenen Generation« nach dem Ersten Weltkrieg. Er beschrieb meisterhaft, in klarem, durchsichtigem Stil, Verwirrung, quälende Angst, Exzentrizität und Banalität der zwanziger Jahre, die Zeit also unter den Präsidenten Harding, Coolidge und Hoover. Fitzgerald, der als Schriftsteller sehr erfolgreich war, führte ein luxuriöses Leben und erlag in Melancholie und Vergessenheit der Trunksucht.

Flossenbürg Ehemaliges nationalsozialistisches Konzentrationslager nördlich von Weiden in der Oberpfalz.

Freies Frankreich Bezeichnung für die von General de Gaulle in London nach seinem Aufruf an die französische Nation vom 18. Juni 1940 gegründete exilfranzösische Organisation unter Führung des Komitees »Freies Frankreich«. Durch seine Sendungen über BBC und Radio Brazzaville konnte es gegen die Propaganda Vichys ankämpfen.

Gamelin, Maurice-Gustave, (1872–1958) Französischer General. Er war im Ersten Weltkrieg Stabschef Marschall Joffres und führte 1925 in Syrien ein Kommando im Drusenaufstand. 1931 wurde Gamelin Generalstabschef, 1935 Generalinspekteur des Heeres und Vizepräsident des Obersten Kriegsrates. Da er sich der Unzulänglichkeiten der französischen Armee während der Sudetenkrise bewußt war, hielt er Präsident Daladier von übereilten Schritten zurück. In der Folgezeit forderte der General von der Regierung die Ausarbeitung eines Aufrüstungsplanes, der im Frühling 1940 in Angriff genommen werden sollte. Auf strategischem Gebiet sah er die Verteidigung entlang der Maas vor, in den Ardennen und in Mittelbelgien. Indem der Plan ausschließlich auf den Kampf der Infanterie mit Artillerieunterstützung abgestellt war, schloß er den zu

(Photo Keystone)

General Gamelin.

dieser Zeit notwendigen Aufbau einer Luft- und einer Panzerwaffe aus. Als sich Gamelin von der deutschen Offensive in Brabant und Flandern überraschen ließ, wurde er fünf Tage nach dem deutschen Angriff auf Initiative Paul Reynauds durch General Weygand ersetzt. Gamelin, der eher ein gepflegter und geselliger Salonmensch als ein harter Kämpfer war, verfügte gewiß nicht über Qualitäten, die ihn befähigt hätten, die große westliche Koalition auf militärischem Gebiet zu führen. Im September 1940 wurde er verhaftet und im Prozeß von Riom für die Niederlage Frankreichs verantwortlich erklärt. Bis April 1943 war er in französischer Haft, anschließend bis Kriegsende in deutscher.

García Lorca, Federico (1899–1936) Spanischer Dichter. García Lorca war der künstlerischen und geistigen Welt Madrids eng verbunden. Die Aussagekraft und Farbigkeit seiner Dichtungen lassen ihn zum bekanntesten spanischen Lyriker und Dramatiker der Gegenwart werden. Zu Beginn des Bürgerkrieges wurde er ein Opfer der Falangisten. Ein Offizier der Zivilgarde von Granada ließ ihn festnehmen und am 19. August 1936 hinrichten.

Garigliano Fluß in Süditalien, der in den Abruzzen entspringt. Er entsteht aus der Vereinigung des Liri mit dem Rapido nahe bei Cassino, fließt quer durch den Südosten von Latium und mündet beim antiken Minturnae in den Golf von Gaeta.

Gaulle, Charles de (geboren 1890) Französischer General und Politiker. Als Sohn eines Privatlehrers in Lille trat er 1909 in die Offiziersschule von Saint-Cyr ein und verließ sie 1912 als Leutnant. Während des Ersten Weltkrieges dem 33. Infanterieregiment Pétains zugeteilt, wurde der junge Offizier vor Verdun im März 1916 gefangengenommen. Nach seiner Entlassung begleitete er

(Photo Keystone)

General de Gaulle.

General Weygand nach Warschau. Nach Frankreich zurückgekehrt, wurde er 1921 Dozent für Militärgeschichte in Saint-Cyr und 1925 Mitglied des Kabinetts Pétain. Es folgten Militärkommandos im Rheinland (1927) und in Kleinasien (1929 bis 1931). Er hatte bereits mehrere Bücher veröffentlicht: »La Discorde chez l'Ennemi« (Die Uneinigkeit des Feindes — 1924), »Le Fil de l'Epée« (Des Schwertes Schneide — 1932), »Vers l'Armée de Métier« (Der Weg zur Berufsarmee — 1934), »La France et son Armée« (Frankreich und seine Armee — 1938). Aber erst die französische Tragödie im Mai und Juni 1940 ließ den Namen de Gaulle bekannt werden. Nachdem er im Winter 1939/40 die Panzereinheiten der 5. Armee im Elsaß kommandiert hatte, übernahm er am 15. Mai die 4. Panzerdivision und trat zwei Tage später zwischen Laon und Montcornet gegen die Panzer der Gruppe Guderian an. Als er am Ende des Monats mit seiner Division dem Frontabschnitt von Abbeville zugeteilt wurde, erhielt de Gaulle dort die Beförderung zum Brigadegeneral. Paul Reynaud ließ ihn allerdings kaum eine Woche im militärischen Kommando an der Front, sondern berief den General am 6. Juni als Unterstaatssekretär für Nationale Verteidigung in die Regierung. Mit einer Mission beim britischen Kabinett beauftragt, überzeugte sich de Gaulle persönlich vom Widerstandswillen Churchills. Als am 16. Juni das Kabinett Reynaud gestürzt worden war, verließ de Gaulle am nächsten Tag mit dem Flugzeug Bordeaux. Der ehemalige Unterstaatssekretär erließ am 18. Juni von London aus seinen berühmten Aufruf an die französische Nation. Von der Regierung in Vichy als Deserteur zum Tode verurteilt, war er nur von einer Handvoll Freiwilliger umgeben. Da Vichy die legale Macht in Frankreich verkörperte, erschien sein Unternehmen des »Freien Frankreich« nicht mehr als ein fragwürdiges Abenteuer. Großbritannien konnte mit seiner Armee, die nur über beschränkte Mittel verfügte, so bald nicht auf den Kontinent zurückkehren. Das französische Komitee de Gaulles wurde noch nicht einmal offiziell von der britischen Regierung anerkannt, und nur die nach London geflüchteten übrigen europäischen Regierungen gewährten dem General einiges Vertrauen. De Gaulle indessen hatte erkannt, daß seine damalige Lage nur vorübergehend so gut wie aussichtslos war. Er ahnte wohl die Ausdehnung des Krieges zum weltweiten Konflikt, entgegen den Zeichendeutern von Vichy, und er wußte, daß sich das Kräfteverhältnis dann zu ungunsten der Achsenmächte verschieben würde. De Gaulle handelte so, als ob er ein Frankreich führte, das unbesiegt weiter mit Deutschland und Italien im Krieg lag. Die Territorien im Pazifik, die Handelsniederlassungen in Indien, die Mandate Äquatorialafrikas führten ihm, indem sie dem Beispiel des Gouverneurs Félix Eboué folgten, nacheinander zumindest einen Bruchteil unabhängiger Staatsgewalt zu. Am Mikrophon der BBC sicherte ihm eine Mannschaft von fähigen Journalisten eine wachsende Zuhörerschaft unter der Bevölkerung der besetzten Zone, die das Drückende und Demütigende ihrer Lage immer deutlicher empfand. Die Leistung der Brigade Kœnig in Bir Hakeim im Juni 1942, der Prestigeverlust der Regierung von Vichy, die in den Händen von Laval lag, die Sammlung des inneren Widerstandes des kämpfenden Frankreichs ließen das Ansehen des Generals Tag für Tag steigen. Seine vorausschauende Haltung schien sich auszuzahlen. Obwohl er bei der Landung der Alliierten in Nordafrika nicht zu Rate gezogen worden war, gelang es dem Chef des »Nationalkomitees der Freien Franzosen« in London, auch in dem Komitee von Algier, das von General Giraud geleitet wurde, einen gewissen Einfluß zu erlangen, nicht zuletzt dank der wirksamen Unterstützung des »Nationalen Widerstandsrates«, dessen Gründer Jean Moulin sein geheimer Delegierter in Paris wurde. Das am 3. Juni 1943 in Algier gegründete »Französische Komitee der Nationalen Befreiung« wurde zu einer weiteren Grundlage seiner späteren Macht, weil dessen beide gleichberechtigte Präsidenten Giraud und de Gaulle hießen. Dieser Zustand konnte indessen nicht von Dauer sein. De Gaulle sah voraus, daß irgendwann seine Stunde kommen mußte, um die Macht allein zu übernehmen. Sein Mitpräsident war ein zu geradliniger Militär, als daß er dem diplomatischen Ränkespiel in Algier hätte gewachsen sein können. Im Oktober 1943, nach einem unerfreulichen Zwischenfall unter den Nachrichtendiensten der beiden Präsidenten, erreichte de Gaulle, daß Giraud sich nur noch den militärischen Aufgaben widmete. Er selbst erweiterte seinen politisch-diplomatischen Machtbereich ständig. Im März 1944 war nur noch ein einziges Mitglied in dem algerischen Komitee, das von Giraud gegründet worden war, übriggeblieben: René Mayer, Kommissar der Handelsmarine. Die Aufgabe des Präsidenten des Französischen Komitees der Nationalen Befreiung (CFLN) blieb undurchsichtig. Von den Regierungen Londons, Moskaus wie von der Mehrzahl der Mächte des Völkerbundes anerkannt, versuchte sich das Komitee gegen Präsident Roosevelt durchzusetzen. Als die Befreiung von Paris näherrückte, vergrößerte de Gaulle seine militärische und diplomatische Aktivität und bildete in Algier mit den aus Frankreich geflüchteten Parlamentariern, bekannten Bürgern, Gewerkschaftlern und ehemaligen höheren Beamten eine beratende Versammlung. Gleichzeitig organisierte er in Brazzaville eine Kolonialkonferenz, die für die französischen Überseegebiete neue Nachkriegsstatuten erarbeiten sollte. Am 3. Juni 1944 wurde das CFLN die provisorische Regierung der Französischen Republik. Aber selbst diese Namensänderung verringerte die amerikanischen Vorbehalte keineswegs, sondern blieb Quelle heikler Zusammenstöße sowohl mit den englischen als auch mit den amerikanischen Regierungsbeauftragten, selbst im Augenblick der Schlacht in der Normandie. De Gaulle hat diese erniedrigende Behandlung niemals vergessen. Er betonte stets, daß er die rechtmäßige Autorität in Frankreich vom 18. Juni 1940 an verkörpere, und er bemühte sich als Präsident der provisorischen Regierung, »den Staat wieder ins Gleis zu bringen«. Die Wiedererlangung der alten französischen Machtstellung war von Anfang an sein Bestreben gewesen. Überall, wo sich die Gelegenheit bot, versicherte der Präsident diesen nach den Niederlagen von 1940 so notwendigen nationalen Erneuerungswillen. Die westlichen Alliierten verhielten sich reserviert, ja sogar kühl und abweisend. Die Konferenz von Dumbarton Oaks fand ebenso ohne französische Vertretung statt wie die interalliierten Generalstabsbesprechungen. Die Dreierkonferenz von Jalta im Februar 1945 — ohne Frankreich — bildete den Höhepunkt dieses unerfreulichen Zustandes. All diese Zurücksetzungen bestärkten den General in seinem Willen, Frankreich eine eigene Machtposition zwischen den Alliierten im Westen und denen im Osten zu sichern. Er zögerte nicht, im Dezember 1944 mit der sowjetischen Regierung einen Freundschaftspakt abzuschließen. Hier zeigen sich bereits politische Tendenzen, die de Gaulle später konsequent verfolgte. De Gaulle wachte darüber, daß das französische Kommando selbständig blieb, was im Dezember 1944 im Elsaß und im April/Mai 1945 an der Alpenfront zu neuen Schwierigkeiten mit den alliierten militärischen Führungsstäben Anlaß gab. Nachdem der General im Juli und August 1945 wiederum von den internationalen Verhandlungen auf der Potsdamer Konferenz ferngehalten wurde, gelang es der provisorischen Regierung endlich im Oktober, kurz vor den ersten französischen legislativen Wahlen, dem Vorspiel zur Vierten Republik, von den Engländern und Amerikanern anerkannt zu werden. General de Gaulle wurde der erste vorläufige Präsident der neuen Regierung. Doch in der gebildeten Koalitionsregierung, der demokratisch-christliche, sozialistische und kommunistische Minister angehörten, mußte der General bald einsehen, daß die gegenwärtige exekutive Machtformation seiner persönlichen Auffassung von der einzuschlagenden Politik kaum entsprach. Außerdem war sein Regierungsstil geprägt vom Vorrang der Außenpolitik und von einem recht autoritären Verhalten des Generals, der Kabinettssitzungen wie Generalstabsbesprechungen führen wollte, ein Verfahren, dem sich ein demokratisches Zivilkabinett nicht fügen konnte. Auch war der Zeitpunkt für außenpolitische Experimente noch nicht gekommen. Es ging zunächst einmal darum, die Lebensmittelversorgung sicherzustellen, den Wiederaufbau und die Wiederherstellung der durch den Krieg gestörten Wirtschaft voranzutreiben. Obwohl General de Gaulle von der Konstitutionellen Versammlung am 13. November 1945 in seinem Amt als Präsident der provisorischen Regierung bestätigt wurde, setzte er unerwartet am 20. Januar 1946 das Kabinett von seinem Willen in Kenntnis, die Regierungsgeschäfte niederzulegen. In der Hoffnung, daß die Angst vor der »politischen Leere«, die sich seiner Meinung nach aus seinem Rücktritt ergeben würde, einen Stimmungsumschwung hervorriefe, wartete de Gaulle darauf, zurückgeholt zu werden. Aber während der nächsten zwölf Jahre blieb er von der Macht ausgeschlossen, aber keineswegs vom politischen Leben. Am 14. April 1947 gründete er das »Rassemblement du peuple français« (RPF), das er, wie seine Person, über allen Parteien stehend empfand. In einer vielbeachteten Rede, die er in Bayeux hielt, erläuterte er seine Verfassungskonzeptionen, deren Hauptpunkt eine mächtige Exekutive sein sollte. Ehrenämter und Sinekuren, die Präsident Vincent Auriol dem General anbot, lehnte er ab. Er führte sein zurückgezogenes Leben stolz und eigensinnig fort, schrieb an seinen Memoiren und wartete geduldig auf den Zusammenbruch der Vierten Republik, die sich durch innere Zwistigkeiten wie durch die erschöpfenden Kriege in Indochina und Algerien ganz offensichtlich selbst zugrunde richtete. Als er am 1. Juni 1958 Ministerpräsident wurde, handelte er nach eben den Prinzipien, die er elf Jahre vorher in seiner Rede in Bayeux dargelegt hatte. Mit seiner Wahl zum Präsidenten der Republik am 21. Dezember 1958 begründete er ein neues Regime: das der Fünften Republik.

Gil Robles, José María (geboren 1898) Spanischer Politiker. Der gemäßigte Katholik wurde 1931 republikanischer Abgeordneter als ein führender Vertreter der katholischen »Acción Popular«. 1933 unterstützte er den Radikalen Lerroux und verharrte in dieser Haltung bis zu den Wahlen im Februar 1936. 1935 war er für kurze Zeit Kriegsminister. Gil Robles verband sich nun mit den Falangisten und Monarchisten, den Karlisten, den Agrariern und den Unabhängigen, um ein Gegengewicht zur Linken zu schaffen. Während des Bürgerkrieges hielten ihn die Falangisten für zu gemäßigt und übertrugen ihm kein verantwortungsvolles Amt. Als ein Gegner Francos ging er 1936 nach Portugal ins Exil. 1950 kehrte er nach Spanien zurück; 1962 siedelte er nach Paris über.

Giraud, Henri-Honoré (1879–1949) Französischer General. Giraud war aus der Militärschule von Saint-Cyr hervorgegangen und hatte am Ersten Weltkrieg in den algerischen Truppen teilgenommen. 1925/26 diente er unter dem Kommando Pétains in Marokko während der Kolonialkriege. 1930 wurde er General und kämpfte wiederum im marokkanischen Atlasgebirge. Im Herbst 1939 erhielt Giraud das Kommando über die 7. Armee, die im Falle eines deutschen Angriffs nach Flandern vorstoßen sollte. Als General Gamelin im März 1940 seine militärische Planung auf die Niederlande ausgedehnt hatte, waren Girauds Verbände dazu ausersehen, bis in die Gegenden von Breda und Dordrecht vorzurücken, um sich mit den niederländischen Truppen zu verbünden. Rasch und kraftvoll führte der Kommandeur der 7. Armee diesen Plan aus und warf am 10. Mai seine einzige motorisierte Division quer durch Flandern. Doch der deutsche Durchbruch in den Ardennen machte diesen Vormarsch insofern wirkungslos und sogar gefährlich, als nun deutsche Truppen im Rücken der alliierten Verbände in Belgien lagen. Am

(Photo Keystone)

General Giraud.

15. Mai wurde Giraud an die Spitze der 9. Armee gestellt, wo er General Corap ersetzte. Drei Tage später wurde er auf dem Weg zu einem seiner Truppenteile von einer deutschen Patrouille gefangengenommen. Von der Festung Königstein, wo der General interniert war, gelang ihm im April 1942 die Flucht. Als am 24. Dezember Admiral Darlan ermordet wurde, folgte ihm Giraud im Amt des zivilen und militärischen Hohen Kommissars für Nordafrika. Doch der neue Chef des Komitees von Algier war kein Meister der politischen Intrige. Er beugte sich dem Rat seiner Umgebung, die ihm riet, sich mit de Gaulle zu verständigen. Der am 3. Juni unterzeichnete Vertrag bestätigte die Bildung des Französischen Komitees der Nationalen Befreiung (CFLN). Giraud war bis zum Oktober 1942 Mitpräsident dieser Organisation. Nachdem er im vorhergegangenen Monat die Befreiung Korsikas eingeleitet hatte, übernahm er das Kommando über die freifranzösischen Streitkräfte. Im Juni 1943 führte er das Oberkommando über diese Truppen in Italien, organisierte die Befreiungsarmee, verzichtete aber schließlich im April 1944 auf alle seine Befugnisse, weil er sich mit dem starrsinnigen Präsidenten des CFLN, de Gaulle, in

dauernder Uneinigkeit befand, und zog sich nach Burgund zurück.

Glières, Plateau des Hochebene im Nordosten von Annecy in Hochsavoyen. Erstreckt sich bis in die Gegend von Thônes. Während des Winters 1943/44 bildeten Résistancegruppen auf der Hochebene eine Art innerfranzösische Front, die im März 1944 restlos vernichtet wurde.

Godet, Manuel Spanischer General, ehemaliger Militärgouverneur auf den Balearen. Er half Franco im Jahr 1934 bei der Unterdrückung des Bergarbeiteraufstandes in Asturien. Er wurde von der republikanischen Regierung auf die Kanarischen Inseln ins Exil geschickt und nahm an dem Militärkomplott teil, das im Juli 1936 das nationalistische Regime an die Macht bringen sollte. Am 19. Juli bemühte sich Godet vergeblich, die Garnison von Barcelona zum Aufstand zu bewegen. Er wurde festgenommen, im August verurteilt und auf der Festung Montjuich hingerichtet.

Goerdeler, Carl-Friedrich (1884–1945) Deutscher Widerstandskämpfer und Oberbürgermeister von Leipzig (ab 1930), als Sohn eines Richters in Schneidemühl geboren. Nach 1933 geriet er mehr und mehr in Gegensatz zum nationalsozialistischen Regime und sah sich daher gezwungen, vom Amt des Oberbürgermeisters von Leipzig zurückzutreten. Er nahm mit den verschiedensten Oppositionsströmungen Kontakt auf und war die treibende und planende Kraft des inneren Widerstandes gegen Hitler. Goerdeler hatte lange gehofft, Hitler auf legale Weise auszuschalten. Bedeutsam wurde seine Verbindung mit führenden Offizieren wie General Beck und Oberst Graf Schenk von Stauffenberg. Goerdeler war im Fall von Hitlers Sturz trotz interner Differenzen in der Widerstandsbewegung für das Amt des Reichskanzlers vorgesehen. Nach dem mißglückten Attentat auf Hitler am 20. Juli 1944 wurde Goerdeler verhaftet und in Plötzensee hingerichtet.

Gómez, Juan Vicente (1859?–1935) Venezolanischer General und Diktator. Gómez war ein ehrgeiziger Mestize, der im Jahr 1899 Cipriano Castro bei dessen Staatsstreich tatkräftig unterstützte und 1902 Oberbefehlshaber der Armee wurde. Nach der Absetzung des Präsidenten Castro beherrschte Gómez bis zu seinem Tod, auf die Armee gestützt, das Land.

Grandi, Dino (geboren 1895) Er stammt aus Mordano bei Bologna und war ein Mitbegründer der faschistischen Bewegung in Italien. Grandi begleitete Mussolini bei seinem Marsch auf Rom. Von 1929 bis 1932 war er Außenminister, dann bis 1939 Botschafter in London, anschließend bis 1943 Justizminister. Als im Jahr 1943 die Niederlage der Achsenmächte unaufhaltsam nahte, wurde aus dem einstigen Anhänger des Duce einer seiner erbittertsten Gegner. Der Antrag, den Graf Grandi am 25. Juli 1943 im Faschistischen Großen Rat vorlegte, war praktisch ein Mißtrauensvotum gegen Mussolini und ermutigte König Viktor Emanuel III., den Diktator am nächsten Tag festnehmen zu lassen. Grandi flüchtete vor den deutschen Truppen über Portugal nach Brasilien. Mussolini ließ ihn 1944 vom Gerichtshof in Verona in Abwesenheit zum Tode verurteilen. 1957 kehrte er nach Italien zurück.

Gran Sasso Bergmassiv in den Abruzzen mit dem Corno Grande, der höchsten Erhebung Mittelitaliens, ungefähr 80 Kilometer westlich von Pescara. In einem Berghotel auf dem Campo Imperatore des Gran Sasso war Mussolini nach seinem Sturz inhaftiert, bis ihn ein Kommando deutscher Fallschirmjäger unter SS-Hauptsturmführer Skorzeny am 12. September 1943 befreite.

Graziani, Rodolfo (1882–1955) Italienischer Marschall. Als treuer Diener des faschistischen Regimes kämpfte Graziani 1931 in Fessan, nahm fünf Jahre später an der Eroberung Abessiniens teil und war 1936/37 Vizekönig von Äthiopien. 1937 wurde ihm der Marschallstab verliehen. Graziani übernahm 1940 an Stelle von Italo Balbo den Posten des Generalgouverneurs von Libyen. Mussolini befahl ihm, mit schlecht ausgerüsteten Truppen im September 1940 von Libyen aus eine Offensive gegen Ägypten zu eröffnen. Aber die Gegenangriffe der Engländer und Australier endeten zwei Monate später mit der vollständigen Niederlage der italienischen Armee in Nordafrika. Obwohl er seines Kommandos enthoben und nach Italien zurückberufen worden war, unterstützte Graziani weiterhin bis 1943 den Duce. Als Befehlshaber und Verteidigungsminister der faschistischen Armee, die nach dem Sturz Mussolinis in Norditalien ausgehoben worden war, wurde der Marschall 1950 zu einer Gefängnisstrafe verurteilt, wenig später jedoch begnadigt.

Guadalcanal Größte der britischen Salomoninseln im westlichen Stillen Ozean. Die Japaner besetzten im Zweiten Weltkrieg die Insel, die nach schweren Kämpfen im November 1942 von den Alliierten eingenommen werden konnte.

Guam Größte und südlichste Insel der Marianen. Die Insel wurde 1521 von Magalhães entdeckt und 1898 von Spanien vertraglich an die Vereinigten Staaten abgetreten.

Guderian, Heinz (1888–1954) Deutscher General. Guderian stammte aus einer alten deutschen Offiziersfamilie und erwarb sein Offizierspatent in der kaiserlichen Armee. Während des Ersten

Weltkrieges stand er bei einer Nachrichteneinheit, dann, während der ersten Phase des Westfeldzuges, bei einer Kavalleriedivision. Zu Beginn des Jahres 1918 wurde er von Sedan aus zum Generalstab abkommandiert. Nach dem Krieg trat er in die Reichswehr ein. Guderian erkannte die ungeheure Bedeutung, die der Panzerwaffe im Fall eines Bewegungskrieges zukam. Er wurde mit der Anschaffung leichter gepanzerter Fahrzeuge für das Hunderttausendmannheer beauftragt. Nach der Machtergreifung Hitlers fanden die Vorschläge des Generals beim Führungsstab der Wehrmacht Gehör, und Guderian wurde zur Planung der leichten Panzertypen I und II sowie der schweren Kampfwagen III und IV herangezogen. Die deutsche Panzerwaffe sollte entscheidenden Anteil an den Blitzkriegen in Polen und Frankreich haben. In seinem Buch »Achtung! Panzer« (1937) entwickelte Guderian seine Anschauungen über die Taktik selbständiger Panzerverbände. Vier reine Panzerverbände wurden bereits im Polenfeldzug eingesetzt. Im Mai 1940 verfügte die Wehrmacht über zehn Panzerdivisionen. Die erste, zweite und zehnte Panzerdivision bildeten das von Guderian geführte 19. Armeekorps. Innerhalb des Verbandes der Panzergruppe von Kleist stieß Guderian am 10. Mai über Luxemburg und die Ardennen vor, überschritt die Maas bei Sedan am 13. Mai, rollte dann

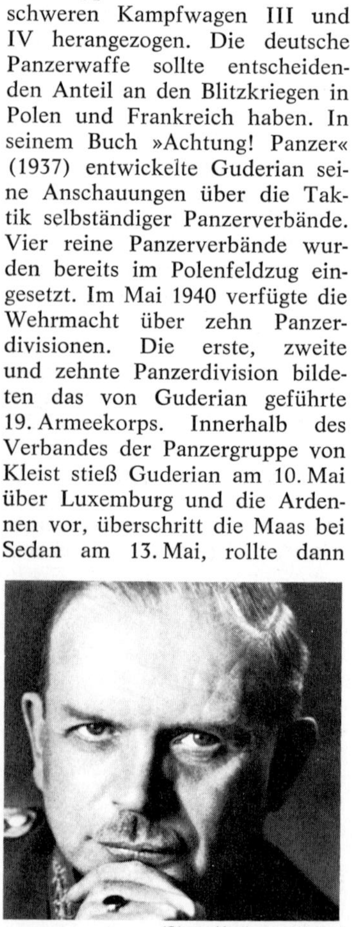

(Photo Harlingue-Viollet)

Heinz Guderian.

unaufhaltsam nach Westen und erreichte am 20. Mai die Kanalküste bei Crotoy mit zwei seiner Panzerdivisionen. Das 19. Armeekorps durchquerte in den folgenden Tagen Burgund und hatte zum Zeitpunkt des Waffenstillstandes die Gegend von Lyon erreicht. Im Juni 1941 kommandierte Guderian das der Heeresgruppe Mitte angegliederte 4. Panzerkorps, das bis in die Gegend von Tula, im Süden Moskaus, vorrückte. Doch die Gegenoffensive Schukows, die am 6. Dezember 1941 begann, führte zum Auseinanderbrechen der Panzergruppe Guderian. Dem verdienstvollen General wurden vom OKH und von Hitler selbst die schwersten Vorwürfe gemacht und das Kommando entzogen. Nachdem er zu Beginn des Jahres 1943 als Generalinspekteur der Panzertruppen erneut einen Auftrag erhalten hatte, stellte Guderian 24 Panzerdivisionen zusammen und setzte gegen den Widerstand des OKH die Entwicklung der schweren Kampfpanzer Tiger und Panther durch. Im Juli 1944 folgte der General auf Zeitzler in der Führung des Generalstabes und behielt diese Aufgabe bis zum März 1945. Im Jahr 1951 veröffentlichte Guderian seine »Erinnerungen eines Soldaten«.

Guernica y Luno Stadt im spanischen Baskenland östlich von Bilbao. Während des Spanischen Bürgerkriegs wurde Guernica 1937 bombardiert und fast völlig zerstört.

Haakon VII., König von Norwegen (1872–1957) Er war der zweite Sohn des dänischen Königs Frederik VIII. Als Karl, Prinz von Dänemark, wurde er 1905 von dem Storting, dem Parlament von Christiania (Oslo), das die Unabhängigkeit Norwegens proklamiert hatte, zum König gewählt. Die konstitutionelle Monarchie Norwegen unter ihrem König, der sich nun Haakon VII. nannte, blieb im Ersten Weltkrieg neutral. Die Invasion Norwegens

(Photo Editions Rencontre)

König Haakon VII. von Norwegen.

durch deutsche Truppen am 9. April 1940 veranlaßte den Monarchen, den Widerstand seines Volkes gegen den Eindringling auszurufen. Er selbst ging zuerst nach Hamar, dann nach Tromsö. Nach der Besetzung Mittelnorwegens verließen der König und sein Hof Anfang Juni das Land, um den Kampf von England aus fortzusetzen. Im Jahr 1945 kehrte Haakon nach Norwegen zurück.

Hácha, Emil (1872–1945) Tschechoslowakischer Staatsmann. Am 30. November 1938 trat Hácha als Nachfolger von **Präsident** Beneš an die Spitze des tschechoslowakischen Staates. Er beugte sich am 15. März 1939 dem Willen Hitlers, der die Auflösung der Tschechoslowakei betrieb und den größten Teil des Staates als Protektorat Böhmen und Mähren annektierte. Nach der Befreiung Prags durch die Russen wurde Hácha verhaftet und verstarb im Gefängnis.

Hamaguchi, Osaki (1870–1931) Japanischer Politiker. Vom Juni 1924 bis Januar 1926 war er Finanzminister, bis April 1927 Innenminister im Kabinett Wakatsuki. Im Juli 1929 wurde er Premierminister und trat damit an die Stelle von General Tanaka. Der liberale Regierungschef war als Sohn eines niederen Forstbeamten von der reichen und berühmten Familie Hamaguchi adoptiert worden, die seinen Eintritt in die Finanzwelt und dann in das politische Leben nachdrücklich unterstützten. Da er Handels- und Industriekreisen nahestand, bemühte sich Hamaguchi, die Beziehungen zum China Tschiang Kai-scheks zu normalisieren. Im Januar 1930 schickte er eine Delegation nach London, die damit beauftragt war, an den internationalen Seeabrüstungskonferenzen teilzunehmen. Die Bedingungen, die man der japanischen Marine auferlegen wollte, riefen eine heftige Reaktion der militanten nationalistischen Opposition hervor. Am 14. November wurde der Premierminister auf dem Bahnhof von Tokio durch Schüsse eines fanatischen Nationalisten schwer verletzt. Hamaguchi legte am 11. April 1931 sein Amt nieder und starb am 26. August an den Folgen des Attentats.

Hendaye Stadt im Departement Basses-Pyrénées, am rechten Ufer der Bidassoa, gegenüber der spanischen Grenzstadt Irún.

Henlein, Konrad (1898–1945) Sudetendeutscher Politiker aus Maffersdorf bei Reichenberg. 1933 gründete er die »Sudetendeutsche Heimatfront«, die aus den Parlamentswahlen von 1935 als »Sudetendeutsche Partei« als die stimmenstärkste Partei hervorging. Henlein forderte von der Prager Regierung die Anerkennung der sudetendeutschen Minderheit. Nach der Machtergreifung Hitlers verstärkte er, ab 1935 von der nationalsozialistischen Regierung in Deutschland finanziell unterstützt, seine Tätigkeit zur Autonomie des Sudetenlandes. Nach dem Münchener Abkommen wurde Henlein im Oktober 1938 Reichskommissar im Sudetenland, im Mai 1939 Gauleiter und Reichsstatthalter. Nach dem Zusammenbruch Deutschlands im April 1945 wurde er von den Alliierten interniert und beging in der Haft Selbstmord.

Hirohito, Kaiser von Japan (geboren 1901) Sohn des Taisho Tenno (Yoshihito). Hirohito erhielt eine sehr sorgfältige Erziehung, bereiste zum großen Leidwesen der strengen japanischen Traditionalisten Europa und übernahm bereits im November 1921 wegen der Krankheit seines Vaters die Regentschaft. Am 24. Dezember 1926 bestieg er den Thron. Hirohito gelang es, die Göttlichkeit seiner Abstammung mit seiner Stellung als konstitutioneller Monarch in Einklang zu bringen. Seine Herrschaft war gekennzeichnet von ständigem Lavieren zwischen den liberalen Parlamentariern und den militanten Armeeführern, die darauf brannten, die Macht des Kaiserreiches auf den ganzen Fernen Osten auszudehnen. Die Eroberung der Mandschurei, Ende 1931, und der Krieg gegen China charakterisieren das damalige Japan als imperialistisches und militaristisches Land. Die aggressive Politik führte am 7. Dezember 1941 zum Luft- und U-Boot-Angriff auf Pearl Harbor und zur Invasion der britischen Besitzungen des asiatischen Südostens. Japan trat gegen den Willen von Kaiser Hirohito unter dem Druck des Militärs in den Zweiten Weltkrieg ein. Erst als die totale Niederlage deutlich wurde, besann sich Hirohito auf seine Autorität. Er ersetzte das Kabinett des General Tojos durch liberale Persönlichkeiten und verkündete am 14. August 1945 die Kapitulation Japans. Der Kaiser verzichtete auf die diplomatische Unterstützung des Großen Kaiserlichen Rates. Das Ansehen des Gottkaisers war indessen noch so groß, daß MacArthur seine Stellung nicht anzutasten wagte. Hirohito verzichtete auf den alten Kaiserkult und stimmte einer parlamentarischen Verfassung zu. Er selbst blieb als Symbol der Einheit des japanischen Inselreiches an der Spitze seines Landes. Im November 1948 wurde er vom Internationalen Gerichtshof in Den Haag von der Anklage des Kriegsverbrechens freigesprochen.

Hiroschima Japanische Hafenstadt im Südwesten der Hauptinsel Honschu, die sich aus einer im 16. Jahrhundert gegründeten Siedlung entwickelt hat. Hiroschima war während des Sommers 1945 von den Amerikanern als Ziel für den Abwurf der ersten Atombombe vorgesehen. Die günstigen Wetterverhältnisse führten am 6. August 1945 zum Einsatz der Bombe, die nach neuesten Schätzungen 260 000 Menschenleben forderte.

Hoepner, Erich (1886–1944) Deutscher Generaloberst. Als Panzergeneral nahm Hoepner am Polenfeldzug teil und leitete darauf während des Westfeldzuges das 16. Panzerkorps, das sich aus der 3. und der 4. Panzerdivision zusammensetzte. Nachdem er die Maas in der Gegend von Maastricht überschritten hatte, öffnete er der 6. Armee des Generals von Reichenau den Weg nach Mittelbelgien. Während der entscheidenden Offensive vom 6. Juni stießen seine Verbände über die Aisne vor. Im Rußlandfeldzug war Hoepner der Heeresgruppe Mitte zugeteilt und führte die Panzergruppe 4 bis 40 Kilometer an Moskau heran, mußte aber vor dem kraftvollen Gegenangriff Schukows im Dezember unter schweren Verlusten zurückweichen. Wie Guderian übte Hoepner am Oberkommando des Heeres und an Hitler selbst heftige Kritik. Daraufhin wurde der fähige General seines Kommandos enthoben und darüber hinaus aus der Wehrmacht ausgeschlossen. Wegen seiner Beteiligung am Attentat gegen Hitler vom 20. Juli 1944 wurde Hoepner verhaftet und hingerichtet.

Hoover, Herbert Clark (1874–1964) 31. Präsident der Vereinigten Staaten. Seine Ausbildung zum Bergbauingenieur erhielt er

(Photo Keystone)

Herbert Hoover.

am Stanford College in Kalifornien und arbeitete in einer kalifornischen Mine. Anschließend war er in Australien, dann in China tätig, wo er den Boxeraufstand erlebte. Von 1915 bis 1917 leitete Hoover das Hilfswerk für das besetzte Belgien. Wegen seiner erfolgreichen Tätigkeit berief ihn Präsident Wilson 1917 zum Organisator der amerikanischen Lebensmittelversorgung. Als Wirtschaftsberater der amerikanischen Delegation in Europa und als Präsident des interalliierten Komitees für den Wiederaufbau dehnte Hoover seine Tätigkeit bis nach Mitteleuropa aus. Unter den Präsidenten Harding und Coolidge war er von 1921 bis 1928 Handelsminister. Der begabte und hochgebildete Ingenieur und Nationalökonom wurde 1928 vom republikanischen Konvent zum Präsidentschaftskandidaten nominiert. Der Wahlsieg war ein großer persönlicher Erfolg Hoovers. Sein Amtsantritt fiel indessen mit der verhängnisvollen Wirtschaftskrise zusammen, die Amerika vom »Coolidge-Wohlstand« in eine tiefe Depression stürzte. Von der Krise überrascht, den liberalen Wirtschaftsmethoden des 19. Jahrhunderts verhaftet, war der neue Präsident unfähig, wirksame Maßnahmen zu ergreifen, wie sie sein Nachfolger, Franklin D. Roosevelt, durchzusetzen vermochte. Er war der Meinung, daß es sich um einen vorübergehenden Konjunkturrückgang handele, der sich allein durch Vertrauen in die Wirtschaftskraft des Landes beheben ließ, und daß das Übel so schnell wieder verschwinde, wie es gekommen sei. Erst im Oktober 1930 bequemte sich Hoover, einen wissenschaftlichen Untersuchungsausschuß einzusetzen, und veranlaßte zu Beginn des folgenden Jahres ein erstes Programm zur Ausschreibung großer öffentlicher Arbeiten. Diese Maßnahmen kamen indessen zu spät und erwiesen sich darüber hinaus als völlig unzureichend. Millionen Arbeitslose standen vor den stillgelegten Fabriken. Die Konkurse häuften sich. Selbst das Bundesbudget hatte wegen der fehlenden Einnahmen des Jahres 1932 fast 50 % Defizit. Trotz dieser katastrophalen Wirtschaftssituation sprach der Konvent der Republikanischen Partei dem Präsidenten am Ende seiner Amtszeit von neuem das Vertrauen aus. Hoover unterlag seinem Rivalen Roosevelt mit 59 gegen 472 Stimmen der Wahlmänner. Während der vier Amtsperioden Roosevelts trat Hoover nicht mehr politisch hervor. Doch 1946 appellierte Präsident Truman an die große Erfahrung Hoovers, um die wirtschaftlichen Hilfsdienste in Europa zu leiten. Anschließend fungierte er als Berater der militärischen Besatzungsbehörden in Deutschland und Österreich. In den Vereinigten Staaten selbst erhielt Hoover nach dem Krieg mehrere Ämter als Vorsitzender verschiedener Ausschüsse zur Rationalisierung der Bundesverwaltung.

Hopkins, Harry Lloyd (1890–1946) Amerikanischer Politiker, 1938 bis 1940 Handelsminister. Hopkins war ein enger Freund und persönlicher Berater Präsident Roosevelts. Er genoß bei dem Präsidenten vollstes Vertrauen und wurde mit verschiedenen Auslandsmissionen beauftragt.

Hoth, Hermann Deutscher Generaloberst. Hoth kommandierte im Mai 1940, während der Ardennenoffensive, das 15. Armeekorps, das aus der 5. und der 7. Panzerdivision bestand. Er überwachte am 13. Mai den Übergang über die Maas bei Dinant. Die Panzergruppe Hoth stieß schließlich bis in die Gegend von Arras vor und stand am Ende des Westfeldzuges in der Gegend von Cherbourg. Hoth nahm während des Rußlandfeldzuges an allen großen Operationen im Mittel- und im Südabschnitt teil. Auf Befehl von Mansteins sollte er den Kessel von Stalingrad, in dem General Paulus mit der 6. Armee eingeschlossen war, mit seinen Verbänden sprengen. Der Angriff Hoths wurde im Dezember 1942 48 Kilometer vor den deutschen Stellungen von den Sowjets aufgefangen.

Huang-pu (Whangpoo) Chinesische Militärschule, im Mai 1924 in der Nähe von Kanton von General Wassili Blücher gegründet. Huang-pu war nach dem Muster sowjetischer Militärakademien eingerichtet.

Hull, Cordell (1871–1955) Amerikanischer Politiker (Demokrat). Roosevelt vertraute 1933 dem aus Tennessee stammenden Senator die Leitung der Außenpolitik der Vereinigten Staaten an. Wie Roosevelt war er kein Anhänger des amerikanisch-republikanischen Isolationismus. Hull gab der Diplomatie der USA neue Impulse und brachte den europäischen Geschehnissen, besonders der erschreckend wachsenden Macht Hitlers, stärkstes Interesse entgegen. Aber erst 1941 nahm die Regierung der Vereinigten Staaten mit der Verabschiedung des Leih- und Pachtgesetzes klar Stellung zugunsten Großbritanniens.

Huntziger, Charles (1880–1941) Französischer General und Politiker. In der Bretagne geboren, väterlicherseits Elsässer, verdiente sich Charles Huntziger seinen Offiziersrang in den Kolonialkrie-

(Photo Keystone)

General Huntziger.

gen, vor allem in Indochina. 1933 war er Kommandeur der syrischen Truppen und gehörte dem Obersten Kriegsrat an. Huntziger galt bei Kriegsausbruch 1939 als einer der fähigsten und angesehensten Generäle Frankreichs. Nach der Kriegserklärung übernahm er die 2. Armee, deren Verteidigungslinie sich entlang der Maas und der Chiers bis in den Westen von Sedan erstreckte. Sein linker Flügel wurde am 13. und 14. Mai 1940 auf beiden Seiten von Sedan von den Panzern Guderians eingedrückt; doch Huntziger hielt sich bis zum Juni an der oberen Aisne. Dann übernahm er das Kommando über die Armeegruppe 4 mit dem Auftrag, den Abschnitt Champagne-Lothringen zu verteidigen. Als sich der Zusammenbruch der französischen Streitkräfte abzeichnete, wählte ihn General Weygand aus, um die Waffenstillstandsverhandlungen einzuleiten. Der General unterzeichnete im Wald von Compiègne, im gleichen Eisenbahnwagen, in dem einst Marschall Foch seine Bedingungen diktiert hatte, die französische Kapitulation. Als Kriegsminister der Regierung Pétain in Vichy bemühte sich Huntziger, den restlichen Truppen des Mutterlandes sowie denen Nordafrikas neues Vertrauen und neuen Kampfgeist zu geben. Auf einer Inspektionsreise fand er bei einem Flugzeugabsturz in den Cevennen den Tod.

Ibáñez del Campo, Carlos (1877–1960) Chilenischer General und Politiker. Der ehemalige Kavallerieoffizier und Kriegsminister war bekannt für seinen Stolz und sein autoritäres Wesen. Er war mehrfach Minister und von 1927 bis 1931 Staatspräsident. Die Folgen der internationalen Wirtschaftskrise führten 1931 zu einem Volksaufstand, der ihn zwang, ins Exil zu gehen. Nach dem Beispiel Vargas' und vor allem Peróns, denen er sich freundschaftlich verbunden fühlte, kehrte Ibáñez nach Chile zurück und riß aufs neue die Macht an sich. Von 1952 bis 1958 war er erneut an der Spitze der chilenischen Republik.

Ilmensee Russischer See im Süden von Nowgorod, durch den Fluß Wolchow mit dem Ladogasee verbunden.

Inukai, Tsuyoshi (1855–1932) Japanischer Politiker. Er war der Nachfolger von Premierminister Wakatsuki, der am 11. Dezember 1931 sein Amt niedergelegt hatte. Der liberale Politiker Inukai war 1922 Unterrichtsminister gewesen und auf Grund seiner wohlwollenden Haltung gegenüber den mächtigen Militärcliquen an die Macht gekommen. Nationalistische Extremisten hielten den Politiker indessen für zu schwächlich und liberal. Am 15. Mai 1932 drang eine Gruppe rechtsextremer Offiziere in seine Wohnung ein und ermordete ihn.

Iwojima Japanische Vulkaninsel im Norden der Marianen. Zur Vorbereitung des Angriffs auf das japanische Mutterland fand auf Iwojima am 19. Februar 1945 die amerikanische Landung statt. Im März hatten die Amerikaner die gesamte Insel unter Kontrolle und bildeten einen Luftstützpunkt, von dem aus die Hauptzentren Japans bombardiert werden sollten.

Jalta Kurort an der südlichen Krimküste, Tagungsort der berühmten interalliierten Konferenz vom 4. bis zum 11. Februar 1945, auf der sich Stalin, Roosevelt und Churchill trafen. Die drei Hauptthemen der Konferenz waren die Besetzung Deutschlands, die Organisation der Vereinten Nationen und die Teilnahme der Sowjetunion am Krieg gegen Japan.

Jehol Ehemalige chinesische Provinz. Jehol bildete einst eines der Kernstücke des chinesischen Kaiserreiches und erstreckte sich vom Westen Mukdens bis zu den Grenzen von Hopei und der Inneren Mongolei. Jehol wurde 1955 auf die Provinzen Hopei und Liauning und die Innere Mongolei aufgeteilt.

Jenan (Yenan) Stadt im Norden der Provinz Schensi. Mao Tse-tung und seine Anhänger machten sie nach dem »Langen Marsch« zu ihrer Hauptstadt. Sie blieb es bis 1949.

Joffe, Adolf Abramowitsch (1883–1927) Sowjetrussischer Politiker. Joffe war ein Journalist mit revolutionären Ideen und Freund Trotzkis. Von 1912 bis 1917 lebte er in sibirischer Verbannung. Er war Leiter der russischen Friedensdelegation in Brest-Litowsk; 1918 wurde er Botschafter in Berlin, wo man ihn wegen seiner bolschewistischen Umtriebe auswies. Fünf Jahre später ging er als Gesandter nach China, um die Kuomintang-Bewegung durch Einrichtung politischer Zellen kommunistisch zu unterwandern. Joffe war zusammen mit Borodin und General Blücher einer der einflußreichsten Ratgeber von Sun Yat-sen, mit dem er am 26. Januar übereinkam, den Führungsnachwuchs der Kuomintang in sowjetischen Militärschulen auszubilden. Moskau erklärte sich auch bereit, finanzielle Unterstützung zu leisten. 1924 wurde Joffe Botschafter in Wien, 1925 in Tokio. Als erklärter Parteigänger Trotzkis beging er nach dessen Ausschluß aus der Partei Selbstmord.

(Photo Keystone)

Alphonse Juin.

Juin, Alphonse (1888–1967) Französischer Marschall (ab 1952). Juin gehörte in Saint-Cyr dem gleichen Jahrgang an wie Charles de Gaulle. Die Karriere Juins begann 1912 in Marokko. General Lyautey nahm einen großen Einfluß auf den jungen Offizier, der während des Ersten Weltkrieges schwer verwundet worden war. Nach Marokko zurückgekehrt, berief ihn Lyautey in seinen Generalstab. 1925/26 nahm Juin am Feldzug gegen die Rifkabylen teil. Bevor er 1935 Oberst und drei Jahre später General wurde, war er Mitglied des Militärkabinetts. Als Kommandant der 15. Division rückte der General dem Plan Dyle gemäß im Mai 1940 nach Mittelbelgien vor. Doch der deutsche Vorstoß über die Maas zwang ihn zu kapitulieren; Juin ging in deutsche Gefangenschaft. Pétain konnte 1941 dessen Freilassung erreichen. Als Juin am 20. November 1941 als Nachfolger Weygands Chef der gesamten Nordafrikatruppen geworden war, führte er dessen Werk fort, beriet Darlan und drang auf Verhandlungen mit den Alliierten. 1942/43 kommandierte er die französischen Truppen in Tunesien. Inzwischen war er kommandierender General von Tunis geworden. Im Juni 1943 übernahm er den Oberbefehl über das französische Expeditionskorps, das 1944 in Italien operierte. Juin war ein ausgezeichneter Taktiker, der gerade in Süditalien seine Fähigkeiten voll entfalten konnte. Im Verband der 5. amerikanischen Armee General Clarks kämpfte er um den entscheidenden Vorstoß über das Gebirge nördlich von Cassino. Am 11. Mai 1944 gelang im Garigliano-Abschnitt der entscheidende Durchbruch, der den Alliierten am 5. Juni 1944 den Vormarsch nach Rom ermöglichte. General Clark erwies dem französischen General die Ehre, an seiner Seite in die Ewige Stadt einzuziehen. Von 1944 bis 1946 war Juin Generalstabschef der Nationalen Verteidigung, von 1947 bis 1951 Befehlshaber in Marokko, dann kommandierender General der Atlantikpaktstreitkräfte Europa-Mitte von 1951 bis 1956. Im Jahr 1961 griff Juin öffentlich de Gaulles Algerienpolitik an, was ihm den Verlust einiger seinem Rang entsprechenden Privilegien eintrug.

Kalinin Sowjetische Stadt, die bis 1930 Twer hieß, an der Mündung der Twerza in die obere Wolga, etwa 200 Kilometer nordwestlich von Moskau.

Katyn Dorf westlich von Smolensk. Im Frühjahr 1943 entdeckten deutsche Soldaten im Wald bei Katyn Massengräber von über 4000 polnischen Offizieren, die von der Roten Armee beim Einmarsch in Ostpolen im September 1939 gefangengenommen worden waren. Vergeblich hatte die polnische Exilregierung von den Sowjets Auskunft über die seit dem Frühjahr 1940 verschollenen Offiziere gefordert, die aller Wahrscheinlichkeit nach bereits im April oder Mai 1940 von den Sowjets ermordet worden waren. Nachdem sowohl die deutsche als auch die polnische Regierung das Internationale Rote Kreuz um eine Untersuchung der Angelegenheit gebeten hatten, brach die Sowjetunion voller Entrüstung über die Verdächtigung ihre Beziehungen zu Polen ab.

Kertsch Östliche Landzunge der südrussischen Halbinsel Krim.

Kesselring, Albert (1885–1960) Deutscher Generalfeldmarschall. Er war ehemaliger kaiserlicher Artillerieoffizier, wechselte in der Folgezeit die Waffengattung und half Göring und Udet ab 1934 beim Aufbau der deutschen Luftwaffe. 1935/36 war er Chef des Generalstabs der Luftwaffe. Im Zweiten Weltkrieg führte er zunächst die Luftflotte 1 im Polenfeldzug, dann im Mai 1940 die Luftflotte 2 gegen Belgien und die Niederlande. Nach einem Rußlandeinsatz wurde Kesselring 1943 dem Mittelmeerabschnitt zugeteilt. Inzwischen zum Generalfeldmarschall aufgestiegen, überwachte er an der Seite des italienischen »Commando Supremo« die Operationen in Tunesien und Sizilien. Im September 1943 erhielt er den Oberbefehl über die gesamten Streitkräfte der Wehrmacht in Italien. Im März 1945 ersetzte er von Rundstedt an der Westfront. Kesselring wurde von einem britischen Militärgericht wegen Partisanenerschießungen zum Tode verurteilt, dann aber zu lebenslänglichem Zuchthaus begnadigt und 1952 freigelassen.

Kleist, Ewald von (1881–1954) Deutscher Generalfeldmarschall. Aus einer alten preußischen Familie stammend, begann Ewald von Kleist seinen militärischen Aufstieg in der Reichswehr. 1939 führte von Kleist den entscheidenden Stoß gegen den Südflügel der polnischen Armee. 1940 übernahm er den Befehl über die erste Panzergruppe der Geschichte, in der das 19. Panzerkorps Guderians, das 41. Korps Reinhardts und das 14. von Wietersheims standen. Die Überquerung der belgischen Ardennen endete mit der Überschreitung der Maas bei Sedan und Monthermé. Um die Überraschung vollständig zu machen, befahl von Kleist die Überquerung des Flusses am Nachmittag des 13. Mai trotz der auseinandergezogenen Marschformation. In den nächsten Tagen stieß der General über die Aisne, die obere Seine und im Juni über die Loire vor. Im folgenden Jahr übernahm von Kleist an der Ostfront das Kommando über die 1. Panzerarmee im Rahmen der Heeresgruppe Süd. Im Oktober 1942 nahm er an der Großoffensive teil, die die Heeresgruppe Süd bis zum Kaukasus und zum Terekbecken bringen sollte. Er übernahm im Oktober selbst das Kommando über die Heeresgruppe Süd. Während des Winters 1942/43 nach der Katastrophe von Stalingrad sicherte er den Rückzug über Kuban und Rostow. Er behielt sein Kommando bis zum Jahre 1944, als Hitler ihn kaltstellte. 1948 wurde er von Jugoslawien an die Sowjetunion ausgeliefert. 1954 verstarb er im Lager Wladimirowka.

Kluge, Hans Günther von (1882–1944) Deutscher Generalfeldmarschall. Von Kluge erhielt seine Offiziersausbildung bei der Artillerie. Im September 1939 und während des Westfeldzuges 1940 befehligte er die 4. Armee, mit der er den Angriff über die Ardennen führte. 1941 stand von Kluge mit seiner Armee im Südwesten Moskaus. Im Dezember desselben Jahres löste er von Bock im Kommando der Heeresgruppe Mitte ab. Im Juli 1944, während der Schlacht in der Normandie, löste von Kluge von Rundstedt ab. Hitler verdächtigte von Kluge der Beteiligung an der Widerstandsbewegung und enthob ihn am 17. August 1944 seiner Ämter. Zwei Tage später beging von Kluge Selbstmord.

Kœnig, Marie-Pierre (geboren 1898) Französischer General. Kœnig nahm an der alliierten Norwegenexpedition als Hauptmann teil und schloß sich in London General de Gaulle an. Im Mai 1942 erhielt er den Befehl über die erste frei französische Brigade in Nordafrika. Er bezog vor Bir Hakeim Stellung und verteidigte den Ort vom 2. bis zum 10. Juni. Der 90. deutschen Division und der italienischen Division Ariete leistete er hartnäckigen Widerstand. 1944 war er Kommandeur der innerfranzösischen Streitkräfte, 1945 Militärgouverneur von Paris und bis 1949 Kommandeur der französischen Besatzungstruppen in Deutschland. Von 1951 bis 1958 war er Abgeordneter der Nationalversammlung und zweimal Minister.

Konjew, Iwan Stepanowitsch (geboren 1897) Sowjetischer Marschall. Zuerst politischer Kommissar, der in der Roten Armee zum Stabsoffizier aufgestiegen war. Der General war wie Budjenny berühmt für seine herzlich rauhe Originalität. Sein Hauptquartier während des Krieges war früheren Kosakenlagern ähnlich. Konjew führte die Verbände der »2. Ukrainischen Front«. Er zeichnete sich während der Schlachten bei Kursk und am Dnjepr aus. 1944 leitete er die Offensive in Galizien, erreichte im Januar 1945 Krakau, stieß im Frühjahr bis zur Elbe vor und hatte einen entscheidenden Anteil an der Einkesselung Berlins. 1945 war er der sowjetische Vertreter im Alliierten Kontrollrat für Österreich. Der volkstümliche Marschall wurde 1946 Oberbefehlshaber der sowjetischen Landstreitkräfte. Von 1955 bis 1960 war er Oberbefehlshaber der Truppen des Warschauer Paktes.

(Photo Presseagentur Novosti)

Sowjetmarschall Iwan St. Konjew.

Konoye, Fumimaro, Fürst (1891–1945) Japanischer Politiker, der sich den nationalistischen Kreisen seines Landes angeschlossen hatte. Er folgte im Jahr 1937 als Ministerpräsident auf den autoritären General Hayashi. Bis 1939 blieb er an der Macht. Er löste den Krieg mit China aus, der die diplomatischen Beziehungen zwischen Japan und Amerika vergiftete. Von Juli 1940 bis zum Oktober 1941 war er von neuem Premierminister. Der Prinz stärkte die Beziehungen des Reiches der aufgehenden Sonne zu den Mächten der Achse, schloß im September 1940 den Dreimächtepakt ab und bereitete die Bildung des Wirtschaftsraumes Südostasien vor, indem er mit Stalin im April 1941 einen Nichtangriffspakt unterzeichnete. Doch im Oktober widersetzte sich Konoye den Plänen des Generalstabes, der den Krieg mit den Vereinigten Staaten vorbereitete, und trat am 16. Oktober 1941 zurück. Der ehrgeizige General Tojo nahm seinen Platz ein. Verzweifelt über die japanische Niederlage, machte der Prinz im Dezember 1945 seinem Leben selbst ein Ende.

Kriwoi Rog Ukrainische Industriestadt am Ingulez, etwa 350 Kilometer südöstlich von Kiew.

Kuban Fluß in Nordkaukasien, der am Elbrus entspringt und ins Asowsche Meer mündet.

Kursk ,Stadt in Südrußland zwischen Orel und Charkow.

Largo Caballero, Francisco (1869–1946) Spanischer Sozialist. Largo Caballero, ein militanter Gewerkschaftler, war an den heftigen Streiks von 1917 maßgeblich beteiligt. 1919 wurde er Generalsekretär der Arbeitergewerkschaften. Auf Grund seiner bisherigen Tätigkeit erhielt er 1931 in der provisorischen Regierung Alcalá Zamoras das Arbeitsministerium.

1933 nahm er den gewerkschaftlichen Kampf wieder auf und leitete ein Jahr später den Aufstand in Asturien, der von der Armee brutal niedergeschlagen wurde. Während des Bürgerkrieges bis Mai 1937 führte Largo Caballero die Volksfrontregierung. Nach dem Zusammenbruch der Republik, im Jahre 1939, floh er nach Frankreich, wo ihn die Deutschen während der Besatzung festnahmen. 1945 freigelassen, zog sich der ehemalige Chef der republikanischen Regierung nach Paris zurück, wo er im folgenden Jahr starb.

Lattre de Tassigny, Jean de (1889–1952) Französischer Marschall. Er ging 1914 als Dragoneroffizier aus der Militärschule von Saint-Cyr hervor. Während des Krieges zur Infanterie abgestellt, hatte er nach mehreren Verwundungen und zahlreichen Auszeichnungen 1918 den Rang eines Hauptmanns erreicht. Von 1921 bis 1926 diente er in Marokko. Im Mai 1940 mit der Führung der 14. Division beauftragt, verteidigte der junge General (ab 1939) den Frontabschnitt an der Aisne. 1941 bildete er aus eigener Initiative in Südfrankreich eine Widerstandsstellung für die Anglo-Amerikaner. Die Vichy-Regierung ließ ihn festnehmen und verurteilen, doch de Lattre konnte 1943 entfliehen und nach Algier gelangen. Dort übernahm er den Oberbefehl über die französischen Kräfte in Nordafrika. 1944 führte er die 1. französische Armee, mit der er Rhein und Donau überschritt. In Anbetracht seiner militärischen Verdienste wurde ihm die Leitung der französischen Delegation bei den Waffenstillstandsverhandlungen in Berlin am 8. Mai 1945 übertragen. Nach einem Kommando bei der NATO ging der fähige General 1950 als Hochkommissar und Oberbefehlshaber nach Indochina. Er starb am 11. Januar 1952 und wurde postum mit dem Marschalltitel geehrt.

(Photo Keystone)

De Lattre de Tassigny.

Laval Stadt in Westfrankreich, Hauptort des französischen Departements Mayenne, 70 Kilometer östlich von Rennes.

Leclerc, Philippe de Hautecloque (1902–1947) Französischer General, ehemaliger Lehrer in Saint-Cyr. Hauptmann de Hauteclocque war 1940 Offizier im Generalstab der 4. Infanteriedivision, die mit der 7. Armee von Giraud nach Flandern aufbrach. Zweimal geriet er in Gefangenschaft, zweimal gelang ihm die Flucht. In England schloß er sich unter dem Pseudonym Leclerc de Gaulle und der Bewegung des Freien Frankreich an. In Tschad begann er eine glänzende Offizierslaufbahn. Nachdem er sich zu seinem militärischen Rang bekannt hatte, um mit dem kommandierenden Kommandeur der französischen Kameruntruppen gleichzustehen, stellte er sich diesen Verbänden zur Verfügung und machte Tschad zur Ausgangsbasis seiner Operationen gegen die italienischen Truppen in Libyen. Mit der Einnahme des Fort El-Tag am 2. März 1941 verdiente sich Leclerc seine Generalssterne. Nachdem er am 16. Dezember 1942 von Tschad aus aufgebrochen war, eroberten die Truppen Leclercs am 7. Januar Mursuk, zwangen die italienischen Besatzungen von Fessan und Südtripolitanien binnen 15 Tagen zur Kapitulation und vereinigten sich am 26. Januar 1942 mit der 8. Armee von Montgomery in Garian

(Photo Keystone)

General Leclerc.

südlich von Tripolis. Die kleine Truppe, die von nun an am Rand der Wüste die britischen Veteranen deckte, trug jetzt den Namen »Streitkraft L«, und schlug den Gegenangriff einer Einheit Rommels bei Ksar-Rhilane im Süden Tunesiens am 10. März 1943 glänzend zurück. Im Mai 1943 paradierte die »Streitkraft L« in Tunis an der Seite der alliierten Truppenkontingente. Der kleine Verband diente der 2. Panzerdivision, die im ehemaligen Departement Oran und in Marokko aus nordafrikanischen und korsischen Rekruten wie aus den aus Frankreich geflüchteten Soldaten gebildet worden war, als Kadertruppe. Nachdem die Division nach England geführt worden war, landete sie am 1. August in der Normandie und nahm an der Kesselschlacht von Falaise an der Front von Argentan teil. Anschließend marschierte sie auf Paris, wo gerade der Aufstand ausgebrochen war, und nahm am 25. die Kapitulation der Besatzungstruppen Choltitz' entgegen. Drei Monate später nahm die Division Leclerc im Rahmen der 7. amerikanischen Armee an der Befreiung Straßburgs teil. Nachdem er an der lothringischen Front und um den Kessel von Kolmar gekämpft hatte, führte Leclerc seine Division quer durch Bayern und erreichte Anfang Mai 1945 Berchtesgaden. Im August wurde er zum Kommandanten des Expeditionskorps von Indochina ernannt. Im Herbst desselben Jahres landete der General in Kotschinchina, drang nach kurzer Vorbereitung in Tongking ein und befreite am 18. März 1946 Hanoi. Doch Leclerc erkannte die mit militärischen Interventionen kaum zu lösende politische Lage und kehrte ins Mutterland zurück. Als Truppeninspekteur in Nordafrika fand General Leclerc de Hauteclocque am 28. Dezember 1947 bei einem Flugzeugunglück nahe bei Colomb-Béchar in Algerien den Tod. 1952 wurde er postum zum Marschall erhoben.

Leeb, Wilhelm Ritter von (1876–1956) Deutscher Generalfeldmarschall. 1939 in den Dienst zurückberufen, wurde der aus Bayern stammende General mit dem Kommando über die Heeresgruppe C betraut, um den Westwall zu bewachen. 1940 zum Marschall ernannt, leitete er während des Rußlandfeldzuges die Heeresgruppe Nord und besetzte das Baltikum. Sein Vormarsch scheiterte vor Leningrad. Ritter von Leeb nahm 1942 seinen Abschied, da er beim Kampf um Leningrad mit Hitler strategische Meinungsverschiedenheiten gehabt hatte.

Leopold III., König der Belgier (geboren 1901) Er bestieg als Sohn Alberts I. am 17. Februar 1934 den belgischen Thron. Zwar respektierte er das parlamentarische System, gab aber der Militärpolitik seines Landes eine neue Richtung. Vom Oktober 1936 an nahm der König gegenüber den ehemaligen Alliierten eine zurückhaltendere Haltung ein, rief jedoch beim deutschen Angriff am 10. Mai 1940 die Franzosen und Briten zu Hilfe. Die Niederlagen an der Maas und die hoffnungslose Lage der abgeschnittenen Armeegruppe Nr. 1 ließen es ihm geraten erscheinen, am 28. Mai zu kapitulieren. Im Gegensatz zur niederländischen Königin blieb Leopold III. im Lande. Diese Haltung brachte ihm indessen kaum das Wohlwollen der Besatzungsmacht ein. Im Juni 1940 wurde er in Deutschland interniert. Nachdem der König 1945 in die Schweiz emigriert war, bemühte er sich, wieder auf den Thron zu gelangen, und beschwor damit eine schwere dynastische Krise herauf, die erst dadurch beigelegt werden konnte, daß er im August 1950 zugunsten seines ältesten Sohnes Baudouin auf den Thron verzichtete. Er dankte am 16. Juli 1951 endgültig ab.

Lerroux y García, Alejandro (1864–1949) Spanischer Politiker. Der einflußreiche Parlamentarier, von Beruf Rechtsanwalt, trug 1931 dazu bei, daß die zweite spanische Republik ausgerufen werden konnte. Zunächst war er Außenminister, dann mehrere Male von 1933 bis 1935 Ministerpräsident. Lerroux bildete seine Regierung mit Hilfe gemäßigter Gruppen, teilweise auch mit der Unterstützung der Konservativen. Da er 1935 in verschiedene Finanzskandale verwickelt war, verlor er bald jedes Vertrauen. Während des Bürgerkrieges lebte der Politiker in Portugal und kehrte erst 1947 nach Spanien zurück, ohne jedoch wieder eine politische Rolle zu spielen.

Lewis, John Llewellyn (geboren 1880) Amerikanischer Arbeiterführer. John Lewis, ein Bergmann walisischer Abstammung, war ab 1906 in der Gewerkschaftsbewegung tätig. 1910 wurde er Präsident der großen Bergarbeitergewerkschaft. Er überwarf sich mit der AFL und gründete 1935 den CIO, der sich 1936 von der AFL abspaltete.

Lewis, Sinclair (1885–1951) Amerikanischer Schriftsteller und Journalist. Als Romanautor verzeichnete er große Erfolge. Mit warmherzigem Humor schilderte er das zeitgenössische Leben des amerikanischen Mittelstands. 1926 wies er den Pulitzerpreis zurück, nahm jedoch 1930 als erster Amerikaner den Nobelpreis für Literatur an.

Leyte Östliche Insel der Philippinen südlich von Samar, zwischen den Hauptinseln Luzon und Mindanao. General MacArthur wählte sie am 20. Oktober 1944 zum Ausgangspunkt für die erste Landung auf der Inselgruppe. Diese Operation endete in der See-Luft-Schlacht vom 24. bis 26. Oktober, die die Zerstörung der letzten japanischen Flotte zur Folge hatte.

Li Li-san (geboren 1896) Chinesischer Kommunist. Li Li-san hielt sich nach dem Beispiel Tschu En-lais längere Zeit in Frankreich auf; er war einer der ersten Kämpfer der chinesischen kommunistischen Partei. Er selbst hatte um 1925 einen bedeutenden Rang innerhalb der Parteihierarchie inne. Nach 1927 schwand sein Einfluß mehr und mehr. Er wurde sogar in die Sowjetunion gerufen und des »Putschismus« beschuldigt.

Lindbergh, Charles (geboren 1902) Amerikanischer Flieger. Mit seinem Flugzeug »Spirit of St. Louis« gelang dem 25jährigen Piloten am 20. und 21. Mai 1927 die erste Atlantiküberquerung ohne Zwischenlandung von New York bis Le Bourget bei Paris, bei einer Flugdauer von 33 Stunden. Vor dem Zweiten Weltkrieg hatte sich Lindbergh für den amerikanischen Isolationismus ausgesprochen. Während des Krieges war er als technischer Berater der Luftwaffe tätig.

List, Wilhelm (geboren 1880) Deutscher Generalfeldmarschall. List, während des Polenfeldzuges Kommandeur der 14. Armee im Rahmen der Heeresgruppe Süd General von Rundstedts, hielt Galizien bis zur rumänischen Grenze besetzt. Im Westfeldzug folgte er an der Spitze der 12. Armee den Panzerdivisionen über die Ardennen, stieß im Juni über die Aisne vor und beendete den Feldzug in Burgund. Im April/Mai 1941 führte Generalfeldmarschall List die Besetzung Südjugoslawiens und Griechenlands. 1942 wurde er mit dem Kommando der Heeresgruppe Süd beauftragt. List ging bis zum Kaukasus vor, erreichte während des Sommers den Lauf des Terek, konnte aber nicht bis jenseits Grosnyj vordringen. Er wies auf seine vorgezogene Stellung hin, die besonders gefährlich war, da gleichzeitig im Norden um Stalingrad gekämpft wurde. Da Hitler auf seiner Strategie verharrte, trat List im gleichen Jahr aus Protest zurück.

Li Ta-schao Geschichtsprofessor an der Universität von Peking. Li Ta-schao schloß sich 1919 der kulturellen Erneuerungsbewegung seines Kollegen Tschen Tu-siu an. Er ließ sich stark vom Marxismus beeinflussen. Zusammen mit dem Bibliothekar Mao Tse-tung schuf er die Gesellschaft zum Studium des Marxismus. Dies war das Vorspiel zur Gründung der Kommunistischen Partei Chinas in Schanghai im Juli 1921.

Litwinow, Maxim, eigentlich Wallach oder Finkelstein (1876–1951) Sowjetischer Politiker und Diplomat. Litwinow, der in die Reihen der Sozialdemokraten eingetreten war, wurde wegen seiner revolutionären Tätigkeit von den zaristischen Behörden verhaftet. Nach seiner Flucht aus Rußland lebte er in der Schweiz, in Frankreich und in Großbritannien. Während der erfolgreichen Oktoberrevolution kehrte er in sein Heimatland zurück und stellte sich den diplomatischen Kreisen des neuen Regimes zur Verfügung. 1930 löste er Tschitscherin als Volkskommissar des Äußeren ab. Da er für die Zusammenarbeit der Sowjetunion mit den Völkerbundstaaten eintrat, spielte er in Genf eine wichtige Rolle. Er erreichte den Abschluß eines Vertrages mit Frankreich und der Tschechoslowakei. Doch nach der Sudetenkrise von 1938 fiel der Minister bei Stalin in Ungnade. Stalin ersetzte ihn im Mai 1939 durch Molotow. Von 1941 bis 1943 war Litwinow Botschafter in Washington. Seine Karriere beendete er als stellvertretender Außenminister.

Liu Schao-tschi (geboren 1900) Chinesischer Kommunist. Als Student sympathisierte Liu Schao-tschi mit dem Marxismus und trat 1921 der Kommunistischen Partei bei. Sein Studium setzte er in der Sowjetunion fort. Im Bürgerkrieg war er Mitglied des Zentralkomitees. 1959 wurde er Präsident der Volksrepublik China. Doch von 1964 an hatte der Theoretiker des neuen Regimes innerhalb der Partei einen schweren Stand, da seine ideologische Auffassung von der Mao Tse-tungs abwich.

Löwen (Leuven) Belgische Universitätsstadt in der Provinz Brabant, östlich von Brüssel.

MacArthur, Douglas (1880–1964) Als Sohn eines höheren Offiziers, der in den Sezessionskriegen gekämpft hatte, verließ Douglas MacArthur 1903 die Militärakademie West Point ebenfalls als Offizier. Seine Karriere begann im Fernen Osten, auf den Philippinen. Die Zeit von 1917 bis 1918 verbrachte er an der französischen Front. Von 1919 bis 1922 leitete er West Point. Als er während der japanischen Invasion im Dezember 1941 den Oberbefehl über die Truppen auf den Philippinen erhielt, konnten MacArthur und sein Stellvertreter Wainwright den gegnerischen Vormarsch, soweit es ihnen mit ihren unzureichenden Kampfmitteln möglich war, aufhalten. Ihre Truppen zogen sich darauf auf die Halbinsel Bataan und nach Corregidor zurück, die der Oberbefehlshaber in einem Unterseeboot verließ, um sich nach Australien abzusetzen. Doch vorher brachte er seinen Willen zum Ausdruck, an diesen Ort als Sieger zurückzukehren. Der General wurde an die Spitze der amerikanisch-australischen Streitkräfte in Neuguinea gestellt, und er brachte 1942 den japanischen Vormarsch im Osten der Insel zum Stehen. 1943/44 ging er allmählich zum Gegenangriff über und erreichte im Frühjahr 1944 den niederländischen Teil der Insel. Der Oberbefehlshaber der alliierten Streitkräfte im Pazifik entschloß sich, von dort aus den nächsten Schlag gegen die Philippinen zu führen. Auf der Insel Leyte landete am 20. Oktober die 1. Staffel der 6. Armee. Im Dezember kehrte der General nach Luzon zurück. Mitte Februar löste er endgültig sein Versprechen ein und kehrte nach Bataan und Corregidor zurück. An der Spitze der alliierten Delegationen nahm er die Kapitulation der offiziellen japanischen Vertreter am 2. September 1945 im Hafen von Tokio an Bord des Schlachtschiffes »Missouri« entgegen. Auf dem Höhepunkt seines Erfolges übernahm MacArthur die Führung der amerikanischen Besatzungstruppen auf den japanischen Inseln und nötigte Kaiser Hirohito zur Annahme des Entwurfes einer demokratischen Verfassung. Er zwang Hirohito, öffentlich auf seine göttliche Stellung zu verzichten. Im Juni 1950 übernahm der General wieder ein Truppenkommando, diesmal als Oberbefehlshaber der UNO-Streitkräfte in Korea, gegen die Aggres-

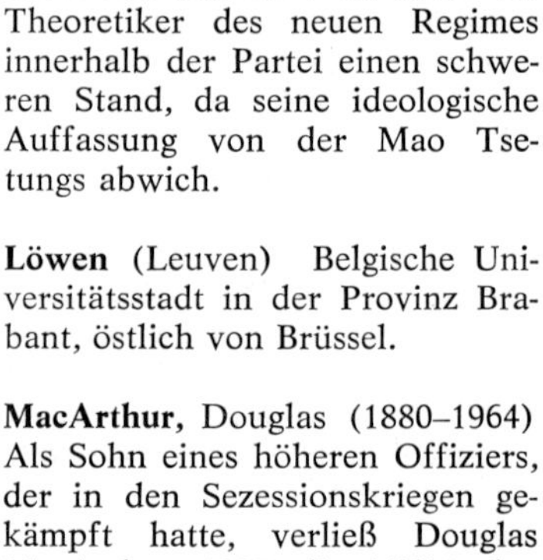

(Photo BPC/US Army)

General Douglas MacArthur.

sion des Nordstaates. Doch der General überschätzte seine eher begrenzten Mittel und ließ seine Truppenkontingente im Dezember bis zum Jalu vorrücken. Dabei vernachlässigte er von Anfang an die chinesische Gegenoffensive, die die mit China verbündeten Koreaner schließlich bis zum 38. Breitengrad vorrücken ließ. Als Anhänger der Idee, »das Allerheiligste«, die Mandschurei anzugreifen, stand er im Gegensatz zur Washingtoner Regierung. Präsident Truman ersetzte ihn am 11. April 1951 durch General Ridgway. Douglas MacArthur, der Präsident der Remington-Gesellschaft geworden war, rächte sich an den Demokraten, indem er mit all seinem Einfluß die Kandidatur Eisenhowers im Jahre 1952 unterstützte.

Madero, Francisco Indalecio (1873–1913) Mexikanischer Politiker. Als Gegner von Porfirio Díaz erreichte Madero, daß Díaz im Mai 1911 ins Exil gehen mußte, und Madero wurde von dem begeisterten Volk zum Präsidenten der Republik gewählt. Doch schon bald enttäuschte er seine Anhänger durch seine Unbeweglichkeit auf sozialem Gebiet, besonders was die Agrarreform anbelangte. Zapata betrachtete ihn bald als Verräter. Zu Beginn des Jahres 1913 zettelte General Huerta eine Verschwörung an, in deren Verlauf der Präsident verhaftet wurde. Am 22. Februar 1913 wurde Madero von seinen Wachen hingerichtet.

Maginot-Linie Die Pläne für diese Befestigungsanlagen wurden auf Betreiben der Minister Painlevé und André Maginot ausgearbeitet und zwischen 1927 und 1936 auch ausgeführt. Die Verteidigungslinie erstreckte sich von der luxemburgischen bis zur Schweizer Grenze. Die Kette von Betonbunkern symbolisierte die Verteidigungskonzeption des französischen Generalstabes. Vor dem Zweiten Weltkrieg galt die Maginot-Linie als Vorbild für Verteidigungsstellungen überhaupt. Im Westen reichte sie bis in die Gegend von Montmédy. Sie wurde nicht weiter bis zum Meer verlängert, eine Tatsache, der Hitler mit dem Angriff auf Belgien und dem entscheidenden Durchstoß der Wehrmacht über die Ardennen und das Tal der Maas Rechnung trug.

Maidanek Ehemaliges nationalsozialistisches Konzentrationslager in Polen, in unmittelbarer Nähe von Lublin.

Malinowski, Rodion (1898–1967) Sowjetrussischer Marschall. Nachdem Malinowski im Ersten Weltkrieg Soldat in einer russischen Division an der Front in der Champagne gewesen war, kam er 1919 in sein Heimatland zurück und wurde Offizier der Roten Armee. Zum General aufgestiegen, gehörte Malinowski zur neuen Generation von hohen Offizieren, die General Wassilewski, Nachfolger von Schaposchnikow im Generalstab, im Winter 1942/43 zur Führung der großen Truppenformationen bestimmt hatte und die die entscheidende Gegenoffensive vornehmen sollte. Malinowski übernahm das Kommando über die Divisionen, die im Frühling 1943 die Donezfront hielten. Dieser Kampfabschnitt wurde später »Zweite Ukrainische Front« genannt. An der Seite von Konjew, Watutin und Tolbuchin nahmen die Truppen Malinowskis an den verheerenden Vorstößen teil, die die Deutschen und Rumänen 1944 aus der Ukraine vertrieben, durch die im Herbst Rumänien und Bulgarien erobert werden konnten und die Verbindung mit den Partisanen Titos aufgenommen werden konnte. Im Winter 1944/45 führte Malinowski erbitterte Kämpfe in Ungarn um Budapest und den Plattensee und erreichte im April Wien. Nachdem seine militärische Leistung mit dem Marschalltitel belohnt worden war, wurde er zu Beginn des Sommers in den Fernen Osten gesandt, um die Sowjettruppen im Krieg gegen Japan zu führen. 1945 wurde Malinowski Oberkommandierender der sowjetischen Streitkräfte; seine Karriere beendete er als Verteidigungsminister der Sowjetunion.

Malraux, André, eigentlich Berger (geboren 1901) Französischer Schriftsteller und Politiker. Der junge, begabte und abenteuerlustige Absolvent der Hochschule für orientalische Sprachen bereiste als Archäologe Indochina und China, wo er den Kampf der Kuomintang gegen die Kommunisten miterlebte. Diese Erlebnisse wurden die Vorlage mehrerer Romane, von denen »La Condition humaine« (»So lebt der Mensch«) 1933 mit dem »Prix Goncourt« ausgezeichnet wurde. Der Romanschriftsteller nahm am Spanischen Bürgerkrieg auf republikanischer Seite teil und schrieb darauf als Zusammenfassung seiner Erinnerungen über die Anfänge des Bürgerkrieges den Roman »L'Espoir«. Malraux kämpfte als »Oberst Berger« 1943/44 in der Widerstandsgruppe des Zentralmassivs und bildete bei der Befreiung eine Brigade, die in die 1. französische Armee eingegliedert wurde. Er schloß sich General de Gaulle an, der dem Schriftsteller 1945/46 das Informationsministerium und von 1959 bis 1969 das Kultusministerium anvertraute.

(Photo Keystone)

André Malraux.

Manstein, Erich von (geboren 1887) Deutscher Generalfeldmarschall. Als zehntes Kind von Eduard von Lewinski wurde der junge Erich von seiner Tante adoptiert, die mit dem General von Manstein verheiratet war. Er selbst stammte aus der preußischen Familie Royk, die ihren Namen nach einem Gut, das sie in der Gegend von Lewino besaß, in Lewinski umgeändert hatte. Von Manstein war ein glänzender, geistvoller und energischer Mann, der im Herbst 1939 in Koblenz Generalstabschef in von Rundstedts Heeresgruppe B wurde. Zusammen mit seinem Chef und engsten Mitarbeiter entwarf er den entscheidenden Angriffsplan über die Ardennen. In der Folgezeit mit einem Truppenkommando im 38. Armeekorps nach Stettin versetzt, nahm von Manstein erst an der zweiten Phase des Frankreichfeldzuges teil. Er erlebte die brillante Ausführung seiner Generalstabsarbeit. Bei Hitler selbst stand von Manstein in hohem Ansehen. Während des Rußlandfeldzuges kommandierte er die 11. Armee und eroberte am 4. Juli 1942 Sewastopol. Diesem Erfolg verdankte er seine Ernennung zum Generalfeldmarschall. Nach der Niederlage von Stalingrad erhielt Manstein das Kommando über die Heeresgruppe Süd und führte geschickt den Rückzug der Truppen über den Donez in die mittlere Ukraine, wo er Charkow zurückeroberte. Nach dem Scheitern der von Hitler befohlenen Sommeroffensive im Gebiet von Kursk sah sich von Manstein nicht mehr in der Lage, das riesige Donezbekken zu halten. Er machte Hitler den Vorschlag, dieses Gebiet aufzugeben. Der Führer lehnte ab. Im März 1944 wurde der Marschall kaltgestellt. 1949 wurde Manstein von einem britischen Militärgericht zu 18 Jahren Haft verurteilt, aber 1953 entlassen.

Mao Tse-tung (geboren 1893) Chinesischer Revolutionär. Er stammt aus einer wohlhabenden Bauernfamilie in der südlichen Provinz Hunan. Doch der Anblick des erschütternden Elends und der dekadenten chinesischen Gesellschaft, in der er lebte, und Streit mit seinem Vater trieben ihn dazu, den elterlichen Hof früh zu verlassen. Zuerst als Lehrer, dann als Bibliothekar an der Universität Peking machte er sich mit dem Marxismus vertraut und nahm 1921 an der Gründung der Kommunistischen Partei Chinas teil. Doch im Unterschied zu den Sowjets, die im Arbeiterproletariat die treibende revolutionäre Kraft sahen, setzte Mao seine Hoffnungen auf das ausgebeutete Kleinbauerntum. Nachdem er von den führenden Kräften Moskaus im Stich gelassen worden war — was er übrigens niemals vergessen sollte —, gründete Mao Tse-tung in seiner Heimatprovinz Hunan eine revolutionäre Bewegung. Auf einem Kongreß chinesischer Revolutionärsräte wurde er 1931 zum Präsidenten einer sozialistischen Republik ausgerufen. Tschiang Kai-schek erkannte im Gegensatz zu Stalin diese Gefahr sofort und versuchte vom November 1930 bis zum Oktober 1934 in fünf Großangriffen die Rebellen zu besiegen. Mao und seine Partisanen waren schließlich gezwungen, im folgenden Jahr ihre Stellungen aufzugeben und im »Langen Marsch« den Norden des Landes zu erreichen.

(Photo Editions Rencontre)

Mao Tse-tung.

Die Kommunisten wurden im Bauernmilieu aufgenommen, führten an Ort und Stelle eine Agrarreform durch und fühlten sich nach dem Ausdruck ihres Führers »wie die Fische im Wasser«. Weder die japanische Invasion noch die Angriffsversuche der Kuomintangtruppen konnten den Widerstandswillen dieser unbeirrbaren Revolutionäre brechen. Von der Bevölkerung geschützt und versorgt, wurden ihnen Nachrichten, Proviant und neue Anhänger zugeführt. An der Spitze der Republik von Jenan hatte Mao Tse-tung die Richtigkeit seiner Voraussagen in bezug auf die Landwirtschaft ebenso wie auf den Revolutionskrieg bewiesen. Sein Ruf war 1945 weit über Nordchina hinausgedrungen, und bald war er Herr der Mandschurei, obwohl diese Provinz von den Sowjets wieder in die Hände Tschiang Kai-scheks gegeben worden war. 1948 eröffnete Mao seine große, bald das gesamte Gebiet der Kuomintang überrollende Offensive. Die Korruption und die Zerfallserscheinungen des nationalchinesischen Regimes trugen ebenso zum Sieg der Kommunisten bei wie die Geschlossenheit der revolutionären Armee, die in jedem eroberten Gebiet sofort eine Neuverteilung des Bodens vornahm. Mit der Errichtung der chinesischen Volksrepublik im Oktober 1949 hatte Mao Tse-tung endgültig gesiegt. Verehrt wie ein Heiliger, sprach Mao nun die Prinzipien aus, die China zur dritten großen Weltmacht machen sollten.

Mauthausen Ehemaliges nationalsozialistisches Konzentrationslager, wurde am Tag nach der Besetzung Österreichs auf dem linken Donauufer, 20 Kilometer östlich von Linz, errichtet.

Mers el-Kébir Ehemaliger französischer Seestützpunkt am äußersten westlichen Ende der Bucht von Oran, 8 Kilometer westlich der Stadt. Die britische Flotte unter General Somerville griff dort am 3. Juli 1940 das französische Hochseegeschwader an, das beim Waffenstillstand mit den Achsenmächten von Toulon nach Mers el-Kébir verlegt worden war.

Metaxas, Joannis (1871–1941) Griechischer General, ehemaliger Generalstabschef der königlich-griechischen Armee. General Metaxas hegte wenig Sympathien für das allzu liberale republikanische Regime und trug im Oktober 1935 wesentlich dazu bei, daß König Georg II. wieder auf den Thron gelangte. Als Anerkennung übertrug der Monarch dem alten General, der bestrebt war, ein autoritäres Regime zu errichten, alle Macht. Obwohl er dem Nationalsozialismus keineswegs ablehnend gegenüberstand, widersetzte sich der General im Oktober 1940 mit aller Kraft den Forderungen Mussolinis und organisierte die Verteidigung Griechenlands an der albanischen Front. Bis zu seinem Tod am 29. Januar 1941 verweigerte Metaxas außer Materiallieferungen hartnäckig jede andere britische Unterstützung.

Miami Amerikanisches Seebad an der Ostküste der Halbinsel Florida.

Michael I., König von Rumänien (geboren 1921) Als Sohn des Königs Carol II. regierte der minderjährige Prinz Michael nominell von 1927 bis 1930 mit Unterstützung eines Regentschaftsrates. Doch im Jahre 1930 entschloß sich sein Vater, wieder die Leitung der Staatsgeschäfte zu übernehmen, und behielt sie bis zu seiner Abdankung am 6. September 1940. Tatsächlich wurde die Macht jedoch von General (später Marschall) Antonescu ausgeübt. Der Marschall stellte das Einvernehmen mit den Achsenmächten wieder her. Beim Herannahen der sowjetischen Truppen im August 1944 gelang es König Michael, Antonescu in einem Staatsstreich zu stürzen. Durch den wachsenden Einfluß der neuen, von Stalin eingesetzten Regierung sah er sich am 30. Dezember gezwungen, abzudanken.

Mihajlović, Draža (1893–1946) Jugoslawischer General. Mihajlović, ein ehemaliger Ofizier der Garde König Alexanders I., setzte den Kampf gegen die Streitkräfte der Achse nach der Besetzung Jugoslawiens im Jahre 1941 fort. König Peter II. ernannte ihn zum Kriegsminister der jugoslawischen Exilregierung. Der General stellte Kompanien und Bataillone aus »Tschetniks« zusammen, beschränkte allerdings seine Aktivität auf Serbien und verlieh so seiner Widerstandsbewegung einen stark lokalen Charakter, der im Gegensatz zu der föderalistischen Bewegung Titos stand. Nach den Verträgen, die 1944 zwischen Churchill und Tito abgeschlossen worden waren, und nachdem sich die Waagschale zugunsten Titos gesenkt hatte, verlor Mihajlović nach und nach jeglichen Einfluß. 1945 war er praktisch Flüchtling im eigenen Land. Auf Grund seiner antikommunistischen Haltung und seiner royalistischen Einstellung ließ Tito ihn nach seiner Gefangennahme zum Tode verurteilen und am 17. Juli 1946 hinrichten.

Mittel-Kongo Gebiet der ehemaligen Föderation von Französisch-Äquatorialafrika, das 1960 seine Unabhängigkeit erhielt.

Molde Norwegischer Hafen etwa 200 Kilometer südwestlich von Drontheim.

Mongolei, Äußere und **Innere** Nach dem Zusammenbruch des chinesischen Kaiserreiches im Jahr 1911 rief eine Versammlung von angesehenen mongolischen Bürgern die Selbständigkeit dieses weiten Landes aus, das sich entlang der sibirischen Grenze von Sinkiang bis zur Mandschurei erstreckt. Der südliche Teil dieses Gebietes mit der Wüste Gobi blieb ein wesentlicher Bestandteil der chinesischen Republik und wird als Innere Mongolei bezeichnet; sie bildet seit 1947 eine autonome Region. Im Jahr 1921 unterstützte die Rote Armee die Einsetzung eines republikanisch-marxistischen Regimes in Urga, dem heutigen Ulan-Bator, das dem jungen Staat den Namen Äußere Mongolei und ab 1924 Mongolische Volksrepublik gab; sie wurde 1961 in die UNO aufgenommen.

Montbard Stadt im französischen Departement Côte d'Or, nordwestlich von Dijon.

Monte Cassino Das 529(?) vom heiligen Benedikt gegründete Kloster liegt über dem Ort Cassino. Im Zweiten Weltkrieg war das Bergmassiv von Monte Cassino ein Eckpfeiler der deutschen Front, das Kloster selbst war aber erwiesenermaßen freigehalten. Trotz ausdrücklicher Bekanntgabe dieses Umstands wurde das Kloster am 15. Februar 1944 von der alliierten Luftwaffe durch Bombenangriffe völlig zerstört. 1950 bis 1954 wurde die Abtei nach den barocken Plänen wiederaufgebaut.

Montgomery, Bernard Law (geboren 1887) Britischer Feldmarschall. Er ist der Sohn eines anglikanischen Pfarrers und ehemaliger Schüler der Militärakademie von Sandhurst. Montgomery kommandierte im Mai 1940

(Photo Keystone)

Marschall Montgomery.

die 3. britische Division im Frontabschnitt von Löwen. Nachdem er sich im Juni nach Dünkirchen zurückgezogen hatte, wurde er im August 1942 dazu bestimmt, an Stelle von General Gort die 8. Armee in Ägypten zu übernehmen. Vorausplanend, umsichtig und hartnäckig sammelte Montgomery ungeheure Materialreserven, bevor er am 23. Oktober zum Gegenangriff auf die Stellungen Rommels vor El Alamein antrat. Montgomery trieb die deutschen Truppen bis nach Tunesien und machte erst Ende April 1943 im Norden von Sousse halt. Am 10. Juli führte der General seine kampferprobten Soldaten zum Sturm auf die südöstliche Spitze von Sizilien. Am 3. September betrat er nach langer Zeit wieder den europäischen Kontinent, als er in Kalabrien landete. Im Dezember wurde er nach England zurückgerufen, um an der Seite von Eisenhower die Landung in der Normandie vorzubereiten. Montgomery konnte sich bei seinen Soldaten einer echten und aufrichtigen Beliebtheit erfreuen. Der General kommandierte im Juli 1944 die englischen und amerikanischen Truppen, die zwischen der Orne und der Halbinsel Cotentin gelandet waren. Während Montgomery den größten Teil der deutschen Streitkräfte in der Ebene von Caen band, durchstießen die Amerikaner am 25. Juli die deutsche Front im Süden von Saint-Lô. Als Kommandant der 21. englisch-kanadischen Armeegruppe befreite Montgomery den Norden Frankreichs und Belgien, Anfang September erreichte er Nimwegen. Am 4. Mai 1945 nahm der englische General die Kapitulation der deutschen Armee in den Niederlanden entgegen, während seine Truppen gleichzeitig die Ostsee bei Lübeck erreichten und nach Dänemark vordrangen. Von 1946 bis 1949 war Montgomery Chef des britischen Empire-Generalstabs; 1945 wurde er zum Feldmarschall und 1946 zum Viscount Montgomery of Alamein ernannt. Er beendete seine glänzende Karriere 1958 als Befehlshaber bei den Atlantikstreitkräften.

Monthermé Stadt in den französischen Ardennen am linken Ufer der Maas, 17 Kilometer nördlich von Charleville.

Montmédy Stadt im französischen Departement Meuse mit Befestigungsanlagen von Vauban, 1659 von Frankreich erworben, im Tal der Chiers südöstlich von Sedan und nördlich von Verdun gelegen.

Montoire Kreisstadt im Departement Loir-et-Cher, im Tal des Loir, 44 Kilometer nordwestlich von Blois.

Moulin, Jean (1899–1943) Als Präfekt in Chartres widersetzte sich Jean Moulin 1940 der deutschen Besetzung der Stadt. Nachdem er kurz darauf von der Vichy-Regierung einstweilig seines Amtes enthoben worden war, benutzte der Expräfekt seine zahlreichen Beziehungen, um in der Südzone die einzelnen Widerstandsbewegungen zu koordinieren. Er nahm Verbindung zum Freien Frankreich auf und erbat materielle und politische Unterstützung. General de Gaulle ernannte ihn 1941 zum Generalbevollmächtigten im Komitee von London. Mit Geduld und viel diplomatischem Geschick bemühte sich Jean Moulin, die verschiedenen Bewegungen zu einer Organisation, dem Nationalen Widerstandsrat, zusammenzufassen. Er wurde dessen erster Präsident. Nachdem der glühende Patriot am 21. Juni in Caluire bei Lyon festgenommen worden war, starb er am 8. Juli während der Deportation nach Deutschland.

(Photo Keystone)

Jean Moulin.

Mountbatten Louis (geboren 1900) Britischer Admiral. Der Sohn des Prinzen Ludwig von Battenberg und Urenkel der Königin Viktoria anglisierte seinen Namen. Er begann seine Karriere bei der Royal Navy. Im Oktober 1941 trat er an die Stelle Admiral Keyes und übernahm die Leitung des militärischen Planungsbüros. Er warf seine Kontingente im Verlauf des Jahres 1942 an die norwegische Küste und in den Ärmelkanal. In der Folgezeit zum Oberbefehlshaber der englisch-indischen Truppen in Südostasien ernannt, schritt er in den Jahren 1944/45 zur Wiedereroberung Birmas und besetzte Malaya, Hongkong und Nordborneo; er wurde dafür 1947 zum Earl of Burma erhoben. Als Vizekönig von Indien übertrug er Nehru und Jinnah am 15. August 1947 die Macht. 1952 führte Mountbatten die Seestreitkräfte des Nordatlantikpakts im Mittelmeer und beendete 1959 seine Karriere als Chef des Empire-Generalstabs.

Nagumo, Chuichi Der Vizeadmiral Nagumo wurde im Jahre 1941 von Admiral Nagano mit der Führung des Generalstabs der japanischen Marine betraut, um den Angriff gegen Pearl Harbor vorzubereiten. Er ging am 26. November an Bord seines Flaggschiffes, des Flugzeugträgers »Akagi«, und führte mit tödlicher Präzision den Schlag gegen den amerikanischen Stützpunkt. Doch am 4. Juni 1942 erlitt er auf der Höhe der Midwayinseln eine für die ganze japanische Marine verhängnisvolle Niederlage, als sein Schiff zusammen mit drei anderen Flugzeugträgern von amerikanischen Bombern ausgeschaltet wurde. Nagumo erhielt daraufhin das Kommando über den Stützpunkt von Saipan auf den Marianen, wo der Admiral am 15. Juni 1944 die Landung der 2. und der 4. Marineinfanteriedivision abzuwehren versuchte. Aber seine Kräfte reichten nicht aus, um den Stützpunkt zu verteidigen. Als die Garnison am 9. Juli kapitulieren mußte, entzog sich der Admiral seiner Gefangennahme durch Harakiri.

Namsos Kleiner Hafen in Mittelnorwegen, ungefähr 200 Kilometer nördlich von Drontheim.

Namur Hauptstadt der gleichnamigen belgischen Provinz am Zusammenfluß von Sambre und Maas.

Narvik Hafenstadt im nördlichen Norwegen am Ofotenfjord. Nachdem die Stadt von deutschen Gebirgsjägern unter General Dietl am 9. April 1940 besetzt worden war, eroberten sie die alliierten Truppen unter General Béthouart am 28. Mai. Auf Grund der Ereignisse in Frankreich beschloß jedoch das alliierte Oberkommando, Norwegen bis zum 8. Juni vollständig zu räumen.

Neubritannien (Neupommern) Größte Insel des Bismarckarchipels zwischen den Salomonen und der nordöstlichen Küste Neuguineas gelegen. Die ehemals deutsche Inselgruppe steht seit 1919 unter australischer Verwaltung.

Neue Bremm Ehemaliges nationalsozialistisches Konzentrationslager in der Nähe von Saarbrükken.

Neuengamme Ehemaliges nationalsozialistisches Konzentrationslager im Südosten von Hamburg.

New Deal Dieser Begriff, der zum Schlagwort der ersten Amtszeit Roosevelts wurde, bedeutet soviel wie »Neuverteilung der Spielkarten« und im konkreten Fall die Neuverteilung der Staatsausgaben, wodurch die Wirtschaft der Vereinigten Staaten nach der großen Finanzkrise im Oktober 1929 wieder in Schwung gebracht wurde. Zusammen mit sozialen Maßnahmen gab der New Deal dem Volk wieder Vertrauen, regte die Privatinitiative an und vermehrte die Popularität Roosevelts, dessen erste Regierungsperiode von einigen als »Diktatur der Freiheit« bezeichnet wurde.

Nimitz, Chester William (1885–1966) Amerikanischer Admiral. Nachdem Nimitz die Marineakademie von Annapolis mit dem Offiziersdiplom verlassen hatte, diente er im Fernen Osten und dann auf den Hawaii-Inseln, wo er den Oberbefehl über den U-Boot-Stützpunkt von Pearl Harbor erhielt. Nach dem japanischen Angriff auf Pearl Harbor ernannte ihn Roosevelt an Stelle des der Nachlässigkeit bezichtigten Admirals Kimmels zum Kommandeur der Pazifikflotte. Sofort nach seiner Ernennung war der Admiral bestrebt, so rasch wie möglich zum Gegenangriff überzugehen. Er schickte seine Unterseeboote in den Pazifik mit dem Auftrag, den japanischen Überseehandel lahmzulegen. Mit Hilfe seiner Flugzeugträger bildete er darauf zwei »Task Forces«, die er seinen Admirälen Spruance, Halsey, Turner, Mitscher und Kinkaid anvertraute. Sie fügten den Japanern unersetzliche Materialverluste zu. Nimitz eroberte den mittleren Pazifik zurück und trug dann den Krieg bis vor die Inseln des japanischen Mutterlandes. Seine militärischen Aktionen zur See ergänzten die Landoperationen MacArthurs in wirkungsvoller Weise, so daß beiden Männern die Ehre am Sieg im Pazifikkrieg gebührt. Admiral Nimitz beendete seine Karriere nach dem Krieg als Generalstabschef der US-Marine.

(Photo Keystone)

Admiral Nimitz.

Nordhausen Ehemaliges nationalsozialistisches Konzentrationslager, zwischen Thüringer Wald und Harz, nördlich von Erfurt.

Nürnberg Internationaler Militärgerichtshof. Auf einer Konferenz von Vertretern sämtlicher mit den Achsenmächten im Krieg befindlichen europäischen Länder wurde am 13. Januar 1942 in London die Notwendigkeit festgestellt, die Verantwortlichen für die im Krieg begangenen Verbrechen durch ein ordentliches Gericht aburteilen zu lassen. Am 17. Dezember 1942 wurde diese Forderung durch eine feierliche Erklärung der sowjetischen, britischen und amerikanischen Regierung in Moskau bekräftigt. Während der Konferenz in Teheran im November 1943 wurde diese Frage erneut aufgeworfen. Die Vereinten Nationen lösten schließlich das Problem mit der Gründung eines »Komitees gegen Kriegsverbrechen«, das eine Liste von ungefähr einer Million Schuldigen aufstellte. Der Internationale Militärgerichtshof von Nürnberg tagte vom 20. November 1945 bis zum 30. September 1946.

Obregón, Alvaro (um 1877–1928) Mexikanischer General und Staatsmann. Obregón, der aus einer einfachen Familie stammte, kämpfte gegen die Diktatur Huertas und trug zu seinem Sturz im Jahre 1914 bei. Bald jedoch entzweiten sich die siegreichen neuen Machthaber. Obregón ergriff gegen seine beiden ehemaligen

Verbündeten, Pancho Villa und Zapata, Partei und schlug sich auf die Seite Carranzas. Nachdem er den Revolutionär Villa besiegt hatte, erwarb er sich in der Folgezeit die Unterstützung der Gewerkschaften gegen Carranza, den er 1920 als Präsident der Republik ablöste. Während der nächsten vier Jahre führte der neue mexikanische Regierungschef tiefgreifende soziale Reformen durch. Nach der Regierungszeit Präsident Calles' wurde er Anfang 1928 wiedergewählt, fiel aber bereits am 17. Juli desselben Jahres einem Mordanschlag zum Opfer.

Okinawa Hauptinsel der Riu-kiu-Inseln zwischen Formosa und Japan.

Omaha-Beach In der Operation »Overlord« Deckname für den Strand von Vierville-sur-Mer an der Küste des Departements Calvados, etwa 20 Kilometer westlich von Arromanches.

Ordos Halbwüste und Steppentafel in der Inneren Mongolei, erstreckt sich von der Chinesischen Mauer, den nördlichen Grenzen der Provinzen Schansi und Schensi bis zum mittleren Lauf des Gelben Flusses.

Orne Fluß in der Normandie, entspringt in den Hügeln des Perche, zwischen Alençon und Argentan, wendet sich dann nach Norden, durchfließt Caen und mündet in die Seinebucht.

Overlord Deckname für das Landungsmanöver in Frankreich, das am 6. Juni 1944 in der Normandie durchgeführt wurde. Der Operation »Overlord« ging der Plan »Round-up« voran, der die Landung bereits für 1943 vorsah. Auf der Konferenz von Casablanca wurde diese Operation in den Grundzügen entworfen und auf den interalliierten Konferenzen von Washington, Quebec und Teheran genauer ausgearbeitet.

 Pampa Weite Ebene im Osten Argentiniens zwischem dem unteren Paraná, der Atlantikküste und den ersten Ausläufern der Anden.

Papagos, Alexandros (1883–1955) Griechischer Marschall und Staatsmann. Papagos war von 1936 bis 1941 Generalstabschef der griechischen Armee. Während des Winters 1940/41 schlug er den Angriff der italienischen Truppen zurück und bedrängte die Italiener sogar in Albanien. Doch die von den Deutschen im April/Mai eingesetzten motorisierten Kräfte machten dem tapferen griechischen Widerstand ein Ende. Von 1943 bis 1945 wurde der volkstümliche General wegen seiner Zusammenarbeit mit dem inneren Widerstand in Deutschland interniert. Nach seiner Freilassung beförderte König Georg II. General Papagos zum Marschall. Er schlug von 1947 bis 1949 den Aufstand der kommunistischen ELAS nieder. Als Führer der von ihm gegründeten Hellenischen Partei war Papagos Ministerpräsident geworden und zeichnete von 1952 bis 1955 für die Politik Griechenlands verantwortlich.

Patch, Alexander (1889–1945) Amerikanischer General. Nachdem Patch als Kommandeur einer Division zur Wiedereroberung der Insel Guadalcanal im Winter 1942/43 eingesetzt war, übernahm er 1944 die Führung der 7. amerikanischen Armee, die während der Rückeroberung Frankreichs und dem Vorstoß nach Deutschland zusammen mit der 1. französischen Armee die 6. Armeegruppe unter General Devers bildete. Nach der Landung in der Provence, am 15. August 1944, befreite Patch an der Seite von Lattre de Tassigny Südfrankreich, Burgund und Lothringen. Nach dem Ende des Kampfes um das Elsaß nahm er an der Invasion Württembergs und Bayerns teil.

(Photo Keystone)

George Patton.

Patton, George (1885–1945) Amerikanischer General. Patton war aus der Kadettenschule von West Point als Offizier hervorgegangen und hatte von 1917 bis 1918 im amerikanischen Expeditionskorps in Frankreich gekämpft. Patton war eine der originellsten und populärsten Führungspersönlichkeiten der amerikanischen Armee während des Zweiten Weltkriegs. Als er im November 1942 zusammen mit Eisenhower die Landung in Marokko durchgeführt hatte, übernahm er im Frühjahr 1943 das Kommando über das 2. US-Armeekorps, das über die Gegend von Biserta hinaus angriff. Als Chef der 7. amerikanischen Armee eroberte er im Juli/August 1943 an der Seite von Montgomery Sizilien. Pattons Erfolg veranlaßte Eisenhower, ihm im Rahmen der Operation »Overlord« die Führung der 3. Armee zu übertragen. Nach dem Durchbruch bei Avranches erreichte Patton in unerhört schnellem Vormarsch das Gebiet zwischen Seine und Loire, befreite die Champagne und stand bereits Anfang September in Luxemburg. Während der Ardennenschlacht im Dezember ging er von Arlon aus bei Bastogne zum Gegenangriff über und schlug die deutsche Offensive zurück. Im Frühjahr 1945 eroberte er über die Mosel das Rheinland, überschritt den Rhein bei Mainz, stieß durch das Maintal in den Norden Bayerns bis nach Böhmen vor und eroberte Anfang Mai Pilsen. Patton starb am 21. Dezember 1945 in Mannheim an den Folgen eines Autounfalls.

Paulus, Friedrich (1890–1957) Deutscher Generalfeldmarschall. 1939 zum General befördert, führte Paulus im Westfeldzug den Generalstab Generals von Reichenau. Während des Winters 1941/42 wurde er dessen Nachfolger. Im Verlaufe der Sommeroffensive 1942 rückte Paulus durch die Steppe des Don-Wolga-Gebietes vor, eroberte Stalingrad und erhielt von Hitler den Befehl, die Stadt unter allen Umständen zu halten. Um die Jahreswende 1942/43 hatten die sowjetischen Truppen in einer Großoffensive die 6. Armee im Kessel von Stalingrad eingeschlossen. Am 25. Januar wurde der Rest der Armee in zwei Teilkessel gesprengt. Die hoffnungslose Lage zwang am 31. Januar den am Tag zuvor zum Generalfeldmarschall ernannten Paulus zur Kapitulation im Südkessel. Paulus stellte sich 1944 der sowjetischen Propaganda zur Verfügung und verurteilte über den sowjetischen Rundfunk im Rahmen des Nationalkomitees Freies Deutschland den verbrecherischen Krieg Hitlers. Nachdem er 1953 aus russischer Kriegsgefangenschaft entlassen worden war, ließ er sich in der sowjetischen Besatzungszone Deutschlands nieder und griff öffentlich die westdeutsche Regierung wegen ihrer Wiederbewaffnung und ihrer amerikafreundlichen Politik an.

(Photo Editions Rencontre)

Generalfeldmarschall Friedrich Paulus.

Pearl Harbor Amerikanischer Luft- und Marinestützpunkt auf der Hawaii-Insel Oahu im Pazifischen Ozean.

Perón, Juan Domingo (geboren 1895) Argentinischer General und Staatsmann. Perón beteiligte sich am 4. Juni 1943 am Staatsstreich des Generals Rawson. Der populäre Offizier Perón wurde zunächst Arbeitsminister, dann Kriegsminister. Sein demagogischer Einfluß auf die Massen machte es ihm möglich, am 17. Oktober 1945 allein die Macht zu übernehmen. Am 24. Februar 1946 wurde Perón zum Präsidenten der Republik gewählt und leitete eine ganz auf seine Person abgestellte Politik ein. Seine Doktrin des »Justizialismus« war im Grund genommen ein politischer und sozialer Opportunismus, der ebenso soziale Reformen und Verstaatlichungen wie eine unabhängigere Außenpolitik zuließ. Seine Machtstellung sicherte sich Perón durch eine Polizeitruppe. Eine Wirtschaftskrise infolge der Fehleinschätzungen der wirtschaftlichen Gegebenheiten sowie innenpolitische Unruhe durch die radikale Trennung von Kirche und Staat führten zu einer allgemeinen Unzufriedenheit. Die Armee ergriff die nächste Gelegenheit und stürzte den General im September 1955. Perón ging ins Exil und lebt heute in Spanien.

Peter II., König von Jugoslawien (geboren 1923) Beim Tode König Alexanders war Prinz Peter erst elf Jahre alt. Die Regentschaft wurde von seinem Onkel, dem Prinzen Paul, ausgeübt, der mit den faschistischen Regimen der Achsenmächte sympathisierte. Nach dem Beitritt des Königreiches zum Dreimächtepakt am 25. März 1941 brachte der junge König Peter II. das allgemeine Mißbehagen seines Volkes zum Ausdruck, als er diesen Schritt aufs heftigste verurteilte und General Simowitsch zum Ministerpräsidenten ernannte. Diese Haltung des Königs führte am 6. April 1941 zur Besetzung Jugoslawiens. Neben den Achsenmächten beteiligten sich an der Invasion auch ungarische und bulgarische Truppen. Der junge König ging nach London ins Exil und versuchte von dort aus, den nationalen Widerstand gegen die Besatzungsmächte zu führen. Doch Tito gelang es, den König bei seinen Verbündeten zu verdrängen. Die jugoslawische Nationalversammlung zwang im Jahr 1945 die Dynastie der Karageorgewitsch zum Thronverzicht.

Plan Dyle Der Verteidigungsplan wurde Ende Oktober/November 1939 von General Gamelin ausgearbeitet, für den Fall, daß die deutschen Truppen in Belgien einmarschieren würden. Der Plan Dyle ging aus dem Plan E hervor, der die Verteidigung der französisch-belgischen Grenze bis nach Condé-sur-Escaut vorsah. Im November erweiterte das französische Oberkommando den Plan und faßte ein tieferes Eindringen in belgisches Gebiet ins Auge, um das Kohlebecken des Nordens und das Industriegebiet von Lille–Roubaix–Tourcoing zu schützen. Diese Verteidigungslinie verlief im Tal der französischen Maas. Stromabwärts von Givet sollten sich die alliierten Verteidigungskräfte nach Mittelbelgien wenden, entlang der Linie Dinant–Namur–Löwen und dem Tal der Dyle bis zur Gegend von Antwerpen. Mit der Einbeziehung der belgischen Armee in die gesamtalliierte Planung hoffte man, Brüssel und Antwerpen schützen zu können. Aus diesem Grund wurde der Plan Dyle am 17. November vom interalliierten Planungsstab angenommen.

Plan E Siehe Plan Dyle.

Port Moresby Hafenstadt im Südosten Neuguineas, Sitz der australischen Verwaltung des Territoriums Papua.

Primo de Rivera y Orbaneja, José Antonio (1903–1936) Spanischer Falangist, Sohn von Miguel Primo de Rivera, gründete 1933 die Bewegung der Falange nach dem Vorbild des italienischen Faschismus. Mit einer mächtigen Jugendbewegung im Rücken griff er das republikanische Regime heftig an. Von der republikanischen Regierung in Madrid wegen umstürzlerischer Tätigkeit festgenommen, wurde der Chef der Falange im Spanischen Bürgerkrieg am 20. November 1936 im Gefängnis von Alicante hingerichtet.

Primo de Rivera y Orbaneja, Miguel (1870–1930) Spanischer General und Staatsmann. Obwohl Spanien im Ersten Weltkrieg neutral geblieben war, steuerte das Land 1931 nicht zuletzt wegen der marokkanischen Rebellion auf eine tiefe politische Krise zu. Angesichts der Schwäche der rasch wechselnden Regierungen errichtete General Primo de Rivera, der seine Karriere in Übersee begonnen hatte, dann Generalbevollmächtigter in Katalonien geworden war, am 13. September 1923 im Einverständnis mit König Alfons XIII. eine Militärdiktatur. Fast sieben Jahre lang führte er die Geschicke des Landes. Die Weltwirtschaftskrise ließ das ohnehin starke Mißbehagen an der Diktatur Primo de Riveras weiter anwachsen. Auf Druck der öffentlichen Meinung trat Primo de Rivera am 23. Januar 1930 zurück und überließ König Alfons XIII. die Sorge um eine neue Regierungsbildung. Er ging nach Paris ins Exil, wo er am 16. März 1930 starb.

Queipo de Llano, Gonzalo (1875–1951) Spanischer General. Queipo de Llano befand sich bei Ausbruch des Spanischen Bürgerkriegs in der Garnison von Sevilla. Am 18. Juni 1936 bemächtigte er sich der Stadt. Er ließ die wenigen Truppen, die sich ihm angeschlossen hatten, so geschickt durch die Straßen marschieren, daß es den Anschein hatte, als habe er bedeutende Verstärkung erhalten.

Rastenburg Stadt in Ostpreußen ungefähr 100 Kilometer südöstlich von Königsberg.

Ravensbrück Ehemaliges nationalsozialistisches Konzentrationslager nördlich von Fürstenberg (Uckermark), ungefähr 100 Kilometer nördlich von Berlin.

Reinhardt, Hans (1887–1963) Deutscher Generaloberst. Nach dem Polenfeldzug führte General Reinhardt im Rahmen der Panzergruppe von Kleist das 41. Armeekorps. Mit seiner Spitzendivision, der 6. Panzerdivision, überschritt er am 13. Mai bei Monthermé die Maas. Bis zum 15. Mai bildete er auf dem linken Ufer des Flusses einen Brückenkopf und stieß dann an der Seite Rommels und Guderians entlang der Oise vor. Ende des Monats erreichte er die Gegend von Saint-Omer. Während des Ostfeldzuges rückte der begabte Panzergeneral mit seinem Armeekorps innerhalb der Heeresgruppe Nord bis vor Leningrad. Danach führte er die 3. Panzerarmee im Mittelabschnitt. Von 1948 bis 1952 war er als Kriegsverbrecher inhaftiert.

Remagen Stadt am linken Rheinufer, südlich von Bonn. Die Ludendorff-Brücke, die während des Ersten Weltkriegs erbaut worden war, war vor dem Übergang der Amerikaner über den Rhein im Mai 1945 noch nicht gesprengt und spielte deshalb eine wichtige strategische Rolle.

Résistance Die verschiedenen Widerstandsbewegungen, welche nach dem Waffenstillstand im Juni 1940 sowohl in der Süd- wie in der Nordzone entstanden waren, wurden von Jean Moulin, dem Vertrauten General de Gaulles in Frankreich, nach und nach koordiniert. Léon Blum hatte während eines Gefängnisaufenthaltes die gedankliche Vorarbeit zu diesem Projekt geleistet. Nach der völligen Besetzung Frankreichs bildete sich der CNR (Conseil national de la Résistance — Nationaler Widerstandsrat), dessen erste Vollversammlung am 27. Mai 1943 in Paris in der Rue du Four stattfand. Zwei Gewerkschaftsvertreter, acht Mitglieder der Hauptbewegungen und sechs Delegierte der politischen Parteien vollzogen die konstituierende Sitzung. Nach der Verhaftung Jean Moulins im Juni desselben Jahres übernahm der Christdemokrat Bidault die Führung des CNR. Im März 1944 erarbeitete der CNR ein Programm, das dazu bestimmt war, einem freien Frankreich als Grundlage zu dienen. Es beinhaltete eine gewisse Anzahl von Verstaatlichungen und zahlreiche soziale Maßnahmen.

Reynaud, Paul (1878–1966) Französischer Politiker. 1930 erhielt Reynaud im Kabinett Tardieu das Finanzministerium. Hier erwarb er sich bald den Ruf eines brillanten Finanzfachmannes. Er war von 1928 bis 1940 Abgeordneter der linken Mitte. 1935 versuchte er vergeblich, die Vorschläge von Oberst de Gaulle zum Aufbau einer Panzertruppe zu unterstützen. Als Justizminister trat er 1938 in die Regierung Daladier

(Photo Keystone)

Paul Reynaud, um 1966.

ein, später wurde er abermals Finanzminister und am 21. März 1940 Premierminister. Eine Woche später unterzeichnete er in London einen Vertrag, der Frankreich und Großbritannien eng miteinander verband. Angesichts der schweren militärischen Niederlagen im Juni beschwor gerade dieses Bündnis eine politische Krise in Frankreich herauf. Als Reynaud am 16. Juni sein Amt niederlegte, trat Pétain an seine Stelle. Der Marschall machte den ehemaligen Regierungschef für die Katastrophe verantwortlich und ließ ihn im Fort Portalet festhalten. Von 1943 bis 1945 war er in Deutschland interniert. 1946 zum Abgeordneten für das Departement Nord gewählt, wurde er zwei Jahre später wieder Finanz- und Wirtschaftsminister. 1953/54 war er als unabhängiger Republikaner stellvertretender Ministerpräsident.

Rokossowski, Konstantin (geboren 1896) Sowjetischer Marschall. Rokossowski erlangte sein Offizierspatent in der zaristischen russischen Armee. Nachdem er sich den Bolschewisten angeschlossen hatte, diente er im Fernen Osten und durchlief die verschiedenen Ränge der Militärhierarchie bis zum General. Er gehörte zu der neuen Generation von höheren Offizieren, die die »Stawka« 1942 an die Spitze der sowjetischen Armeen stellte. Am 19. November 1942 griff Rokossowski Richtung Don an und nahm vom Westen her an der Einkesselung der 6. deutschen Armee von Paulus in Stalingrad teil. In der darauffolgenden Zeit kommandierte er die Armeen der 1., dann der »2. Weißrussischen Front«. Er beteiligte sich an den Kämpfen am oberen Dnjepr, an der Weichsel und der unteren Oder und beendete den Feldzug in Mecklenburg, wo er sich im Mai mit den Briten vereinigte. 1949 wurde er als Oberbefehlshaber der polnischen Streitkräfte zum Marschall von Polen ernannt und war bis 1956 polnischer Verteidigungsminister. 1956 wurden ihm verantwortungsvolle Ämter im sowjetischen Generalstab anvertraut.

Rommel, Erwin (1891–1944) Deutscher Generalfeldmarschall. Rommel gehörte 1938 dem persönlichen Stab Hitlers an. Zu Beginn des Krieges erbat sich Rommel ein Truppenkommando. Vom 10. bis zum 12. Mai 1940 rückte er an der Spitze der 7. Panzerdivision über die Ardennen vor, überschritt am 13. Mai unterhalb von Dinant die Maas, stieß bei Maubeuge durch und erreichte Arras. Während der zweiten Phase des Westfeldzuges bewies er innerhalb des 15. Armeekorps von Hoth sein taktisches Können, als er zwischen Amiens und Abbeville die Somme überquerte und über Rouen und Cherbourg bis zum Kanal vorstieß. Im Februar 1941 wurde er von Hitler dazu ausersehen, das Kommando über das deutsche Afrikakorps in Libyen zu übernehmen. Mit der 15. und der 21. Panzerdivision bereinigte der General eine für die Achsenmächte bedenkliche militärische Situation. Durch seinen erfolgreichen Wüstenkampf erlangte Rommel eine große Beliebtheit. Obwohl seine Truppen den Briten zahlenmäßig unterlegen waren, glich er diesen Nachteil durch Beweglichkeit und größeres taktisches Geschick lange Zeit aus. Am Tag nach der Einnahme von Tobruk, am 22. Juni 1942, stieß der zum Generalfeldmarschall beförderte Rommel nach Ägypten vor. Da Hitler die Hauptkraft der Wehrmacht im Ostfeldzug einsetzen mußte, konnte er Rommel in Nordafrika nicht ausreichend unterstützen. Die Panzergruppe des Marschalls, die nur aus dem deutschen Afrikakorps, zwei motorisierten Divisionen und einigen italienischen motorisierten Einheiten bestand, scheiterte vor den britischen Stellungen von El Alamein. Am 23. Oktober während der Gegenoffensive Montgomerys befand sich der Marschall auf einem Ge-

(Photo Keystone)

Erwin Rommel.

nesungsurlaub in Deutschland, aber selbst sein persönliches Feldherrngenie hätte das ungleiche Kräfteverhältnis kaum ausgleichen können. Der »Wüstenfuchs« konnte den gegnerischen englischen Vormarsch nur verlangsamen. Im Februar 1943 zog er sich wieder nach Tunesien zurück und verließ im darauffolgenden Monat Nordafrika, um der Gefangenschaft zu entgehen. Zu Beginn des Jahres 1944 wurde er zum Oberbefehlshaber der Heeresgruppe B ernannt, die den Atlantikwall zwischen Schelde- und Loiremündung zu verteidigen hatte. Der Marschall erkannte die Schwächen der befestigten Verteidigungslinie. Sein umfassendes Verbesserungsprogramm — Panzersperren, Minenfelder usw. — wurde indessen bis zum 6. Juni nur zu einem geringen Teil ausgeführt. Während der Schlacht um die Normandie, in der er wiederum Montgomery gegenüberstand, wurde der Marschall am 17. Juli durch einen alliierten Tieffliegerangriff schwer verletzt. Zunächst genoß Rommel Hitlers volles Vertrauen, später jedoch gehörte er dem Kreis der Widerstandsbewegung an. Als Rommels Verbindung mit den Attentätern vom 20. Juli 1944 im Oktober aufgedeckt wurde, zwang ihn Hitler zum Selbstmord. Am 14. Oktober 1944 starb Rommel durch Gift. Hitler ordnete ein Staatsbegräbnis an.

(Photo Keystone)

F. D. Roosevelt.

Roosevelt, Franklin Delano (1882–1945) Amerikanischer Präsident. Er war ein ehemaliger Harvardstudent und demokratischer Senator des Staates New York. Dem jungen Politiker war eine rasche, steile Karriere geglückt. Wilson berief ihn zum Unterstaatssekretär im Marineministerium. 1920 nominierte ihn der Konvent der Demokratischen Partei zusammen mit Cox bei den Präsidentschaftswahlen. Nach der Wahlniederlage traf den jungen Roosevelt ein schrecklicher persönlicher Schlag. Er erkrankte 1921 an Kinderlähmung, die eine schwere Gehbehinderung zurückließ. Kaum war er halbwegs wieder genesen, als er 1928 die Gouverneurswahlen des Staates New York gewann. Zwei Jahre später, als die Wirtschaftskrise ihren Höhepunkt erreicht hatte, wurde er mit großer Stimmenmehrheit in seinem Amt bestätigt. 1932 erschien Roosevelt für den Kongreß des demokratischen Konvents als der ideale Präsidentschaftskandidat. Er wurde dazu bestimmt, gegen Hoover zu kandidieren. Nach seinem Wahlsieg hatte der neue Präsident nur ein Ziel: den wirtschaftlichen Aufschwung des Landes und das Vertrauen in die staatliche Führung wiederherzustellen. Obwohl dem Präsidenten bei seiner schwierigen Aufgabe manche Hindernisse in den Weg gelegt wurden, und trotz einiger unvorhergesehener Fehlschläge, gelang es Roosevelt, dem Land neue wirtschaftliche und gesellschaftspolitische Impulse zu geben. Sein Erfolg war derart, daß er bei den Wahlen 1936 seinen republikanischen Gegner Landon vernichtend schlagen konnte. Da er diesmal über ein volles Mandat von vier Jahren und über eine erstarkte Wirtschaft verfügte, widmete der Präsident seine Aufmerksamkeit wieder außenpolitischen Angelegenheiten. Seine Abneigung gegenüber den faschistischen Regimen trieb ihn in einen wachsenden Gegensatz zur Achse und zum japanischen Kaiserreich. Von Fall zu Fall gewährte er den Briten und den chinesischen Nationalisten unverhohlen Hilfe und nahm im Verlaufe des Jahres 1941 gegenüber der Regierung von Tokio eine ablehnende Haltung ein, die den Generalstab Nippons schließlich dazu veranlaßte, den Krieg auszulösen. Von diesem Augenblick an war Roosevelt das Herz der westlichen Koalition. Er bot zur Niederwerfung Japans und Deutschlands das unermeßliche Potential seines Landes auf. Roosevelt und Stalin waren die beiden Großen dieser Zeit. Der Präsident stellte die Kriegsanstrengungen gegen Japan zeitweise zurück, um mit dem Slogan »Zuerst Deutschland« seine Kräfte auf Europa zu konzentrieren. Die interalliierten Konferenzen von Washington, Quebec und Teheran waren die Marksteine des alliierten diplomatischen und militärischen Sieges. Gleichzeitig war der Präsident bemüht, auch für die Zukunft den wirtschaftlichen Liberalismus und die demokratischen Ideale gegenüber den autoritären Regimen zu bewahren. Im Kampf gegen die antikolonialistischen und antidemokratischen Kräfte sah sich Roosevelt von seiner Umgebung bestärkt. Unter diesem Gesichtspunkt muß die Entfremdung gegenüber gewissen alliierten Persönlichkeiten, wie de Gaulle, gesehen werden. Indem der Präsident den indischen, arabischen und nordafrikanischen Nationalisten seine Sympathien nicht verhehlte, untergrub er gleichzeitig die koloniale Machtstellung der mit ihm verbündeten Mächte. Diese Situation sollte für die Westmächte nach dem Krieg unberechenbare Folgen haben. Nach der Auffassung Roosevelts würden sich diese Nachkriegsprobleme ganz natürlich im Rahmen der Vereinten Nationen, zu deren Fürsprecher er sich machte, und in bilateralen Gesprächen mit Stalin lösen. Die Ergebnisse der Konferenz von Jalta veranschaulichten diese Einstellung. Das Scheitern dieser eher naiven politischen Vorstellungen und Pläne brauchte der alternde, von einem schweren Leiden gezeichnete Präsident nicht mehr zu erleben. Er starb am 12. April 1945 in Warm Springs in Georgia.

Rotterdam Größter und ältester Hafen der Niederlande.

Runciman, Walter, Viscount (1870–1949) Englischer Geschäftsmann und liberaler Politiker. Mitte Juli 1938 sandte ihn Neville Chamberlain mit einer Mission in das Sudetenland. Runciman sollte sich mit eigenen Augen von der Lage der deutschen Minderheit in der Tschechoslowakei überzeugen. Als er am 3. August in dem Krisengebiet anlangte, ließ sich der Siebzigjährige von den berechtigten Forderungen Konrad Henleins beeinflussen. Sein Bericht über die Informationsreise führte zu einer günstigen Beurteilung der Separatisten und bereitete das Münchener Abkommen vor.

Rundstedt, Gerd von (1875–1953) Deutscher Generalfeldmarschall. Als ehemaliger Offizier der preußischen Armee hatte General von Rundstedt bereits seinen Abschied genommen, als er 1939 wieder zu den Fahnen gerufen wurde. Der General erhielt das Kommando über die Heeresgrup-

(Photo Sammlung Viollet)

Gerd von Rundstedt.

pe A, die am 1. September in Südpolen eindrang. Während des »Sitzkrieges« befand er sich mit seiner Heeresgruppe im Rheinland und unterstützte aufs wärmste den Plan, über die Ardennen vorzustoßen. Nach dem Frankreichfeldzug wurde er zum Generalfeldmarschall ernannt. Zu Beginn des Rußlandfeldzuges, im Jahr 1941, führte Rundstedt die Heeresgruppe Süd und besetzte die Ukraine. Als er im Winter 1941/42 die gefährdete Stellung seiner Armeegruppen nicht mehr verantworten zu können glaubte, schlug er Hitler die Zurücknahme der Front vor. Hitler, der von seinem Feldherrngenie überzeugt war, entzog von Rundstedt das Kommando. Erst 1944 wurde er der Westfront zugeteilt, doch der erfahrene General konnte die alliierte Landung in der Normandie nicht verhindern. Ende Juli wurde er durch von Kluge ersetzt. Im Herbst übertrug Hitler dem Generalfeldmarschall die Führung der Ardennenoffensive, die nach anfänglichen Erfolgen von englisch-amerikanischen und kanadischen Truppen aufgefangen wurde. Wenige Wochen vor dem deutschen Zusammenbruch wurde General von Rundstedt durch Kesselring ersetzt.

russisch-finnischer Krieg Als sich Finnland Ende 1939 weigerte, ähnliche Verträge wie die baltischen Staaten mit der Sowjetunion zu unterzeichnen, sah Stalin die Zeit für gekommen, die russische Grenze bis jenseits des Ladogasees vorzuverlegen. Nach einer Grenzprovokation überfielen sowjetische Truppen Finnland am 30. November ohne Kriegserklärung. Stalin rechnete mit einem schnellen Erfolg, aber der Verteidigungswillen der Finnen, das unzugängliche Gelände der Seen- und Waldgebiete sowie günstige Witterungsverhältnisse erlaubten den Truppen Marschall Mannerheims, den Russen mehr als drei Monate heftigen Widerstand zu leisten. Im Frieden von Moskau vom 12. März 1940 trat Finnland Teile Kareliens und einige Gebiete nördlich des Polarkreises an die Sowjetunion ab.

Rydz-Smigły, Edward (1886–1941?) Polnischer General. Als Kampfgefährte Piłsudskis verdankte ihm Rydz-Smigły seinen militärischen Aufstieg. 1936 wurde er Marschall und Inspekteur der polnischen Streitkräfte. Um eine möglichst weite Verteidigungslinie aufzubauen, verzettelte der Marschall in einem unklugen strategischen Plan die 30 polnischen Divisionen, die kaum über motorisierte Einheiten und über Luftunterstützung verfügten. Während der Kämpfe floh er nach Brest-Litowsk und erreichte in der zweiten Septemberhälfte Rumänien. Von den rumänischen Behörden interniert, verschwand er während des Krieges.

Saarland Industriegebiet an der Saar, das ab 1919 unter der Verwaltung des Völkerbunds stand. Am 13. Januar 1935 ergab die Volksbefragung 90,8 % der Stimmen für die Rückgliederung an Deutschland, die am 1. Mai 1935 erfolgte. Deutschland kaufte die Saargruben für 900 Millionen französische Franc zurück.

Sacco, Nicola (1891–1927) Italienischer Einwanderer, der zusammen mit seinem Landsmann Bartolomeo Vanzetti (1888–1927) wegen eines Doppelmordes, den sie am 15. April 1920 in South Braintree in Massachusetts begangen haben sollten, zum Tode verurteilt wurde. Ihre Beziehungen zu den anarchistischen Kreisen gaben dem Prozeß eine politische Wendung. Das Schicksal der beiden Italiener, die die Öffentlichkeit für unschuldig hielt, rief in der ganzen Welt Sympathiekundgebungen hervor.

Sachsenhausen Gemeinde am Ruppiner Kanal; nationalsozialistisches und, nach dem Zusammenbruch, sowjetisches Konzentrationslager, etwa 50 Kilometer nördlich von Berlin.

Sainte-Mère-Eglise Ort auf der Halbinsel Cotentin zwischen Carentan und Montebourg, 30 Kilometer südlich von Cherbourg.

Saipan Südliche Insel der Marianen.

Saito, Makoto, Graf (1858–1936) Japanischer Admiral und Staatsmann. Obwohl Saito einer der führenden japanischen Militärs war, hatte er eine eher liberale Einstellung. Vom Mai 1932 bis Juli 1934 war er Premierminister. Am 26. Februar 1936 fiel er den Schüssen ultranationalistischer Militaristen zum Opfer.

Salò Kleiner Ort in Norditalien am westlichen Ufer des Gardasees.

Sarraut, Albert (1872–1962) Französischer Politiker. Sarraut war mehrere Male Kolonialminister, dann Innenminister. 1933 und 1936 leitete er das Kabinett. In seine Amtszeit fiel die Remilitarisierung des Rheinlandes, am 7. März 1936. Sarraut ließ es beim Protest bewenden und nahm die vollendete Tatsache zur Kenntnis.

Schukow, Georgi (geboren 1896) Sowjetischer Marschall. Während des Ersten Weltkriegs diente Schukow in der zaristischen Kavallerie. Der Bauernsohn aus der Gegend von Kaluga, im Südwesten von Moskau, schloß sich der russischen Revolution an und wurde Offizier der Roten Armee. Von Timoschenko gefördert und 1938 in den Generalstab der Armee des Fernen Ostens berufen, kämpfte General Schukow im Herbst des Jahres 1939 an den Grenzen der Äußeren Mongolei und der westlichen Mandschurei erfolgreich gegen die Japaner. Nachdem er Ende Sommer 1941 wieder an die mittelrussische Front zurückgerufen worden war, nahm er im Herbst an der Verteidigung Moskaus teil und löste am 6. Dezember 1940 den großangelegten Gegenangriff aus, der die Truppen General von Bocks mehr als 100 Kilometer von der sowjetischen Hauptstadt zurückdrängte. Schukow wurde 1943 zum Marschall der Sowjetunion befördert und führte nacheinander die Armeen der »1. Ukrainischen Front«, dann, zu Beginn des Sommers 1944, die der »1. Weißrussischen Front«, mit denen er im April 1945 bis nach Berlin vorrückte. Der bei den Soldaten der Roten Armee außerordentlich beliebte Marschall kommandierte bis 1946 die russischen Besatzungsstreitkräfte in Deutschland. Nach dem Tode Stalins übernahm er 1955 das Verteidigungsministerium, mußte sich aber zwei Jahre später aus dem politischen Leben zurückziehen.

Schuschnigg, Kurt von (geboren 1897) Österreichischer Politiker. Er war ab 1927 christlichsozialer Abgeordneter und unter Bundeskanzler Dollfuß Justizminister. Als Schuschnigg 1934 selbst Kanzler wurde, bemühte er sich, den Kampf um die nationale Unabhängigkeit fortzuführen. Zu Beginn des Jahres 1938 hatte Hitler endgültig die Annexion Österreichs beschlossen. Am 12. Februar rief er den österreichischen Bundeskanzler zu sich nach Berchtesgaden. In einer dramatischen Begegnung akzeptierte Schuschnigg, drei Nationalsozialisten in sein Kabinett aufzunehmen. Als der Bundeskanzler über die Unabhängigkeit Österreichs eine Volksabstimmung organisierte, brach eine diplomatische Krise aus. Der Führer war über den Ausgang dieser Abstimmung keineswegs sicher. Auf ein deutsches Ultimatum legte Schuschnigg sein Amt am 11. März nieder. Zwei Tage später wurde Österreich in einem Gewaltstreich dem Reich angeschlossen. Der ehemalige österreichische Regierungschef war während des Krieges interniert. 1948 nahm er einen Lehrstuhl für Staatswissenschaften in den USA an; seit 1967 lebt er wieder in Österreich.

Seelöwe Deckname für den Plan zur Invasion Englands. Die Vorbereitungen für dieses Unternehmen sollten bereits im August 1940 abgeschlossen sein. Sie wurden jedoch durch Verminungsaktionen und Angriffe der Royal Air Force erheblich behindert und laufend verzögert. Der Termin der Invasion wurde mehrmals verschoben, da das OKW das Ergebnis des verschärften Luftkriegs abwarten wollte und hoffte, die Luftherrschaft über dem Kanal zu erlangen. Als die Wetterlage schließlich keine Großangriffe der deutschen Luftwaffe mehr zuließ, sah sich Hitler am 12. Oktober 1940 gezwungen, den Termin für die Landungsaktion endgültig auf das kommende Frühjahr zu verlegen. Damit war der »Seelöwe« gestorben.

Seipel, Ignaz (1876–1932) Österreichischer Politiker, Theologieprofessor und Prälat. Ab 1919 christlich-sozialer Abgeordneter, leitete er seine Partei von 1921 bis 1929 mit großem Geschick. Auf Grund seines Prestiges und seiner moralischen Autorität war er eine der großen Gestalten des politischen Lebens im Nachkriegsösterreich. Von 1922 bis 1924 und von 1926 bis 1929 war er Bundeskanzler. Seipel leitete nach dem Krieg den wirtschaftlichen Aufschwung seines Landes ein. Er suchte die internationale Zusammenarbeit im Völkerbund und vertrat im Innern eine konservative, gegen die Sozialisten gerichtete Politik. 1924 wurde er bei einem Attentat schwer verletzt.

Seyß-Inquart, Arthur (1892–1946) Österreichischer Politiker. Seyß-Inquart, ein Wiener Advokat, wurde nach der Machtergreifung Hitlers in Deutschland einer der Hauptführer der nationalsozialistischen Bewegung in Österreich. Im Februar 1938 verlangte Hitler von Schuschnigg den Eintritt Seyß-Inquarts in das Wiener Kabinett. Nach dem Anschluß wurde er Reichsstatthalter der »Ostmark«. Nach der Niederwerfung Polens 1939 ging er als Generalgouverneur nach Warschau. Am 18. Mai 1940 ernannte ihn Hitler zum Reichskommissar der Niederlande; diesen Posten hatte er bis zum Zusammenbruch inne. Wegen Kriegsverbrechen vom Internationalen Gerichtshof von Nürnberg zum Tode verurteilt, wurde Seyß-Inquart am 16. Oktober 1946 hingerichtet.

Sigmaringen Stadt in der Schwäbischen Alb an der Donau. Hitler zwang die Vichy-Regierung, 1944 nach der Landung der Alliierten in der Normandie in das Hohenzollernschloß in Sigmaringen überzusiedeln.

Sitzkrieg Als Sitzkrieg oder französisch »drôle de guerre« wird der Zeitabschnitt vom 3. September 1939 bis zum 10. Mai 1940 bezeichnet, der auf Grund des tatenlosen Gegenübersitzens der französischen und der deutschen Truppen zwischen Rhein und Mosel geprägt wurde. Hier wie dort wagte man während dieser Zeit weder den Luft- noch den Bodenkampf aufzunehmen. Für die französische Armee bedeutete dieses Stillhalten ein weiteres Sinken der Kampfmoral, während die deutsche Armee ihre Bewaffnung und ihre Truppenzahl, die während des Winters von vier auf zehn Panzerdivisionen angewachsen war, vervollständigen konnte. Hitler hatte bis zum 10. Mai verschiedene Male den Zeitpunkt des Angriffs festgesetzt, aber jedes Mal waren es ungünstige Wetterverhältnisse, die ihn zwangen, die Offensive wieder zu verschieben.

Smith, Alfred Emanuel (1873–1944) Amerikanischer Politiker. Er war katholischer Gouverneur von New York und wurde vom demokratischen Konvent vor den Präsidentschaftswahlen im November 1928 dazu bestimmt, gegen den Republikaner Hoover zu kandidieren. Er unterlag mit 15 016 000 gegen 21 391 000 Stimmen und mit 87 zu 444 Stimmen der Wahlmänner.

Snow, Edgar Amerikanischer Journalist. Snow hielt sich längere Zeit im Versteck Mao Tsetungs auf und begleitete ihn auf dem »Langen Marsch«. Die Beschreibung dieser Ereignisse sowie von Einzelheiten aus dem Leben des revolutionären Führers machten ihn weit über die Grenzen Amerikas hinaus bekannt.

Somoza, Anastasio, genannt Tacho (1896–1956) Nicaraguanischer Politiker. Nach dem Beispiel des Diktators der Dominikanischen Republik, Trujillo, war Anastasio Somoza das Haupt einer autoritären, nationalistischen Bewegung, mit deren Hilfe er 1936 die Macht an sich riß. 1937 bis 1947 und von 1950 an war er Präsident. Erst seine Ermordung 1956 setzte seiner Diktatur ein Ende. Doch die Macht im Land war zu einer Art Familienmonopol geworden. Seine beiden Söhne, Luis und Anastasio, teilten sich nach seinem Tode die politische und militärische Verantwortung.

Stalingrad Bedeutende Industriestadt an der unteren Wolga, dehnt sich auf einer Länge von über 30 Kilometer am rechten Ufer des Flusses aus. Ursprünglich trug die Stadt den Namen Zarizyn, heute wird sie Wolgograd genannt.

Staraja Russa Stadt im Nordwesten Rußlands am Polist, 20 Kilometer südlich des Ilmensees.

Stauffenberg, Claus Graf Schenk von (1907–1944) Schenk von Stauffenberg nahm als Generalstabsoffizier unter General Reinhardt am Westfeldzug teil. Nach einem Rußlandeinsatz 1943 kämpfte er in Tunesien, wo er schwer verletzt wurde. Er erklärte sich bereit, die Bombe, die Hitler töten sollte, am 20. Juli 1944 in der »Wolfsschanze« bei Rastenburg in Ostpreußen zu deponieren. Bei seiner Rückkehr nach Berlin wurde er festgenommen und am selben Abend hingerichtet.

Struthof-Natzweiler Ehemaliges Konzentrationslager in den Vogesen, 12 Kilometer südöstlich von Schirmeck.

Stutthof Konzentrationslager im Weichseldelta, 30 Kilometer östlich von Danzig.

Sumatra Eine der großen Sundainseln. Sie bildet den westlichen Teil Indonesiens und ist im Nordosten von der Malakkastraße und im Südwesten vom Indischen Ozean begrenzt. Im Süden ist Sumatra durch eine Meerenge von Java getrennt.

Sung Tzu-wen (geboren 1891) Chinesischer Politiker. Er wurde in Schanghai als Sohn eines reichen methodistischen Kaufmanns geboren. Sung legte an der Harvard-Universität ein glänzendes Examen ab. Als Schwager von Sun Yat-sen erhielt er einen höheren Posten in der Hierarchie der Kuomintang, zumal seine andere Schwester mit Tschiang Kaischek verheiratet war. Vor der japanischen Invasion war er Finanzminister der nationalchinesischen Regierung. Von 1941 bis 1944 erhielt der reiche Bankier das Amt des Außenministers. Im März 1947, angesichts des Zusammenbruchs des Regimes, verzichtete er auf jedes Regierungsamt und begnügte sich mit dem Posten eines nationalchinesischen UNO-Botschafters.

Taisho Tenno (1879–1926) Japanischer Kaiser. 1912 folgte der Prinz dem Kaiser Mutsohito auf den Thron. Er trug den offiziellen Namen Yoshihito. Seine Herrschaftszeit war gekennzeichnet vom politischen und wirtschaftlichen Liberalismus. Das Reich der aufgehenden Sonne erreichte einen ersten Höhepunkt seiner Entwicklung zur modernen Großmacht, nahm an der Seite der Entente am Ersten Weltkrieg teil und spielte im Völkerbund eine wichtige Rolle.

Tanaka, Giishi (1863–1929) Japanischer General und Politiker. General Tanaka, der von 1918 bis 1921 Kriegsminister war, war von der Armee dazu ausersehen worden, die Regierungsgeschäfte zu übernehmen, als die Umgebung Hirohitos den Kaiser dazu bewegte, die Zivilisten aus der Regierungsspitze zu entfernen. Der neue Regierungschef bemühte sich, den japanischen Einfluß in der Mandschurei zu vergrößern. Das Fehlschlagen dieses Versuches führte am 1. Juli 1928 zu seinem Rücktritt.

Tébessa Algerische Stadt im Süden von Bône zwischen dem Dschebel Dokkane und dem Dschebel Chambi, 30 Kilometer von der algerisch-tunesischen Grenze entfernt.

Tennessee Valley Authority Von Präsident Roosevelt 1933 im Rahmen seines Programms für öffentliche Arbeiten gegründetes Projekt, das den Bau von Industrieanlagen entlang des Tennesseeflusses zum Ziel hatte.

Teruel Spanische Stadt im Süden von Aragonien, im Hochtal des Guadalaviar (Turia), an den Grenzen von Aragonien, Neukastilien und der Provinz Valencia. Nachdem die Stadt im Spanischen Bürgerkrieg am 8. Januar 1938 von den Republikanern eingenommen worden war, wurde sie von den Truppen Francos am 22. Februar zurückerobert.

Timoschenko, Semjon (1895–1970) Sowjetischer Marschall. Timoschenko schloß sich in der bolschewistischen Revolution der Roten Armee an und kämpfte in Zarizyn an der Seite Stalins. Für seinen weiteren Aufstieg war dieser Umstand sicher von Bedeutung. Im Juli 1941 wurde ihm die Führung der mittleren Front anvertraut. Zwar mußte er Weißrußland räumen, konnte aber die Heeresgruppe Nord unter von Bock vor Smolensk so lange aufhalten, daß der deutsche Vormarsch auf Moskau gefährdet wurde. Nachdem er im Herbst von Schukow abgelöst worden war, erhielt Timoschenko im Mai 1942 in der Ukraine ein neues Kommando, mußte aber im Süden von Charkow durch die Armeen von Kleists und Paulus' eine schwere Niederlage hinnehmen. Danach übte er im Generalstab, dann im Fernen Osten, nur noch zweitrangige Funktionen aus.

Tinian Insel im südlichen Teil der Marianen, nahe bei Saipan.

Tiso, Josef (1887–1947) Slowakischer Politiker. Er war katholischer Priester und Mitglied der slowakischen Volkspartei. Tiso kämpfte von der Gründung der tschechoslowakischen Republik an für die slowakische Autonomie. Ab 1925 war er Abgeordneter und übernahm 1938 die Parteiführung an Stelle von Hlinka. Er nutzte die Sudetenkrise aus, um das Problem der slowakischen Autonomie in das Bewußtsein der Öffentlichkeit zu rücken. Am 14. März 1939 rief Tiso mit der Zustimmung Hitlers die slowakische Unabhängigkeit aus und erhielt im Herbst das Amt des Staatschefs. Die Slowakei war bis zum April 1945 praktisch ein Satellitenstaat der Achse. Als der nationale Aufstand ausbrach und die Rote Armee das Land besetzte, wurde Tiso zum Tode verurteilt und in Preßburg am 18. April 1947 hingerichtet.

Tito, Josip (geboren 1892) Jugoslawischer Politiker und Marschall. Er heißt eigentlich Broz und ist der Sohn eines kroatischen Vaters und einer slowenischen Mutter. Er kämpfte in der österreichisch-ungarischen Armee an der russischen Front und wurde 1915 gefangengenommen, doch in der Revolution 1917 befreit. Tito schloß sich den russischen Revolutionären an und wurde Anhänger des Marxismus. 1923 kehrte er in sein Heimatland zurück. Er betätigte sich als eifriger Revolutionär, was ihm verschiedene Gefängnisstrafen einbrachte. Eine Zeitlang lebte er in Frankreich und Rußland. Tito, der von 1937 an Generalsekretär der jugoslawischen kommunistischen Partei war, kehrte heimlich in seine Heimat zurück und organisierte vom Frühjahr 1941 an den nationalen Widerstand. Er verlieh seiner Bewegung einen alle jugoslawischen Volksgruppen umfassenden, föderativen Charakter, eine Maßnahme, zu der sich der royalistische General Mihajlović nicht entschließen konnte. Tito war sowohl Widerstandskämpfer wie auch Sozialreformer. Er hob Partisanenbrigaden aus und lieferte den Besatzungstruppen regelrechte Schlachten. Nachdem Tito 1944 einen großen Teil Serbiens, Montenegros und Bosniens befreit hatte, eroberten seine Soldaten im Oktober die Hauptstadt Belgrad. Bereits im Frühjahr war Tito von Churchill als legaler jugoslawischer Regierungschef anerkannt worden. Da sich die Ereignisse des Jahres 1948 schon ahnen ließen, erbat Tito keine sowjetische Hilfe, um den Krieg zu beenden. Er setzte es durch, daß die Front zwischen Adria und Save ausschließlich von jugoslawischen Partisanentruppen gehalten werden sollte. Die Trennung zwischen Belgrad und Moskau wurde am 28. Juni 1948 Wirklichkeit. Die Sozialistische Föderative Republik Jugoslawien, zu der Istrien und die früher italienischen Inseln Dalmatiens kamen, erhielt, besonders auf wirtschaftlichem Gebiet, wo der Wettbewerb zwischen staatlichen und selbständigen Unternehmungen wieder eingeführt wurde, ihr eigenes Gepräge. Titos Weigerung, dem sowjetischen Block vorbehaltlos beizutreten, gestattet es ihm, eine selbständige Außenpolitik zu betreiben.

(Photo Keystone)

Marschall Tito.

Tojo, Hideki (1884–1948) Japanischer General. Er war der Sohn eines höheren Offiziers. Als ehemaliger Militärattaché in Deutschland brachte er dem Nationalsozialismus eine gewisse Bewunderung entgegen. Ab 1937 war der glühende Nationalist Generalstabschef der Besatzung in der Mandschurei und bildete den Mittelpunkt einer aggressiven militaristischen Bewegung. Tojo war von 1938 bis 1939 stellvertretender Kriegsminister, daraufhin, im Kabinett Konoye, 1940 Kriegsminister. Zu dieser Zeit intrigierte Tojo gegen den Regierungschef. Er hielt Konoye für zu gemäßigt und versuchte, ihn aus dem Amt zu drängen. Im Oktober 1941 gelang ihm dies. Kaum zwei Monate später begann mit Pearl Harbor für Japan ein Abenteuer, in dem Tojo bis zum 18. Juli 1944 eine Hauptrolle spielte. Die japanische Niederlage in der Luft-See-Schlacht von Saipan nahm der Kaiser zum Anlaß, Tojo durch den gemäßigteren General Koiso zu ersetzen. Nachdem er 1945 auf Befehl MacArthurs festgenommen worden war, wurde der General im Dezember 1948 in Tokio gehenkt.

Tolbuchin, Fedor (1894–1949) Sowjetischer Marschall. Nachdem Tolbuchin Ende 1942 an der Seite von Woronin, Rokossowski und Teremenko an der Schlacht um die Wolga teilgenommen hatte, eroberte der General 1943 die Küste des Asowschen Meers zurück. Im folgenden Jahr übernahm er das Kommando über die »4. Ukrainische Front«, befreite die Krim, beteiligte sich an der Eroberung Rumäniens und Bulgariens und beendete den Feldzug an der österreichisch-ungarischen Grenze. Tolbuchin erhielt als Kommandant der sowjetischen Besatzungsstreitkräfte in Österreich den Marschalltitel.

Trujillo y Molina, Rafael Leónidas (1891–1961) Dominikanischer Politiker. Trujillo riß als Polizeichef von Santo Domingo 1930 mit Gewalt die Macht an sich und behielt sie bis zu seinem gewaltsamen Tod im Jahre 1961. Obwohl die Dominikanische Republik unter seiner Diktatur einen unverkennbaren Fortschritt erlebte, war mitunter die Brutalität seiner Herrschaft nicht zu verkennen.

Truman, Harry Spencer (geboren 1884) Amerikanischer Präsident. Truman, Sohn eines Farmers aus Missouri, wurde wegen eines Sehfehlers nicht in die Militärschule von West Point aufgenommen. 1917 wurde er jedoch zur Nationalgarde eingezogen und kämpfte bei einer Artillerieeinheit in Frankreich. Truman ließ sich nach dem Krieg in Kansas City nieder. Einem Mitglied der Demokratischen Partei verdankte er schließlich den Posten eines Friedensrichters. Die Demo-

(Photo Keystone)

Harry Truman.

kratische Partei nutzte die biedere, wahlwirksame Rechtschaffenheit Trumans aus und verhalf ihm 1934 in den Senat. Als er 1941 großangelegten Waffenschmuggeleien auf die Spur kam, schlug er die Gründung eines Überwachungskomitees vor, dessen Präsident er wurde. Diese Organisation gelangte auf Grund der strengen Überwachung des Waffenmarktes zu wachsender Bedeutung, so daß der demokratische Konvent den Senator 1944 zum Vizepräsidenten an der Seite von Roosevelt wählte. Der Tod des Präsidenten stellte den bescheidenen Senator am 12. April 1945 plötzlich an die Spitze der USA. Damit stand Truman zusammen mit Churchill und Stalin auch im Vordergrund der internationalen Ereignisse. Truman, der von Roosevelt nur unvollständig informiert worden war, übernahm seine erste internationale Verantwortung auf der Konferenz von Potsdam. Gegenüber Stalin legte er eine entschlossene Haltung an den Tag und suchte vor allem die weitere Ausbreitung des Kommunismus zu verhindern. Er bekämpfte ihn in Griechenland und Korea und unterstützte die Initiative seines Staatssekretärs, General Marshalls, dem ausgebluteten Europa in finanzieller Hinsicht unter die Arme zu greifen. Er gab jedoch das alliierte Bündnissystem nicht auf und gründete 1949 den Nordatlantikpakt. 1952 hielt er seine Aufgabe für erfüllt und verzichtete auf eine Wiederwahl.

Tschang Tso-lin (1876–1928) Chinesischer Marschall und Politiker. Als Herr der Mandschurei betrachtete sich Tschang ab 1920 als eigenständiger Machthaber. In dem allgemeinen politischen Chaos des Landes bemächtigte er sich 1926 der Hauptstadt, bis ihn der Sieg Tschiang Kai-scheks zwang, sich in die Mandschurei zurückzuziehen. Da die Japaner Tschang Tso-lin als ernstzunehmenden Gegner betrachteten, schrieb man dem japanischen Geheimdienst die Ausführung des Attentats zu, dem Tschang im Juni 1928 zum Opfer fiel.

Tschen Tu-siu (1879–1942) Chinesischer Politiker; in englischer Schreibweise: Chen Tu-hsiu. Er war Professor für Literaturwissenschaft an der Universität Peking. Mit der von ihm gegründeten Zeitschrift »Die Jugend« bemühte sich der Wissenschaftler, die Aufmerksamkeit der gebildeten Chinesen auf die Verfallserscheinungen des Landes zu lenken. Anfänglich war er der Meinung, die alte Kultur, die auch die Grundzüge des politischen Lebens bestimmte, müsse abgestreift werden, damit eine neue Ordnung nach dem Vorbild des westlichen Liberalismus eingeführt werden könne. Enttäuscht von den Befugnissen, die Japan durch den Versailler Vertrag in China erhielt, näherte er sich 1920 den Nationalisten. Unter dem Einfluß des Geschichtsprofessors Li Ta-schao nahm Tschen in der Folgezeit auch Marxisten in seine Umgebung auf. Unter diesen Umständen erlangte er die französische Bewilligung zur Gründung einer kommunistischen Partei in Schanghai am 1. Juli 1921, deren erster Generalsekretär Tschen wurde. Stand er der Absicht einer Zusammenarbeit seiner Partei mit der Kuomintang auch zurückhaltend gegenüber, so mußte er 1927 nach der Machtübernahme Tschiang Kai-scheks doch als Sündenbock herhalten und wurde des Rechtsopportunismus beschuldigt. Von Tschu Tschiu-pai, einem in der Sowjetunion ausgebildeten Funktionär, wurde er schließlich aus seinem Amt verdrängt.

Tschu En-lai (geboren 1898) Politiker des kommunistischen Chinas. Als Student bereiste Tschu En-lai, der aus der Provinz Kiangsi stammt, von 1920 an Europa und hielt sich bis 1923 hauptsächlich in Frankreich auf. Er verdiente sich sein Studium als Werkstudent. Tschu schloß sich dem Marxismus an und erhielt nach seiner Rückkehr wichtige Posten in der Hierarchie der Kommunistischen Partei Chinas. Als verantwortlicher Sekretär der Provinz Kanton leistete er an der Militärakademie von Huang-pu eine Vorbereitungszeit ab. Nur mit Mühe konnte er im Jahre 1927 den Verfolgungen Tschiang Kai-scheks entgehen. Als Flüchtling stieß er im Waldgebiet von Kiangsi zu Mao Tse-tung und nahm von 1934 bis 1935 am »Langen Marsch« teil. Mao belohnte seinen treuen Mitkämpfer gegen Japan und Tschiang Kaischek, indem er ihn 1949 zum Ministerpräsidenten und Außenminister machte. In dieser Eigenschaft nahm er an den großen internationalen Konferenzen von Genf, 1954, und ein Jahr später in Bandung teil. Seit 1959 ist Tschu En-lai ausschließlich Regierungschef.

Tschuikow, Wassili (geboren 1900) Sowjetischer Marschall. Tschuikow, der vom Arbeiter zum Offizier in der Roten Armee aufstieg, befehligte während des Sommers 1942 die 62. sowjetische Armee am Donknie. Nachdem er auf Stalingrad zurückgewichen war, bereitete er unter größten Schwierigkeiten die Verteidigung der Stadt vor. 1943/44 hatte er entscheidenden Anteil an der Befreiung der Ukraine. Ende April 1945 beteiligte er sich an der Einkesselung Berlins. Von 1949 bis 1953 war er Chef der sowjetischen Besatzungstruppen in Deutschland. Zwei Jahre später wurde er Marschall der Sowjetunion.

Tschu Te (geboren 1886) Chinesischer General. Er ist der Sohn eines Großgrundbesitzers aus der Provinz Szetschuan. Der ehemalige Kadett der Militärschule von Jünnan nahm 1911 an der Erneuerungsbewegung Sun Yatsens teil. Ebenso wie sein Vorbild Sun reiste er viel und lebte nach 1920 in Europa. Er studierte in Deutschland und wurde 1925 als Kommunist ausgewiesen. Nach seiner Rückkehr in die Heimat trat er der Kommunistischen Partei Chinas bei und wurde einer der engsten Mitarbeiter Mao Tsetungs. Ihm war es zu verdanken, daß der »Lange Marsch« zu einem guten Ende geführt werden konnte und daß die Versuche der Japaner und der nationalistischen Truppen Tschiangs, die Widerstandsgruppen in Nordchina während des Zweiten Weltkrieges auszuschalten, vereitelt werden konnten. Mit überragenden Führern wie Tschen Yi, Lin Piao und Peng drängte der Generalissimus Tschu Te von 1948 bis 1949 die Truppen der Kuomintang wieder zurück in den Süden. Für seine Verdienste verlieh Mao Tse-tung seinem alten Gefährten 1954 den Titel des Vizepräsidenten der Volksrepublik.

Tsingtau Chinesischer Hafen in der Provinz Schantung am Gelben Meer.

Ungern-Sternberg, Freiherr von General der zaristischen Armee, früher Leutnant unter Admiral Koltschak. Ungern-Sternberg sammelte 1920 die Überreste der weißrussischen Armee in Sibirien und zog sich in die Mongolei zurück. Im Februar 1921 eroberte er deren Hauptstadt Urga. Der Baron setzte für die buddhistischen Mönche wieder ihre alten politischen Vorrechte ein. Aber der politische Abenteurer Ungern-Sternberg schien einer vergangenen Zeit anzugehören. Selbst seine Anhänger und Günstlinge lehnten sich gegen ihn auf, so daß im Juli 1921 die Rote Armee das Land besetzen konnte. Der General wurde gefangengenommen, nach Nowonikolajewsk gebracht, verurteilt und am 18. September 1921 hingerichtet.

Urga Früherer Name von Ulan-Bator, der Hauptstadt der Mongolischen Volksrepublik.

Utah-Beach Deckname für den Strand von Saint-Martin-de-Varreville an der Ostküste von Cotentin, rund 10 Kilometer östlich von Sainte-Mère-Eglise.

Vanzetti, Bartolomeo Siehe Sacco.

Vargas, Getulio (1883–1954) Brasilianischer Politiker. Gebürtig aus dem südlichen brasilianischen Staat Rio Grande do Sul, war der Rechtsanwalt ohne große Mühe in das politische Leben eingetreten. Er wurde Staatsgouverneur, 1926 Finanzminister und schließlich 1930 Präsident der Republik Brasilien. Er blieb bis 1945 Präsident. Seinen Regierungsstil faßte er gerne mit den Worten zusammen: »Diktator, ja! Tyrann, nein!« Vargas war in erster Linie Pragmatiker, ohne doktrinäres Verhalten. Bei seiner zweiten Machtübernahme 1950 war Getulio Vargas ein gealteter und verbrauchter Mann, der an Depressionen litt und 1954 seinem Leben selbst ein Ende machte.

Vercors Gebirgsmassiv in den französischen Voralpen, das sich südlich von Grenoble erhebt und sich auf das Departement Isère und zum Teil auf das Departement Drôme im Norden von Die erstreckt.

Vichy Kreisstadt im Departement Allier, bekannt für seine Thermalquellen. Nachdem sich die Regierung Pétain 1940 im Juli in dieser Stadt niedergelassen hatte, blieb Vichy bis zum 20. August 1944 Regierungssitz.

Villa, Pancho (1878–1923) Mexikanischer Revolutionär. Der Abenteurer und Guerillaführer Villa mischte sich in die Politik seines Landes ein und verband sich mit Madero gegen den Diktator Porfirio Díaz. Später verbündete er sich mit Carranza gegen Huerta. Aber auch mit Carranza hatte er sich bald wieder entzweit. Nach einem unsteten Leben im Tal des Rio Grande, wo er 1916 Ursache für diplomatische Schwierigkeiten mit den Vereinigten Staaten wurde, unterwarf sich der populäre Revoluzzer 1920 der legalen Regierungsgewalt seines Landes. Er zog sich in die nördliche Provinz Chihuahua zurück, wo ihn seine ehemaligen Gegner drei Jahre später hinrichteten.

Wake Insel im mittleren Pazifik, 1000 Kilometer nördlich der Marshall-Inseln.

Wallace, Henry Agard (1888–1965) Amerikanischer Politiker. Wallace, der aus einer begüterten Familie aus Iowa stammte, war von 1933 bis 1941 Staatssekretär im Landwirtschaftsministerium. 1941 wurde er Vizepräsident. 1945 wurde er zum Staatssekretär im Handelsministerium berufen. 1946 legte er sein Amt nieder. Er warf Präsident Truman eine zu engstirnige Politik gegenüber Stalin vor. Nachdem er eine Fortschrittspartei gegründet hatte, kandidierte Wallace bei den Wahlen von 1948 gegen Truman, Dewey und Thurmond. Er erhielt 1 156 103 Stimmen, doch keine Stimme der Wahlmänner. Nach dieser Niederlage zog Wallace sich vom politischen Leben zurück.

Wang Tsching-wei (1884–1944) Chinesischer Politiker. Als Freund und enger Mitarbeiter Sun Yat-sens hoffte Wang, seine Nachfolge in der Führung der Kuomintang anzutreten, wurde aber von Tschiang Kai-schek verdrängt. Trotz hoher Ämter in der Kuomintang konnte Wang seine Abneigung gegen Tschiang nicht verbergen. 1938 wechselte er in das japanische Lager über und übernahm die Spitze einer Kollaborationsregierung, die ihren Sitz in Nanking hatte.

Warm Springs Thermalbad in Georgia. 1921 führte Roosevelt hier eine Badekur durch, die seinen Gesundheitszustand so weit besserte, daß er seine Karriere fortsetzen konnte.

Wavell, Archibald Percival (1883–1950) Britischer Feldmarschall, 1940 Chef der britischen Streitkräfte im Vorderen Orient. Er startete im Dezember desselben Jahres eine Offensive, die den Truppen Grazianis die Cyrenaika entriß. In der Folgezeit wurde er durch General Auchinleck ersetzt. Wavell übernahm 1942 das Kommando über die indische Armee und kämpfte an der Birmafront gegen die Japaner. 1942 zum Marschall ernannt, war er bis 1947 Vizekönig von Indien.

Weichs, Maximilian von (1881–1954) Deutscher Generalfeldmarschall. Im Polenfeldzug 1939 führte von Weichs die 2. Armee. Beim Angriff auf Frankreich übernahm er die Reserveverbände der Heeresgruppe B des Generals von Rundstedt und überschritt Mitte Mai 1940 nach dem Durchbruch des Panzerkeils die Ardennen. In der zweiten Phase des Feldzuges war er dem Panzerkorps von Kleists angeschlossen, nahm die Höhen von Laon, überquerte die Aisne bei Soissons und stieß von Osten her über Paris hinaus vor. Im April 1941 hatte er ein Kommando in Jugoslawien bei der Besetzung Sloweniens und Kroatiens. 1942 führte er die Heeresgruppe B an der Ukrainefront und nahm an der großen Sommeroffensive auf den Don und die Wolga teil. Während der Schlacht um Stalingrad und im Winter 1943/44 organisierte der neuernannte Generalfeldmarschall so gut es ging den Rückzug auf den Donez. Er beendete den Feldzug von 1944/45 an der Spitze der Heeresgruppe Süd in Kroatien.

Welikije Luki Stadt im Nordwesten Rußlands an der Eisenbahnlinie Moskau–Riga, ungefähr auf halber Strecke zwischen den beiden Städten, 200 Kilometer nördlich von Witebsk.

Wilhelmine, Königin der Niederlande (1880–1962) Als Tochter des Königs Wilhelm III. bestieg Prinzessin Wilhelmine 1890 beim Tode ihres Vaters den Thron. Sie heiratete 1901 Heinrich von Mecklenburg-Schwerin, der 1934 starb. Ihre Regentschaft übte sie mit großer Umsicht aus. Von London aus, wohin sie sich am 13. Mai 1940 geflüchtet hatte, unterstützte sie den Widerstand ihres Landes. Die populäre Herrscherin dankte 1948 zugunsten ihrer Tochter Juliana ab.

Wolchow Fluß in der Gegend von Leningrad, verbindet den Ilmensee mit dem Ladogasee.

Yamamoto, Isoroku (1884–1943) Japanischer Admiral. Yamamoto war ab 1939 Oberbefehlshaber der japanischen Marine. Als geschickter Seestratege, der die Bedeutung der Trägerwaffe erkannt hatte, organisierte er den Angriff gegen Pearl Harbor, gegen Midway und den mittleren Pazifik. Am 17. April 1943 wurde sein Flugzeug über der Insel Bougainville abgeschossen.

Zapata, Emiliano (um 1877–1919) Mexikanischer Revolutionär. Der indianische Bauer Zapata regte unter den Landarbeitern seiner Gegend einen Aufstand an und trug im Jahr 1911 mit Pancho Villa zum Sturz des Diktators Díaz bei. Unter den Regimen von Huerta und Carranza setzte Zapata den Kampf fort. Wegen seines Radikalismus und seiner Anziehungskraft auf die Landbevölkerung ließ Carranza ihn beseitigen.